U0129608

文
景

Horizon

社 科 新 知　文 艺 新 潮

兰小欢 著

置身事内

中国政府
与经济发展

上海人民出版社

献给我的父亲母亲

┼──── 目 录 ────┼

事莫明于有效，论莫定于有证。

——王充《论衡》

社会进程本是整体，密不可分。所谓经济，不过是研究者从这洪流中人工提炼出的部分事实。何谓经济，本身已然是种抽象，而之后大脑还须经过若干抽象，方能复刻现实。没有什么事是纯粹经济的，其他维度永远存在，且往往更为重要。

——约瑟夫·熊彼特《经济发展理论》

一套严格的概念框架无疑有助于厘清问题，但也经常让人错把问题当成答案。社会科学总渴望发现一套"放之四海而皆准"的方法和规律，但这种心态需要成熟起来。不要低估经济现实的复杂性，也不要高估科学工具的质量。

——亚历山大·格申克龙《经济落后的历史透视》

前言　从了解现状开始

　　这本书讲的是我们国家的经济故事，其中有让我们骄傲的繁华，也有让我们梦碎的房价。这本书写给大学生和对经济话题感兴趣的读者，希望能帮他们理解身边的世界，从热闹的政经新闻中看出些门道，从乏味的政府文件中觉察出些机会。

　　本书主角既不是微观的价格机制，也不是宏观的经济周期，而是政府和政策，内容脱胎于我在复旦大学和香港中文大学（深圳）的课程讲义。我剔除了技术细节，尽量用通俗的语言讲述核心的内容和观念：在我国，政府不但影响"蛋糕"的分配，也参与"蛋糕"的生产，所以我们不可能脱离政府谈经济。必须深入了解这一政治经济机体如何运作，才可能对其进行判断。我们生活在这个机体中，我们的发展有赖于对这个机体的认知。要避免把舶来的理论化成先入为主的判断——看到现实与理论不符，便直斥现实之非，进而把要了解的现象变成了讥讽的对象——否则就丧失了"同情的理解"的机会。

　　我国的政治经济现象非常复杂，不同的理论和信息都只能反映现象的不同侧面,至于哪个侧面有用,由读者决定。对从事经济实务工作(如金融和投资)的读者,我希望能帮助他们了解日常业务之外的政治经济背景,这些背景的变化往往对行业有深远的影响。对经济学专业的大学生,由于他们所学的西方理论和中国现实之间脱节严重,我将中国政府作为本书分析的主角,希望可以帮助构建二者之间的桥梁。对非经济学专业的读者,我希望这本书能帮助他们读懂国家政经大事和新闻。

本书注重描述现实,注重解释"是什么"和"为什么"。当不可避免涉及"怎么办"的时候,则注重解释当下正在实施的政策和改革。对读者来说,了解政府认为应该怎么办,比了解"我"认为应该怎么办,重要得多。

本书结构与数据说明

本书以我国地方政府投融资为主线,分上下两篇。上篇解释微观机制,包括地方政府的基本事务、收入、支出、土地融资和开发、投资和债务等;下篇解释这些微观行为对宏观现象的影响,包括城市化和工业化、房价、地区差异、债务风险、国内经济结构失衡、国际贸易冲突等。最后一章提炼和总结全书内容。

本书力求简明扼要,突出主要逻辑和重点事实,不会过多展开细节。有兴趣深究的读者可以参考每章末尾"扩展阅读"中推荐的读物。

本书使用了很多数据，若处处标注来源，会影响阅读。所以对于常见数据，如直接来自《中国统计年鉴》或万得数据库中的数据，我没有标注来源，但读者应该很容易就能找到。只有那些非常用数据或转引自他人研究的数据，我才注明出处。

本书虽为大众读者所写，但严格遵循学术规范，使用了大量前沿研究成果，可用作大学相关课程的参考资料。与各章节内容相匹配的课件，可通过扫描本书前勒口的二维码获取。

感　　谢

本书使用的数据和文献，跨度很大。引用的260多种文献中，绝大多数发表于2010年之后。假如没有近些年本土经济学研究的飞速发展，没有海外对中国经济研究的日渐深入，我不可能整理出这么多素材。

复旦大学经济学院是研究中国经济问题的重镇，向来重视制度和历史分析，也积极参与现实和政策讨论，我对中国经济的深入学习和研究，是在这里开始的。学院几乎每周都有十数场报告，既有前沿学术探讨和热点政策分析，也有与业界和政府的交流讨论，在这种氛围中，研究者自然而然会关注现实问题。本书几乎每一章的主题，复旦的同事都有研究和著述，我从他们那里学到了很多。在复旦工作的六七年中，我几乎每周都参加陈钊和陆铭等同仁组织的学习讨论小组，本书中的很多想法都源于这些讨论。

2017—2018年，我做了大量实地调研，与很多企业家、投资人和政府官员交流，这些经历影响了本书的视角和框架。感谢在这个过程中帮助过我的很多领导和业界精英。

本书涵盖的主题跨度很大，在写作和学习过程中，我请教了很多同事，他们给了我巨大的帮助和鼓励。尤其要感谢陈硕、陈婷、董丰、刘志阔、吴乐旻，他们仔细阅读了本书的初稿章节，提供了大量宝贵建议。感谢我的教学和研究助理拜敏旸、丁关祖、李嵩同学，他们帮我收集了很多数据。同样也感谢那些帮我审读书稿的聪慧可爱的同学，他们阅读了部分章节的初稿，在内容编排和文字上提出了很多宝贵建议，提高了本书的可读性。

最后，感谢上海人民出版社和世纪文景的钱敏、贾忠贤、曹迪辉三位编辑老师。他们的专业素养是这本书质量的保证，他们的专业精神和对"出一本好书"的热情与执着，让我感动。

本书的一切错漏之处都归我自己。希望读者批评指正，争取有机会再版时改正。

上 篇

微观机制

地方政府是经济发展中的关键一环,事务繁杂,自主权力很大。本篇第一章介绍决定地方事务范围的主要因素,这些因素不会经常变化,所以地方政府要办的事、要花的钱也不会有巨大变动。一旦收入发生大幅变动,收支矛盾就会改变政府行为。第二章介绍1994年分税制改革的前因后果。这次改革对地方政府影响深远,改变了地方政府发展经济的模式,催生了"土地财政"和"土地金融",成为地方政府推动快速城市化和工业化的资金来源。第三章和第四章详细介绍其中的逻辑、机制、案例,同时解释地方政府的债务和风险,以及相关改革。这些内容是理解下篇宏观经济现象的微观基础。

第一章　地方政府的权力与事务

中学时我听过一件事，一直记着：美国就算只把加州单拿出来，也是世界第六大经济体！当时我想，美国有50个州，那真是富强得难以想象。后来我才知道，加州的GDP占美国GDP总量的15%，是美国的第一经济大州，远超其他州。不过这种类比很好记，我现在也常在课堂上套用：广东和江苏相当于世界上第13和第14大经济体，超过西班牙和澳大利亚。山东、浙江、河南每一个单独计算都是世界前20大经济体，其中，河南仅次于荷兰。

几年前，美国麻省理工学院的一个创业团队想进入中国市场。公司做汽车智能驾驶配件，小有规模，势头不错。两个创始人都是20多岁的小伙子，有全球眼光，想在新一轮融资时引入中国的战略投资者。当时我正为湖北省政府的投资基金做咨询，就给两人介绍了湖北总体及武汉的汽车产业情况。他们是头一次来中国，对湖北完全没概念。于是我就套用了上述类比：湖北的GDP总量与阿根廷相当，所以湖北省投资基金类似于阿根廷的主权基金。两人一听眼睛就亮了。几年时间一晃而过，2019年湖北的GDP已经接近瑞士，而阿根廷却再次陷入衰退，其GDP已不足湖北的七成。

我国规模超大，人口、面积、经济总量都与一个大洲的体量相当，各省份的规模也大都抵得上一个中型国家，且相互之间差异极大：新疆的面积是海南的47倍；广东的人口是西藏的33倍，GDP总量是后者的62倍；北京的人均GDP是甘肃的5倍。这种经济发展水平的差异远大于美国各州。美国最富的纽约州人均GDP也不过是最穷的密西西比州的2.3倍。[1]不仅如此，我国各地风俗、地理、文化差异也大，仅方言就有上百种，治理难度可想而知。

要理解政府治理和运作的模式，首先要了解权力和资源在政府体系中的分布规则，既包括上下级政府间的纵向分布，也包括同级政府间的横向分布。本章将介绍政府间事权划分的基本逻辑。第一节简要介绍行政体系的几个特点。第二节至第四节结合实际情况，详述事权划分三原则：外部性和受益范围原则、信息复杂性原则、激励相容原则。[2]第五节介绍地方政府的招商引资工作。发展经济是政府的核心任务，而招商引资需要调动各种资源和手段，所涉具体事务既深且广，远超主流经济学教科书中"公共服务"或"公共物品"的讨论范畴。了解招商引资，是理解地方政府深度融入经济发展过程的起点。

---

[1] 此处略去人口极少的首都华盛顿特区。

[2] 这三项原则的简单论述，见财政部前部长楼继伟的著作（2013）。

第一节　政府治理的特点

图1-1描绘了中国的五级政府管理体系：中央—省—市—县区—乡镇。这一体系从历史上的"中央—省—郡县"三级体系演变而来。中华人民共和国成立后，在省以下设了"专区"或"地区"。20世纪50年代开始试行"以市管县"，但在改革开放之前，市的数目不足200个。随着工业化和城市化的发展，1983年开始，"以市管县"在全国推行，大多数"地区"都改成了"地级市"，城市数目大幅增加到600多个（图1-1中地级市与县级市之和）。[1] 目前依然存在的"地区"，大都在地广人稀的边疆省份，面积很大，如内蒙古的锡林郭勒盟和新疆的阿克苏地区。在县乡一级，帝制时期的地方精英自治体制（所谓"皇权不下县"）随帝制瓦解而终结。民国至新中国初期，政权逐渐延伸到了县以下的乡镇和城市的街道。在乡以下的村落，则实行村民自治，因为行政能力毕竟有限，若村落也建制，那财政供养人口又要暴涨一个数量级。

现实情况当然远比简化的"五级"复杂。比如，同样都是地级市，省会城市与一般城市的政治地位与经济资源完全不同。再比如，同样

---

[1]　1959年，人大常委会通过《关于直辖市和较大的市可以领导县、自治县的决定》，开始市领导县的改革。1982年，中央发布《改革地区体制，实行市领导县体制的通知》，1983年开始在全国试行。详情见清华大学景跃进、复旦大学陈明明、中山大学肖滨合编的教科书（2016）。

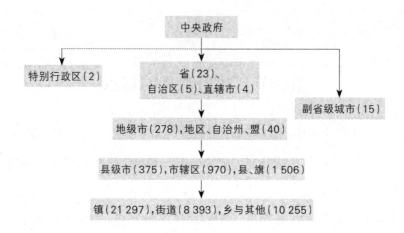

注：括号中的数字为对应的行政单位数目（单位：个）。

资料来源：民政部网站。

图 1-1　中华人民共和国行政区划（2018 年）

都是县级单位，县级市、县、市辖区之间也有重大差别：在土地和经济事务上，县级市的权力比县大，而县的权力又比一般市辖区大。这五级体系也在不断改革，如近些年的"撤县设市""撤县设区""省直管县""撤乡设镇"等。即使在省级层面上也时有重大变革，如1988年设立海南省、1997年设立重庆直辖市。而最近几年提出的"长三角一体化""粤港澳大湾区"等国家战略，也会对现有行政区域内的权力和资源分配产生深远影响。

我国政府体制有深厚的历史和文化渊源，且不断发展变化，非常复杂，研究专著汗牛充栋。本章结尾的"扩展阅读"会推荐几本相关读物，本节只简要介绍几个与经济发展密切相关的体制特点。

中央与地方政府。央地关系历来是研究很多重大问题的主线。

一方面，维持大一统的国家必然要求维护中央权威和统一领导；另一方面，中国之大又决定了政治体系的日常运作要以地方政府为主。历史上，央地间的权力平衡需要各种制度去维护，一旦失控，王朝就可能分裂甚至覆灭。小说《三国演义》以"话说天下大势，分久必合，合久必分"开头，正体现了这种平衡之难。按照历史学家葛剑雄的统计，从公元前221年秦统一六国到1911年清朝结束，我国"统一"（即基本恢复前朝疆域且保持中原地区相对太平）的时间不过950年，占这一历史阶段的45%，而分裂时间则占55%，可见维持大一统国家并不容易。[1]如今，央地关系的重要性也体现在宪法中。现行宪法的第一条和第二条规定了国体和政体，紧接着第三条便规定了央地关系的总原则："中央和地方的国家机构职权的划分，遵循在中央的统一领导下，充分发挥地方的主动性、积极性的原则。"这是一条高度抽象和灵活的原则，之后的章节会结合具体内容来展开讨论。

党和政府。中国共产党对政府的绝对领导是政治生活的主题。简单说来，党负责重大决策和人事任免，政府负责执行，但二者在组织上紧密交织、人员上高度重叠，很难严格区分。本书主题是经济发展，无须特别强调党政之分，原因有三。其一，地方经济发展依托地方政府。地方党委书记实质上依然是地方官，权力通常无法超越本地。[2]其二，制约政府间事权划分的因素，也制约着各级党委的分工。比如，信息沟通既是

---

[1] 数据来自复旦大学历史地理学家葛剑雄的著作（2013）。

[2] 有一种情况例外，即一些重要地区的书记也是上级党委常委，如省会城市的书记也是省委常委。

困扰上下级政府的难题,也是困扰上下级党委的难题。所以在讨论事权划分原理时,无须特别区分党和政府。其三,地方经济事务由政府部门推动和执行。虽然各部门都由党委领导,但地方上并无常设的专职党委机构来领导日常经济工作。假如本书主题是法制建设,那这种党政不分的分析框架就不准确,会遗漏关键党委机构的作用,比如政法委和纪委。[1]

条块分割,多重领导。我国政治体系的一个鲜明特点是"层层复制":中央的主要政治架构,即党委、政府、人大、政协等,省、市、县三级都完全复制,即所谓"四套班子"。中央政府的主要部委,除外交部等个别例外,在各级政府中均有对应部门,比如中央政府有财政部、省政府有财政厅、市县政府有财政局等。这种从上到下的部门垂直关系,被称为"条条",而横向的以行政区划为界的政府,被称为"块块"。大多数地方部门都要同时接受"条条"和"块块"的双重领导。拿县教育局来说,既要接受市教育局的指导,又要服从县委、县政府的领导。通常情况下,"条条"关系是业务关系,"块块"关系才是领导关系,因为地方党委和政府可以决定人事任免。

上级领导与协调。在复杂的行政体系中,权力高度分散在各部门,往往没有清晰的法律界限,所以一旦涉及跨部门或跨地区事务,办起来就比较复杂,常常理不清头绪,甚至面对相互矛盾的信息。部门之间也存在互相扯皮的问题,某件事只要有一个部门反对,就不容易

---

[1] 省委或市委的直属机构一般包括办公厅、纪委、政法委、组织部、宣传部、统战部、机关和政策研究部门。在组织人事、政法、教育宣传等领域内,党委有独立于政府的职能部门,但在财经领域,党政之分通常并不重要。当然,在中央层面有一些直属小组,负责领导主要经济政策的制定,比如中央财经领导小组。

办成。尤其当没有清楚的先例和流程时，办事人员会在部门之间"踢皮球"，或者干脆推给上级，所以权力与决策会自然而然向上集中。制度设计的一大任务就是要避免把过多决策推给上级，减轻上级负担，提高决策效率，所以体制内简化决策流程的原则之一，就是尽量在能达成共识的最低层级上解决问题。[1] 若是部门事务，本部门领导就可以决定；若是经常性的跨部门事务，则设置上级"分管领导"甚至"领导小组"来协调推进。比如经济事务，常常需要财政、工商、税务、发改委等多部门配合，因为发展经济是核心任务，所以地方大都有分管经济的领导，级别通常较高，比如常务副市长（一般是市委常委）。

官僚体系。所有规章制度都必须由人来执行和运作。同样的制度在不同的人手中，效果可能完全不同，所以无论是国家还是公司，人事制度都是组织机构的核心。我国是世界上第一个发展出完善、专业、复杂的官僚体系的国家。早在秦统一六国之前，各国就已开始通过军功和学问等渠道来吸纳人才，且官职不可继承，逐渐削弱由血缘关系决定的贵族统治体系。唐朝以后，以科举为基础、具有统一意识形态的庞大官僚体系，成为政治和社会稳定的支柱之一。[2] 科举选拔

---

[1]　这项原则来自美国布鲁金斯学会李侃如的观察，他的著作（2010）对中国政治和政府的观察与分析很有见地。

[2]　斯坦福大学政治学教授福山在其著作（2014）中阐述了现代政治秩序的三大基石：政府、法治、民主。其中的"政府"，也就是脱离血缘关系、由专门人才主导的管理机构，起源于中国。香港中文大学金观涛和刘青峰的著作（2010）曾用"超稳定结构"来描述历经王朝更迭的中国古代社会，这一结构由经济、政治、意识形态三大子系统组成。具有统一意识形态的官僚和儒生，是该结构日常运作的关键，也是在结构破裂和王朝崩溃之后修复机制的关键。世界历史上，王朝崩溃并不罕见，但只有中国能在崩溃后不断修复和延续，历经千年。

出的官僚，既为政治领导，也为道德表率，不仅是政治体制的核心，也是维护国家和社会统一的文化与意识形态载体。这一体系的三大特点延续至今：官员必须学习和贯彻统一的意识形态；官员由上级任命；地方主官需要在多地轮换任职。在维持大一统的前提下，这些特点都是央地关系平衡在人事制度上的体现。

总的来说，我国有一套立足于自身历史和文化的政治制度。像所有政治制度一样，实际的权力运作与纸面的规章制度并不完全一致，但也绝不是任性随意的。在任何体制下，权力运作都受到两种约束：做事的能力及做事的意愿。前者取决于掌握的资源，后者取决于各方的积极性和主动性。接下来我们就来讨论这些约束条件的影响。

第二节　外部性与规模经济

地方政府权力的范围和边界，由行政区划决定。我国实行"属地管理"，地方事权与行政区划密不可分，所以我们先从行政区划角度来分析权力划分。影响行政区划的首要因素是"外部性"，这是个重要的经济学概念，简单来说就是人的行为影响到了别人。在公共场合抽烟，让别人吸二手烟，是负外部性；打流感疫苗，不仅自己受益，也降低了他人的感染风险，是正外部性。

一件事情该不该由地方自主决定，可以从外部性的角度来考虑。若此事只影响本地，没有外部性，就该由本地全权处理；若还影响其他地方，那上级就该出面协调。比如市里建个小学，只招收本市学生，那市里就可以做决定。但如果本市工厂污染了其他城市,那排污就不能只由本市说了算,需要省里协调。如果污染还跨省,可能就需要中央来协调。因此行政区域大小应该跟政策影响范围一致。若因行政区域太小而导致影响外溢、需要上级协调的事情过多,本级政府也就失去了存在的意义。反过来讲,行政区划也限定了地方可调配的资源,限制了其政策的影响范围。

公共物品和服务的边界

按照经典经济学的看法,政府的核心职能是提供公共物品和公共服务,比如国防和公园。这类物品一旦生产出来,大家都能用,用的人越多就越划算——因为建造和维护成本也分摊得越薄,这就是"规模经济"。但绝大部分公共物品只能服务有限人群。一个公园虽然免费,但人太多就会拥挤,服务质量会下降,且住得远的人来往不便,所以公园不能只建一个。一个城市总要划分成不同的区县,而行政边界的划分跟公共服务影响范围有关。一方面,因为规模经济,覆盖的人越多越划算,政区越大越好;另一方面,受制于人们获取这些服务的代价和意愿,政区不能无限扩大。[1]

---

[1] 本节依据的理论由哈佛大学经济学教授阿尔伯托·阿莱西纳(Alberto Alesina)及其合作者在一系列开创性论文中提出并完善。相关的数学模型、经验证据、历史和现实案例,都收入在他们的书中(Alesina and Spolaore, 2003)。在本节的写作过程中,阿莱西纳教授于 2020 年 5 月 23 日突发疾病离世,享年 63 岁。这是现代政治经济学研究的重大损失。

这道理看似不起眼，但可以帮助我们理解很多现象，小到学区划分、大到国家规模。比如，古代王朝搞军事扩张，朝廷就要考虑扩张的限度。即便有实力，是否就越大越好？政府职能会不会鞭长莫及？边远地区的人是否容易教化和统治？汉武帝时武功极盛，但对国家资源的消耗也大。等到其子昭帝继位，便召开了历史上著名的"盐铁会议"，辩论武帝时的种种国策，其会议记录就是著名的《盐铁论》。其中《地广第十六》中就有关于国土扩张的辩论，反对方说："秦之用兵，可谓极矣，蒙恬斥境，可谓远矣。今逾蒙恬之塞，立郡县寇虏之地，地弥远而民滋劳……张骞通殊远，纳无用，府库之藏，流于外国……"意思是边远之地物产没什么用，人也野蛮，而且那么远，制度也不容易实施，实在没必要扩张。这些话颇有道理，支持方不易反驳，于是就开始了人身攻击。[1]

其实按照我们的理论，人身攻击大可不必，若想支持扩张，多说说规模经济的好处便是。美国独立战争结束后，13个州需要决定是否建立一个中央联邦政府。反对的人不少。毕竟刚打跑了英国主子，何必马上给自己立个新主子？所以赞同的人就得想办法说服民众，宣传联

---

[1] 这段人身攻击有些名气，大约是古今中外某些当权者辱骂知识分子的通用套路，大意如下：你智商要真高，怎么做不了官？你财商要真高，怎么那么穷？你们不过是些夸夸其谈之辈，地位不高还爱质疑上司，穷成那样还说富人的坏话，样子清高实则卑鄙，妄发议论，哗众取宠。俸禄吃不饱，家里没余粮，破衣烂衫，也配谈论朝堂大事？何况拓边打仗之事呢！（原文为："挟管仲之智者，非为厮役之使也。怀陶朱之虑者，不居贫困之处。文学能言而不能行，居下而讪上，处贫而非富，大言而不从，高厉而行卑，诽誉訾议，以要名采善于当世。夫禄不过秉握者，不足以言治，家不满檐石者，不足以计事。儒皆贫羸，衣冠不完，安知国家之政，县官之事乎！何斗辟造阳也！"）

18

邦的好处,他们写了不少文章,这些小文章后来就成了美国的国民经典《联邦党人文集》。其中编号第13的文章出自汉密尔顿之手,正是讲一个大政府比13个小政府更省钱的道理,也就是规模经济。

政府公共服务的覆盖范围也与技术和基础设施有关。比如《新闻联播》,是不是所有人都有电视或网络可以收看? 是不是所有人都能听懂普通话? 是不是所有人的教育水平都能听懂基本内容? 这些硬件和软件的基础非常重要。所以秦统一六国后,立刻就进行了"车同轨、书同文"以及统一货币和度量衡的改革。

以公共物品的规模经济和边界为切入点,也可以帮助理解中央和地方政府在分工上的一些差异。比如国防支出几乎全部归中央负担,因为国防体系覆盖全体国民,不能遗漏任何一个省。而中小学教育受制于校舍和老师等条件,规模经济较小,主要覆盖当地人,所以硬件和教师支出大都归地方负担。但教材内容却不受物理条件限制,而且外部性极强。如果大家都背诵李白、杜甫、司马迁的作品,不仅能提高自身素养,而且有助于彼此沟通,形成共同的国民意识,在一些基本问题和态度上达成共识。所以教育的日常支出虽由地方负责,但教材编制却由中央主导,教育部投入了很多资源。2019年底,教育部印发《中小学教材管理办法》,加强了国家统筹,对思想政治(道德与法治)、语文、历史课程教材,实行国家统一编写、统一审核、统一使用。

假如各个市、各个县所提供的公共服务性质和内容都差不多,基础设施水平也没什么差异,那各地的行政区划面积是不是就该相等呢? 当然也不是,还要取决于影响公共服务效果的其他因素。

人口密度、地理与文化差异

第一个重要因素是人口密度。我国幅员辽阔，但人口分布极不平衡。如果从黑龙江的瑷珲（今黑河市南）到云南的腾冲之间画一条直线，把国土面积一分为二，东边占了43%的面积却住了94%的人口，而西边占了57%的面积却只住了6%的人口。[1]西边人口密度比东边低得多，行政单位面积自然就大得多。面积最大的四个省级单位（新疆、西藏、内蒙古、青海）都在西边，合计占国土面积的一半。新疆有些地区的面积比东部一个省的面积还要大，但人口却尚不及东部一个县多。[2]

按人口密度划分行政区域的思路非常自然。提供公共物品和服务需要成本，人多，不仅税收收入多，而且成本能摊薄，实现规模收益。人口稠密的地方，在比较小的范围内就可以服务足够多的人，实现规模收益，因此行政区域面积可以小一些；而地广人稀的地方，行政区域就该大一些。中国历代最重要的基层单位是县，而县域的划分要依据人口密度，这是早在秦汉时期就定下的基本规则之一，所谓"民稠则减，稀则旷"（《汉书·百官公卿表》）。随着人口密度的增加，行政区域的面积应该越变越小，数目则应该越变越多。所以随着古代经济中心和人口从北方转移到南方，行政区划也就慢慢从"北密南稀"变

---

[1]　这条线的提出者是华东师范大学已故地理学家胡焕庸先生，故也被称为"胡焕庸线"。

[2]　广东省人口数量超过百万的县级单位有几十个，任何一个都比新疆的阿勒泰或哈密地区的总人口多。

成了"南密北稀"。以江西为例，西汉时辖19县，唐朝变成34县，南宋时更成为粮食主产区，达到68县，清朝进一步变成81县。[1]

第二个重要因素是地理条件。古代交通不便，山川河流也就成了行政管理的自然边界，历史地理学家称之为"随山川形变"，由唐朝开国后提出："然天下初定，权置州郡颇多，太宗元年，始命并省，又因山川形便，分天下为十道"（《新唐书·地理志》）。所谓"十道"，基本沿长江、黄河、秦岭等自然边界划分。唐后期演化为40余方镇，很多也以山川为界，比如江西和湖南就以罗霄山脉为界，延续至今。现今省界中仍有不少自然边界：海南自不必说，山西、陕西以黄河为界，四川、云南、西藏则以长江（金沙江）为界，湖北、重庆以巫山为界，广东、广西则共属岭南。

第三个重要因素是语言文化差异。汉语的方言间有差异，汉语与少数民族语言也有差异。若语言不通，政务管理或公共服务可能就需要差异化，成本会因此增加，规模收益降低，从而影响行政区域划分。当然，语言差异和地理差异高度相关。方言之形成，多因山川阻隔而交流有限。世界范围内，一国若地形或适耕土地分布变异大，人口分布就比较分散，国内的语言变异往往也就更丰富。[2]

我国各省间方言不同，影响了省界划分。而省内市县之间，口音也常有差异，这影响了省内的行政区划。浙江以吴语方言复杂多变闻

---

[1] 数据来自复旦大学历史地理学家周振鹤的著作（2014）。下一段内容也多取材自该书。

[2] 地理和语言多样性之间的关系，来自布朗大学米哈洛普洛斯（Michalopoulos）的研究（2012）。

名,而吴语方言的分布与省内地市的划分高度重合:台州属于吴语台州片,温州属于瓯江片,金华则属于婺州片。同一市内,语言文化分布也会影响到区县划分。杭州下辖的淳安和建德两县,属于皖南的徽文化和徽语区,而其他县及杭州市区,则属于吴语区的太湖片。感兴趣的读者可以对比行政区划地图与《中国语言地图集》,非常有意思。

理解了这些因素,就能理解很多政策和改革。比如,随着经济活动和人口集聚,需要打破现有的行政边界,在更大范围内提供无缝对接的标准化公共服务,所以就有了各种城市群的规划,有些甚至上升到了国家战略,比如长三角一体化、京津冀一体化、粤港澳大湾区等。再比如,地理阻隔不利沟通,但随着基础设施互联互通,行政区划也可以简化,比如撤县设区。此外,理解了方言和文化的多样性,也就理解了推广普通话和共同的文化历史教育对维护国家统一的重要性。

当然,无论是人口密度、地理还是语言文化,都只是为理解行政区划勾勒了一个大致框架,无法涵盖所有复杂情况。其一,人口密度变化频繁,但行政区域的调整要缓慢得多。虽然一些人口流入地可以"撤县建区"来扩张城市,但人口流出地却很少因人口减少去裁撤行政单位,一般只是合并一些公共设施来降低成本,比如撤并农村中小学。其二,古代行政区划除"随山川形变"外,也遵循"犬牙交错"原则,即为了政治稳定需要,人为打破自然边界,不以天险为界来划分行政区,防止地方势力依天险制造分裂。元朝在这方面走了极端,设立的行省面积极大,几乎将主要天险完全消融在各行省内部,但效果并不好。其三,方言与文化区域经常被行政区划割裂。比如客家话虽是主要方言,但整个客家话大区被江西、福建、广东三省分割。再比如有名的苏南、苏北之分：苏州、无锡、常州本和浙江一样同属吴语区，却与讲江淮官话的苏北一道被划进了江苏省。

行政交界地区的经济发展

我国经济中有个现象：处在行政交界（尤其是省交界处）的地区，经济发展普遍比较落后。省级的陆路交界线共66条，总长度5.2万公里，按边界两侧各15公里计算，总面积约156万平方公里，占国土面积的六分之一。然而，在2012年592个国家扶贫开发工作重点县中，却有超过一半位于省交界处，贫困发生率远高于非边界县。[1]

这一俗称"三不管地带"的现象，也可以用公共物品规模效应和边界的理论来解释。首先，一省之内以省会为政治经济中心，人口最为密集，公共物品的规模经济效应最为显著。但几乎所有省会（除南京和西宁外）无一临近省边界，这种地理距离限制了边界地区获取公共资源。其次，省边界的划分与地理条件相关。诸多省界县位于山区，坡度平均要比非省界县高35%，不利于经济发展，比如山西、河北边界的太行山区，江西、福建边界的武夷山区，湖北、河南、安徽边界的大别山区等。再次，省界划分虽与方言和地方文化有关，但并不完全重合。一省之内主流文化一般集中在省会周围，而省界地区往往是本省的非主流文化区，其方言也有可能与主流不同。比如江西、福建、广

[1] 地理数据来自北京大学周黎安的著作（2017），贫困县数据来自上海财经大学唐为的论文（2019）。

东交界处的客家话区,与三省主流的赣语、闽语、粤语都不相同。再比如安徽北部,基本属于河南、山东一脉的中原官话区,与省内主流的江淮官话不同。这些边界地区,在本省之内与主流文化隔阂,而与邻省同文化区的交流又被行政边界割裂,不利于经济发展。[1]

这些因素在民国时期已存在,所以"三不管地带"才为革命时期的中国共产党提供了广阔空间。家喻户晓的革命圣地井冈山,就位于湖南、江西交界处的罗霄山脉之中。其他很多著名的革命根据地也在省界处,比如陕甘宁边区、晋察冀边区、鄂豫皖边区、湘鄂赣边区等。红军长征中非常重要的"四渡赤水",就发生在川黔滇边界的赤水河地区。[2]

从公共物品角度看,边界地区首先面临的是基础设施如道路网络的不足。20世纪八九十年代,省边界处的"断头路"并不罕见。1992年我从内蒙古乘车到北京,途经山西和河北,本来好好的路,到了省界处路况就变差,常常要绕小道。若是晚间,还有可能遇到"路霸"。即使到了2012年,路网交通中的"边界效应"(省界地区路网密度较低)依然存在,虽然比以前改善了很多。即使在排除了经济发展、人口密度、地形等因素之后,"边界效应"也还是存在的,不过只限于由省政府投资的高速公路和省道中,在由中央政府投资的国道和铁路中则不

---

[1]　本段中坡度的数据来自上海财经大学唐为的论文(2019)。广东外语外贸大学的高翔与厦门大学的龙小宁(2016)则指出,文化与本省主流不同的省界地区,经济发展相对落后。

[2]　关于革命根据地的内容,来自北京大学韩茂莉的著作(2015)。

存在,可见省政府不会把有限的资源优先配置到边界地区。[1]随着经济发展和我国基础设施建设的突飞猛进,如今省界处的交通已不再是大问题。

另一个曾长期困扰边界公共治理的问题是环境污染,尤其是跨省的大江、大河、大湖,比如淮河、黄河、太湖等流域的污染。这是典型的跨区域外部性问题。直到中央在2003年提出"科学发展观",并且在"十五"和"十一五"规划中明确了降低水污染的具体目标之后,水质才开始显著改善。但省界处的问题依然没有完全解决。一些省份把水污染严重的企业集中到了本省边缘的下游区域,虽然本省的平均污染水平降低了,下游省份的污染却加重了。[2]

跨区域外部性问题可以通过跨区域的共同上级来协调,这也是为什么行政区域不仅要做横向划分,也要做纵向的上下级划分。下级之间一旦出现了互相影响、难以单独决断的事务,就要诉诸上级决策。反过来看,各级政府的权力都是由上级赋予的,而下放哪些权力也和外部性有关。在外部性较小的事务上,下级一般会有更大决策权。虽然从原则上说,上级可以干预下级的所有事务,但在现实工作中,干预与否、干预到什么程度、能否达到干预效果,都受制于公共事务的外部性大小、规模经济、跨地区协调的难度等。

行政边界影响经济发展,地方保护主义和市场分割现象今天依然

---

[1] 关于道路密度的研究来自上海财经大学唐为的论文(2019)。

[2] 工业水污染向本省下游区域集中这个现象,来自香港大学蔡洪斌、北京大学陈玉宇和北卡罗来纳大学宫晴等人的论文(Cai, Chen and Gong, 2016)。

存在,尤其在生产要素市场上,用地指标和户籍制度对土地和人口流动影响很大。从长期看,消除这种现象需要更深入的市场化改革。但在中短期内,调整行政区划、扩大城市规模乃至建设都市圈也能发挥作用。目前的行政区划继承自古代社会和计划经济时期,并不能完全适应工业与现代服务业急速的发展和集聚。而且在像中国这样一个地区差异极大的大国,建设产品和要素的全国统一大市场必然是个长期过程,难免要先经过区域性整合。

区域性整合的基本单位是城市,但在城市内部,首先要整合城乡。在市管县体制下,随着城市化的发展,以工业和服务业为经济支柱的市区和以农业为主的县城之间,对公共服务需求的差别会越来越大。调和不同需求、利用好有限的公共资源,就成了一大难题。改革思路有二:一是加强县的独立性和自主性,弱化其与市区的联系。第二章将展开讨论这方面的改革,包括扩权强县、撤县设市、省直管县等。二是扩张城市,撤县设区。1983—2015年,共有92个地级市撤并了134个县或县级市。[1]比如北京市原来就8个区,现在是16个,后来的8个都是由县改区,如通州区(原通县)和房山区(原房山县)。上海现有16个市辖区,青浦、奉贤、松江、金山等区也是撤县设区改革的结果。

撤县设区扩张了城市面积,整合了本地人口,将县城很多农民转化为了市民,有利于充分利用已有的公共服务,发挥规模收益。很多

---

[1] 数据来自南开大学邵朝对、苏丹妮、包群等人的论文(2018)。

撤县设区的城市还吸引了更多外来人口。[1]这些新增人口扩大了市场规模,刺激了经济发展。撤县设区也整合了对城市发展至关重要的土地资源。随着区县合并,市郊县的大批农村土地被转为城市建设用地,为经济发展提供了更大空间。但在这个过程中,由于城乡土地制度大不相同,产生了很多矛盾和冲突,之后章节会详细讨论。

第三节　复　杂　信　息

中国有句老话叫"山高皇帝远",常用来形容本地当权者恣意妄为、肆无忌惮,因为朝廷不知情,也就管不了,可见信息对权力的影响。行之有效的管理,必然要求掌握关键信息。然而信息复杂多变,持续地收集和分析信息需要投入大量资源,代价不小。所以有信息优势的一方,或者说能以更低代价获取信息的一方,自然就有决策优势。

信息与权力

我国政府各层级之间的职能基本同构,上级领导下级。原则上,上级对下级的各项工作都有最终决策权,可以推翻下级所有决定。但上级不可能掌握和处理所有信息,所以很多事务实际上由下级全权处

---

[1]　上海财经大学唐为和华东师范大学王媛的论文（2015）发现撤县设区会增加外来人口。

理。即使上级想干预，常常也不得不依赖下级提供的信息。比如上级视察工作，都要听取下级汇报，内容是否可靠，上级不见得知道。如果上级没有独立的信息来源，就可能被下级牵着鼻子走。

所以上级虽然名义上有最终决定权，拥有"形式权威"，但由于信息复杂、不易处理，下级实际上自主性很大，拥有"实际权威"。维护两类权威的平衡是政府有效运作的关键。若下级有明显信息优势，且承担主要后果，那就该自主决策。若下级虽有信息优势，但决策后果对上级很重要，上级就可能多干预。但上级干预可能会降低下级的工作积极性，结果不一定对上级更有利。[1]

以国企改革为例。一家国企该由哪一级政府来监管？该是央企、省属国企，还是市属国企？虽然政府名义上既管辖本级国企，也管辖下级国企，但下级国企实际上主要由下级政府管辖。在国企分级改革中，获取信息的难易程度是重要的影响因素。如果企业离上级政府很远，交通不便，且企业间差异又很大，上级政府就很难有效处理相关信息，所以更可能下放管辖权。但如果企业有战略意义，对上级很重要，那无论地理位置如何，都由上级管辖。[2]

在实际工作中，"上级干预"和"下级自主"之间，没有黑白分明的区别，是个程度问题。工作总要下级来做，不可能没有一点自主性；

---

[1] "形式权威"（formal authority）和"实际权威"（real authority）的理论，来自哈佛大学阿吉翁（Aghion）与诺贝尔经济学奖得主图卢兹大学梯若尔（Tirole）的论文（1997）。

[2] 关于信息和国企分级的关系，来自清华大学黄张凯、北京大学李力行、中国人民大学马光荣与世界银行徐立新等人的论文（Huang et al., 2017）。

下级也总要接受上级的监督和评价,不可能完全不理上级意见。但无论如何,信息优势始终是权力运作的关键要素。下级通常有信息优势,所以如果下级想办某件事,只要上级不明确反对,一般都能办,即使上级反对也可以变通着干,所谓"县官不如现管";如果下级不想办某事,就可以拖一拖,或者干脆把皮球踢给上级,频繁请示,让没有信息优势的上级来面对决策的困难和风险,最终很可能就不了了之。即使是上级明确交代的事情,如果下级不想办,那办事的效果也会有很大的弹性,所谓"上有政策,下有对策"。

实际权威来自信息优势,这一逻辑也适用于单位内部。单位领导虽有形式权威和最终决策权,但具体工作大都要求专业知识和经验,所以专职办事的人员实际权力很大。比如古代的官和吏,区别很大。唐朝以后,"官"基本都是科举出身的读书人,下派到地方任职几年,大多根本不熟悉地方事务,所以日常工作主要依靠当地的"吏"。这些生于斯长于斯的吏,实际权力大得很,是地方治理的支柱,不但不受官员调动的影响,甚至不受改朝换代的影响。清人朱克敬《瞑庵杂识》中有一位吏的自我定位如下:"凡属事者如客,部署如车,我辈如御,堂司官如骡,鞭之左右而已。"意思是说衙门就像车,来办事就像坐车,当官的是骡子,我们才是车把式,决定车的方向。[1]

信息复杂性和权力分配是个普遍性的问题,不是中国特色。在各国政府中,资深技术官僚都有信息优势,在诸多事务上比频繁更换的

---

[1]　中国自魏晋以来出现"官吏分途",即官吏虽同在官僚机构共生共事,但在录用、晋升、俸禄等方面相互隔绝。对这一制度流变的分析描述及对理解当今官僚体系的启示,读者可参考斯坦福大学周雪光(2016)与北京大学周黎安(2016)的精彩文章。

领导实权更大。比如英国的内阁部门长官随内阁选举换来换去,而各部中工作多年的常务次官(permanent secretary)往往更有实权。著名的英国政治喜剧《是,大臣》(*Yes, Minister*)正是讲述新上任的大臣被常务次官耍得团团转的故事。

上节讨论过的限制公共服务范围的诸多因素,如人口密度、地理屏障、方言等,也可以视作收集信息的障碍。因此信息不仅可以帮助理解上下级的分权,也可以帮助理解平级间的分权。行政区划,不仅受公共服务规模经济的影响,也受获取信息比较优势的影响。

信息获取与隐瞒

获取和传递信息需要花费大量时间精力,上级要不断向下传达,下级要不断向上汇报,平级要不断沟通,所以体制内工作的一大特点就是"文山会海"。作为信息载体的文件和会议也成了权力的载体之一,而一套复杂的文件和会议制度就成了权力运作不可或缺的部分。

我国政府上下级之间与各部门之间的事权,大都没有明确的法律划分,主要依赖内部规章制度,也即各类文件。为了减少信息传递的失真和偏误,降低传递成本,文件类型有严格的区分,格式有严格的规范,报送有严格的流程。按照国务院2012年最新的《党政机关公文处理工作条例》(以下简称《条例》),公文共分15种,既有需要下级严格执行的"决定"和"命令",也有可以相对灵活处理的"意见"和"通知",还有信息含量较低的"函"和"纪要"等。每种公文的发文机关、主送机关、紧急程度以及密级,都有严格规定。为了防止信息泛滥,公文的发起和报送要遵循严格的流程。比如说,《条例》规定,"涉及多个部门职权范围内的事务,部门之间未协商一致的,不得向下行文",这也是为了减少产生无法落实的空头文件。

会议制度也很复杂。什么事项该上什么会,召集谁来开会,会议是以讨论为主还是需要做出决定,这些事项在各级政府中都有相应的制度。比如在中央层面,就有中央政治局常委会会议、中央政治局会议、中央工作会议、中央委员会全体会议、党的全国代表大会等。

因为关键信息可能产生重大实际影响,所以也可能被利益相关方有意扭曲和隐瞒,比如地方的GDP数字。政府以经济建设为中心,国务院每年都有GDP增长目标,所以GDP增长率的高低也是衡量地方官员政绩的重要指标。[1]绝大部分省份公布的增长目标都会高于中央,而绝大多数地市的增长目标又会高于本省。比如2014年中央提出的增长目标是7.5%,但所有省设定的目标均高于7.5%,平均值是9.7%。到了市一级,将近九成的市级目标高于本省,平均值上涨到10.6%。[2]这种"层层加码"现象的背后,既有上级层层施压和摊派的因素,也有下级为争取表现而主动加压的因素。但这些目标真能实现么? 2017—2018年两年,不少省份(如辽宁、内蒙古、天津等)主动给GDP数字"挤水分",幅度惊人,屡见报端。

因为下级可能扭曲和隐瞒信息,所以上级的监督和审计就非常必

---

[1]　2020年,受新冠肺炎疫情影响,国务院没有设定GDP增长目标,属20余年来首次。

[2]　数据及关于GDP指标"层层加码"现象的详细讨论,见北京大学厉行、刘冲、翁翕、周黎安等人的论文(Li et al., 2019)。

要，既要巡视督察工作，也要监督审查官员。但监督机制本身也受信息的制约。我举两个例子，第一个是国家土地督察制度。城市化过程中土地价值飙升，违法现象（越权批地、非法占用耕地等）层出不穷，且违法主体很多是地方政府或相关机构，其下属的土地管理部门根本无力防范和惩处。2006年，中央建立国家土地督察制度，在国土资源部（现改为自然资源部）设立国家土地总督察（现改为国家自然资源总督察），并向地方派驻国家土地监督局（现改为国家自然资源督察局）。这一督察机制总体上遏制了土地违法现象。但中央派驻地方的督察局只有9个，在督察局所驻城市，对土地违法的震慑和查处效果比其他城市更强，这种明显的"驻地效应"折射出督察机制受当地信息制约之影响。[1]

第二个例子是水污染治理。与GDP数字相比，水污染指标要简单得多，收集信息也不复杂，所以中央环保部门早在20世纪90年代就建立了"国家地表水环境监测系统"，在各主要河流和湖泊上设置了水质自动监测站，数据直报中央。但在20世纪90年代，经济发展目标远比环保重要，所以这些数据主要用于科研而非环保监督。2003年，中央提出"科学发展观"，并且在"十五"和"十一五"规划中明确了降低水污染的具体目标，地方必须保证达标。虽然数据直报系统杜绝了数据修改，但并不能完全消除信息扭曲。一个监测站只能监测上游下来的水，监测不到本站下游的水，所以地方政府只要重点降低监测

---

[1] 9个驻地是：北京、沈阳、上海、南京、济南、广州、武汉、成都、西安。关于"驻地效应"的检验，来自湖南商学院的陈晓红、朱蕾和中南大学汪阳洁等人的论文（2018）。

站上游的企业排污，就可以改善上报的污染数据。结果与监测站下游的企业相比，上游企业的排放减少了近六成。虽然总体污染水平降低了，但污染的分布并不合理，上游企业承担了过度的环保成本，可能在短期内降低了其总体效益。[1]

正因为信息复杂多变，模糊不清的地方太多，而政府的繁杂事权又没有清楚的法律界定，所以体制内的实际权力和责任都高度个人化。我打个比方来说明规则模糊不清和权力个人化之间的关系。大学老师考核学生一般有两种方式：考试或写论文。若考卷都是标准化的选择题，那老师虽有出题的权力，但不能决定最后得分。但若考卷都是主观题，老师给分的自由度和权力就大一些。若是研究生毕业论文，不存在严格的客观判断标准，导师手中的权力就更大了，所以研究生称导师为"老板"，而不会称其他授课教师为"老板"。

如果一件事的方方面面都非常清楚，有客观评价的标准，那权力分配就非常简单：参与各方立个约，权责利都协商清楚，照办即可。就像选择题的答题卡一样，机器批阅，没有模糊空间，学生考100分就是100分，老师即使不喜欢也没有办法。但大多数事情都不可能如此简单清楚，千头万绪的政府工作尤其如此：一件事该不该做？要做到什么程度？怎么样算做得好？做好了算谁的功劳？做砸了由谁负责？这些问题往往没有清楚的标准。一旦说不清楚，谁说了算？所谓权力，实质就是在说不清楚的情况下由谁来拍板决策的

---

[1] 关于水质监测站与临近企业排放行为的讨论，来自香港科技大学何国俊、芝加哥大学王绍达和南京大学张炳等人的论文（He, Wang and Zhang, 2020）。

问题。[1]如果这种说不清的情况很多,权力就一定会向个人集中,这也是各地区、各部门"一把手负责制"的根源之一,这种权力的自然集中可能会造成专权和腐败。

因为信息复杂,不可信的信息比比皆是,而权力和责任又高度个人化,所以体制内的规章制度无法完全取代个人信任。上级在提拔下级时,除考虑工作能力外,关键岗位上都要尽量安排信得过的人。

第四节 激励相容

如果一方想做的事,另一方既有意愿也有能力做好,就叫激励相容。政府内部不仅要求上下级间激励相容,也要求工作目标和官员自身利益之间激励相容。本节只讨论前者,第三章再讨论官员的激励。

上级政府想做的事大概分两类,一类比较具体,规则和流程相对明确,成果也比较容易衡量和评价。另一类比较抽象和宽泛,比如经济增长和稳定就业,上级往往只有大致目标,需要下级发挥主动性和创造性调动资源去达成。对于这两类事务,事权划分是不同的。

---

[1] 从经济学的合同理论出发,合同不可能事先写清楚所有情况,所以权力的实质就是在这些不确定情况下的决定权,可以称为"剩余控制权"(residual control rights)。以这种视角来分析权力的理论始于诺贝尔经济学奖得主、哈佛大学教授奥利弗·哈特(Oliver Hart),详见其著作(1995)。他用"剩余控制权"的思路去理解"产权"的本质,即在合同说不清楚的情况下对财产的处置权。而更加广泛的权力或权威,可以视为在各种模糊情况下的决定权。

垂直管理

在专业性强、标准化程度高的部门，具体而明确的事务更多，更倾向于垂直化领导和管理。比如海关，主要受上级海关的垂直领导，所在地政府的影响力较小。这种权力划分符合激励相容原则：工作主要由系统内的上级安排，所以绩效也主要由上级评价，而无论是职业升迁还是日常福利，也都来自系统内部。

还有一些部门，虽然工作性质也比较专业，但与地方经济密不可分，很多工作需要本地配合，如果完全实行垂直管理可能会有问题。比如工商局，在1999年的改革中，"人财物"收归省级工商部门统管，初衷是为了减少地方政府对工商部门的干扰，打破地方保护，促进统一市场形成。但随着市场经济的蓬勃发展和多元化，工商局的行政手段的效力一直在减弱，而垂直管理带来的激励不相容问题也越来越严重。工商工作与所在地区密不可分，但因为垂直管理，当地政府对工商系统的监督和约束都没有力度。在一系列事故尤其是2008年震动全国的"毒奶粉"事件之后，2011年中央再次改革，恢复省级以下工商部门的地方政府分级管理体制，经费和编制由地方负担，干部升迁改为地方与上级工商部门双重管理，以地方管理为主。[1]2018年机构改革后，工商局并入市场监督管理局，由地方政府分级管理。

---

[1]　参见2011年发布的《国务院办公厅关于调整省级以下工商质监行政管理体制加强食品安全监管有关问题的通知》，此文件现已失效。

　　所有面临双重领导的部门，都有一个根本的激励机制设计问题：
到底谁是主要领导？工作应该向谁负责？假如所有领导的目标和利
益都一样，激励机制就不重要。在计划经济时代，部门间没什么大的
利益冲突，所以对干部进行意识形态教化相对有效，既能形成约束，也
有利于交流和推进工作。但在市场经济改革之后，利益不仅大了，而
且多元化了，部门之间、上下级之间的利益冲突时有发生，"统一思想"
和"大局观"虽依然重要，但只讲这些就不够了，需要更加精细的激励
机制。最起码，能评价和奖惩工作业绩的上级，能决定工作内容的上
级，受下级工作影响最大的上级，应该尽量是同一上级。

　　当上下级有冲突的时候，改革整个部门的管理体制只是解决方式
之一，有时"微调"手段也很有效。拿环保来说，在很长一段时间内，
上级虽重视环境质量，但下级担心环保对经济发展的负面影响。上下
级间的激励不相容，导致政策推行不力，环境质量恶化。[1]但随着技
术进步，中央可以直接监控污染企业。2007年，国家环保总局把一些
重污染企业纳入国家重点监控企业名单，包括3 115家废水排放企业，
3 592家废气排放企业，以及658家污水处理厂。这些企业都要安装
一套系统，自动记录实时排放数据并直接传送到国家环保监控网络。
这套技术系统限制了数据造假，加强了监管效果，大幅降低了污染，

---

[1]　除环保之外，其他领域内也有类似冲突：上级重视质量而下级重视成本，下级为了
降低成本会不惜损害质量。这种冲突并不总是因为双方信息不对称。即便没有信息问题，
也有能力问题。只要上级没有能力完全取代下级，这种冲突就可能会发生。此时放权会
降低质量，收权又会降低工作效率，就需要妥协和平衡。哈佛大学哈特（Hart）、施莱弗
（Shleifer）和芝加哥大学维什尼（Vishny）的论文（1997）详细探讨了这类问题。

但没有从根本上改变环保管理体制，日常执法依然由地方环保部门负责。[1]

随着中央越来越重视环保，跨地区协调的工作也越来越多，环保部门的权力也开始上收。2016年，省级以下环保机构调整为以省环保厅垂直领导为主，所在地政府的影响大大降低。这次调整吸取了工商行政管理体制改革中的一些教训。比如在工商部门垂直领导时期，不仅市级领导干部由省里负责，市级以下的领导也基本由省里负责，这就不利于市县上下级的沟通和制约。所以在环保体制改革中，县环保局调整为市局的派出分局，由市局直接管理，领导班子也由市局任免。[2]

地方管理

对于更宏观的工作，比如发展经济，涉及方方面面，需要地方调动各种资源。激励相容原则要求给地方放权：不仅要让地方负责，也要与地方分享发展成果；不仅要能激励地方努力做好，还要能约束地方不要搞砸，也不要努力过头。做任何事都有代价，最优的结果是让效果和代价匹配，而不是不计代价地达成目标。若不加约束，

---

[1]　关于国家重点监控企业的研究，来自南京大学张炳、四川大学陈晓兰、南京审计大学郭焕修等人的论文（Zhang, Chen and Guo, 2018）。2016年，重点监控企业已经增加到14 312家。

[2]　详见中央和国务院于2016年9月联合印发的《关于省以下环保机构监测监察执法垂直管理制度改革试点工作的指导意见》。

地方政府要实现短期经济高速增长目标并不难，可以尽情挥霍手中的资源，大肆借债、寅吃卯粮来推高增长数字，但这种结果显然不是最优的。

激励相容原则首先要求明确地方的权利和责任。我国事权划分的一大特点是"属地管理"：一个地区谁主管谁负责，以行政区划为权责边界。这跟苏联式计划经济从上到下、以中央部委为主调动资源的方式不同。属地管理兼顾了公共服务边界问题和信息优势问题，同时也给了地方政府很大的权力，有利于调动其积极性。1956年，毛泽东在著名的《论十大关系》中论述"中央和地方的关系"时就提到了这一点："我们的国家这样大，人口这样多，情况这样复杂，有中央和地方两个积极性，比只有一个积极性好得多。我们不能像苏联那样，把什么都集中到中央，把地方卡得死死的，一点机动权也没有。"

其次是权力和资源的配置要制度化，不能朝令夕改。无论对上级还是对下级，制度都要可信，才能形成明确的预期。制度建设，一方面是靠行政体制改革（比如前文中的工商和环保部门改革）和法制建设，另一方面是靠财政体制改革。明确了收入和支出的划分，也就约束了谁能调用多少资源，不能花过头的钱，也不能随意借债，让预算约束"硬"起来。

来自外部的竞争也可以约束地方政府。如果生产要素（人、财、物）自由流动，"用脚投票"，做得不好的地方就无法吸引资金和人才。虽然地方政府不是企业，不至于破产倒闭，但减少低效政府手中的资源，也可以提高整体效率。

小结：事权划分三大原则

第二至第四节讨论了事权划分的三大原则：公共服务的规模经济、信息复杂性、激励相容。这三种视角从不同角度出发，揭示现象的不同侧面，但现象仍然是同一个现象，所以这三种视角并不冲突。比如行政区划，既与公共服务的规模有关，也和信息管理的复杂性有关，同时又为激励机制设定了权责边界。再比如基础设施建设，既能扩展公共服务的服务范围，又能提高信息沟通效率，还可以方便人、财、物流通，增强各地对资源的竞争，激励地方励精图治。

三大原则的共同主题是处理不同群体的利益差别与冲突。从公共服务覆盖范围角度看，不同人对公共服务的评价不同，享受该服务的代价不同，所以要划分不同的行政区域。从信息复杂性角度看，掌握不同信息的人，看法和判断不同，要把决策权交给占据信息优势的一方。从激励相容角度看，上下级的目标和能力不同，所以要设立有效的机制去激励下级完成上级的目标。假如不同群体间完全没有差别和冲突，那事权如何划分就不重要，对结果影响不大。完全没有冲突当然不可能，但如果能让各个群体对利益和代价的看法趋同，也能消解很多矛盾，增强互信。所以国家对其公民都有基本的共同价值观教育，包括历史教育和国家观念教育。而对官员群体，我国自古以来就重视共同价值观的培养与教化，今天依然如此。

上述三个原则虽不足以涵盖现实中所有的复杂情况，但可以为理解事权划分勾勒一个大致框架,帮助我们理解目前事权改革的方向。2013年,党的十八届三中全会通过了《中共中央关于全面深化改革若干重大问题的决定》,其中对事权改革方向的阐述就非常符合这些原则:"适度加强中央事权和支出责任,国防、外交、国家安全、**关系全国统一市场规则和管理**等作为中央事权;部分社会保障、**跨区域重大项目建设维护**等作为中央和地方共同事权,逐步理顺事权关系;区域性公共服务作为地方事权。" [1]

2016年,《国务院关于推进中央与地方财政事权和支出责任划分改革的指导意见》发布,将十八届三中全会的决定进一步细化,从中可以更清楚地看到本章讨论的三大原则:"要逐步将国防、外交、国家安全、出入境管理、国防公路、国界河湖治理、全国性重大传染病防治、全国性大通道、全国性战略性自然资源使用和保护等基本公共服务确定或上划为中央的财政事权……要逐步将社会治安、市政交通、农村公路、城乡社区事务等**受益范围地域性强、信息较为复杂且主要与当地居民密切相关**的基本公共服务确定为地方的财政事权……要逐步将义务教育、高等教育、科技研发、公共文化、基本养老保险、基本医疗和公共卫生、城乡居民基本医疗保险、就业、粮食安全、跨省(区、市)重大基础设施项目建设和环境保护与治理等**体现中央战略意图、跨省(区、市)且具有地域管理信息优势**的基本公共服务确定为中央与地方共同财政事权,并明确各承担主体的职责。"

既然是改革的方向,也就意味着目前尚有诸多不完善之处。比如

---

[1] 引文中的强调格式是我在引用时加上的,本书余下部分涉及此类情况皆如此。

涉及国防和国家安全的事务,原则上都应该主要或完全由中央负责,但国际界河(主要在东北和西南)和海域的管理与治理目前仍主要由地方负责。再比如养老和医疗保险,对形成全国统一的劳动力市场非常重要,应由中央为主管辖,但目前的管理相当碎片化。而对于本该属于地方的事权,中央虽应保留介入的权力,但过分介入往往会造成地方退出甚至完全放手,效果不一定好。如何从制度上限制过度介入,真正理顺事权关系,也需要进一步改革。

第五节　招商引资

地方政府的权力非常广泛。就发展经济而言,其所能调动的资源和采取的行动远远超过主流经济学强调的"公共服务"或"公共物品"范围。地方政府不仅可以为经济发展创造环境,它本身就是经济发展的深度参与者,这一点在招商引资过程中体现得淋漓尽致。招商引资不仅是招商局的部门职能,也是以经济建设为中心的地方政府的核心任务,是需要调动所有资源和手段去实现的目标。很多地方政府都采用"全民招商"策略,即几乎所有部门(包括教育和卫生部门)都要熟悉本地招商政策,要在工作和社交中注意招商机会。

要招商,就要有工业园区或产业园区,这涉及土地开发、产业规划、项目运作等一系列工作,第二章至第四章会详细解释。这里只要了解:地方政府是城市土地的所有者,为了招商引资发展经济,会把工业用地以非常优惠的价格转让给企业使用,并负责对土地进行一系列初期开发,比如"七通一平"(通电、通路、通暖、通气、给水、排水、通信,以及平整场地)。

对于规模较大的企业,地方通常会给予很多金融支持。比如以政府控制的投资平台入股,调动本地国企参与投资,通过各种方式协助企业获得银行贷款,等等。对一些业务比较复杂、所在行业管制较严的企业,地方也会提供法律和政策协助。比如一些新能源汽车企业,并没有生产汽车的牌照,而要获取牌照(无论是新发,还是收购已有牌照)很不容易,需要和工信部、发改委等中央部门打交道,这其中企业的很多工作都有地方政府的协助。与企业相比,地方政府更加熟悉部委人脉和流程。再比如近年兴起的网络安全和通信服务行业,都受国家管制,需要地方协助企业去获得各类许可。还有些行业对外商投资有准入限制,也需要地方政府去做很多协助落地的工作。

地方政府还可以为企业提供补贴和税收优惠。补贴方式五花八门,比如研发补贴和出口补贴等。常见的税收优惠如企业所得税的"三免三减半",即对新开业企业头三年免征所得税,之后三年减半征收。[1]还有一些针对个人的税收优惠政策。比如对于规模很大的企业,地方政府常常对部分高管的个人收入所得税进行返还。我国高收入人群的所得税边际税率很高,年收入超过96万元的部分税率是45%,所以税收返还对高管个人来说有一定吸引力。对企业高管或特

---

[1] 我国实行分税制,按照中央和省的分税比例,企业所得税六成归中央,剩余部分由省、市、区县来分。企业所得税减免,一般都是减免企业所在地的地方留存部分。但对一些国家支持的行业,比如集成电路,企业的全部所得税都可以"三免三减半"。

殊人才,若有需要,地方政府也会帮助安排子女入学、家人就医等。

创造就业是地方经济工作的重点,也是维护社会稳定不可或缺的条件。对新设的大中型企业,地方政府会提供很多招工服务,比如协助建设职工宿舍、提供公共交通服务等。大多数城市还对高学历人才实行生活或住房补贴。

总的来说,对企业至关重要的生产要素,地方政府几乎都有很强的干预能力。其中土地直接归政府所有,资金则大多来自国有银行主导的金融体系和政府控制的其他渠道,比如国有投融资平台。对于劳动力,政府控制着户口,也掌握着教育和医疗等基本服务的供给,还掌握着土地供应,直接影响住房分配。而生产中的科技投入,也有相当大一部分来自公立大学和科研院所。除此之外,地方政府还有财税政策、产业政策、进出口政策等工具,都可能对企业产生重大影响。

这种"混合经济"体系,不是主流经济学教科书中所说的政府和市场的简单分工模式,即政府负责提供公共物品、市场主导其他资源配置;也不是简单的"政府搭台企业唱戏"模式。而是政府及其各类附属机构(国企、事业单位、大银行等)深度参与大多数生产和分配环节的模式。在我国,想脱离政府来了解经济,是不可能的。

结　语

本章讨论了事权划分的三种理论:公共服务的规模经济与边界、信息复杂性、激励相容。这些理论为理解政府职能分工勾勒了一个大致框架,虽各有侧重,但彼此相通。社会科学的理论,刻意追求标新立异没有意义。社会现象非常复杂,单一理论只能启示某个侧面,要从不同理论中看到共同之处,方能融会贯通。

地方政府不止提供公共服务,也深度参与生产和分配。其间得失,之后的章节会结合具体情况展开讨论。若无视这种现实、直接套用主流经济学中"有限政府"的逻辑,容易在分析中国问题时产生扭曲和误解。不能脱离政府来谈经济,是理解中国经济的基本出发点。实事求是了解现状,才能依托现实提炼理论,避免用理论曲解现实,也才能真正深入思考政府在几十年来经济发展过程中扮演的角色。

本章讨论的事权划分,是理解政府间资源分配的基础。决定了干哪些事,才能决定用哪些资源。所以下一章所讨论的政府财权和财力的划分,以本章的事权划分为基础。财权领域虽改革频频,但事权划分却相对稳定,因为其决定因素也相对稳定:地理和语言文化边界长期稳定,信息和激励问题也一直存在。

── 扩展阅读 ──

关于中国政府和政治，美国布鲁金斯学会资深专家李侃如的著作《治理中国：从革命到改革》(2010)是很好的入门读物。这本书介绍了中国政治的基本历史遗产及现状，阐释了其演变逻辑，可读性很强。但该书成书于1995年(英文原名为 *Governing China: From Revolution Through Reform*)，修订于2003年(2010年是中译本的出版年份)，没有涉及最近十多年的重大改革。作为补充，清华大学景跃进、复旦大学陈明明、中山大学肖滨合编的《当代中国政府与政治》(2016)是同类教材中可读性较强的一部，内容比较全面，对党政关系、政法系统、宣传系统、军事系统都有介绍。

我国政府的运作模式有深厚的历史渊源。复旦大学历史地理学家葛剑雄教授的著作《统一与分裂：中国历史的启示》(2013)深入浅出地描述和分析了中国历史上统一和分裂的现象，是很好的普及读物。本章阐释的所有理论在该书中都能找到有趣的佐证。已故哈佛大学历史学家孔飞力的杰作《叫魂》(2014)也与本章内容相关。该书讲述了乾隆盛世年间的一场荒诞事故：本是某些地方流民和乞丐的零星骗局，却被乾隆解读成了要颠覆朝廷的大阴谋，于是发动了全国大清查，造成了朝野和民间的大恐慌，最终却在无数冤案之后不了了之。该书很多史料来自御笔亲批的奏折，从中尤其可以看到信息之关键：诸多信息都在奏折的来往中被扭曲和误解，最终酿成大乱。

第二章　财税与政府行为

我很喜欢两部国产电视剧，一部是《大明王朝1566》，一部是《走向共和》。这两部剧有个共同点：开场第一集中，那些历史上赫赫有名的大人物们，出场都没有半点慷慨激昂或阴险狡诈的样子，反倒都在做世上最乏味的事——算账。大明朝的阁老们在算国库的亏空和来年的预算，李鸿章、慈禧和光绪则在为建海军和修颐和园的费用伤脑筋。然而算着算着，观众就看到了刀光剑影，原来所有的政见冲突和人事谋略，都隐在这一两一两银子的账目之中。

要真正理解政府行为，必然要了解财税。道理很朴素：办事要花钱，如果没钱，话说得再好听也难以落实。要想把握政府的真实意图和动向，不能光读文件，还要看政府资金的流向和数量，所以财政从来不是一个纯粹的经济问题。党的十八届三中全会通过了《中共中央关于全面深化改革若干重大问题的决定》，明确了财政的定位和功能："财政是**国家治理的基础和重要支柱**，科学的财税体制是优化资源配置、维护市场统一、促进社会公平、**实现国家长治久安的制度保障。**"

我对政府和财政一直非常有兴趣,在美国读博士期间,修习了一整年的"公共财政"课程。第一学期学习财政收入,即与各类税收有关的理论和实证;第二学期学习财政支出,即各类政府支出的设计和实施效果。与我同级的博士生中,美国和非美国同学各占一半,但只有我一个非美国人选修了这门课,可能是因为涉及大量美国制度细节,外国人理解起来比较吃力,兴趣也不大。这门课程对我理解美国有很大帮助,但后来我到复旦大学讲授研究生课程"公共经济学研究",备课时却很吃力,因为在美国学过的东西大都不能直接拿来用,跟中国情况很不一样,美国的教科书也不好用,要自己准备授课讲义。关键在于中美政府在经济运行中扮演的角色不一样,所做的事情也不一样,而财政体制要为政府事务服务,因此不能直接拿美国的财政理论往中国硬套。何况中国几十年来一直在改革,政府事务也经历了很多重大变革,财税体制自然也在随之不断变革。而财税体制变革牵一发动全身,影响往往复杂深远,我花了好几年边讲边学,才多少摸到了些门道。

上一章介绍了政府的事权划分。而事权必然要求相应的财力支持,否则事情就办不好。所以从花钱的角度看,"事权与财力匹配"或者说"事权与支出责任匹配"这个原则,争议不大。但从预算收入的角度看,地方政府是否也应该有与事权相适应的收钱的权力,让"事权与财权匹配",这个问题争议就大了。暂先不管这些争议,实际情况是地方政府的支出和收入高度不匹配。从图2-1可以看出,自1994年实行分税制以来,地方财政预算支出就一直高于预算收入。近些年地方预算支出占全国预算支出的比重为85%,但收入的占比只有50%—55%,入不敷出的部分要通过中央转移支付来填补。

1994年分税制改革对政府行为和经济发展影响深远。本章第一

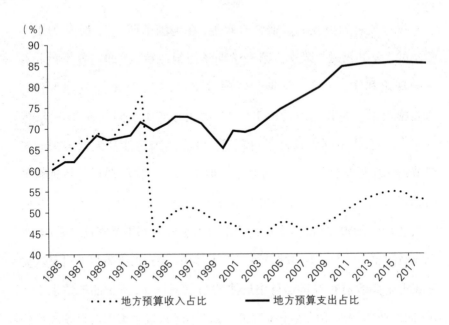

（%）

数据来源：万得数据库。

图 2-1　地方公共预算收支占全国收支的比重

节介绍这次改革的背景和过程，加深我们对央地关系的理解。第二节分析改革对地方经济发展方式的影响，介绍地方政府为了应对财政压力而发展出的"土地财政"，这是理解城市化和债务问题的基础。第三节讨论分税制造成的基层财政压力与地区间不平衡，并介绍相关改革。

第一节　分税制改革

财政乃国之根本，新中国成立以来经历了艰辛复杂的改革历程。

这方面专著很多,本章结尾的"扩展阅读"会推荐几种读物。本节无意追溯完整的改革历程,只从1985年开始谈。1985—1993年,地方政府的收入和支出是比较匹配的(图2-1),这种"事权和财权匹配"的体制对经济发展影响很大,也造成很多不良后果,催生了1994年的分税制改革。

"财政包干"及后果:1985—1993年

如果要用一个词来概括20世纪80年代中国经济的特点,非"承包"莫属:农村搞土地承包,城市搞企业承包,政府搞财政承包。改革开放之初,很多人一时还无法立刻接受"私有"的观念,毕竟之前搞了几十年的计划经济和公有制。我国的基本国策决定了不能对所有权做出根本性变革,只能对使用权和经营权实行承包制,以提高工作积极性。财政承包始于1980年,中央与省级财政之间对收入和支出进行包干,地方可以留下一部分增收。1980—1984年是财政包干体制的实验阶段,1985年以后全面推行,建立了"分灶吃饭"的财政体制。[1]

既然是承包,当然要根据地方实际来确定承包形式和分账比例,所以财政包干形式五花八门,各地不同。比较流行的一种是"收入递增包干"。以1988年的北京为例,是以1987年的财政收入为基数,设定一个固定的年收入增长率4%,超过4%的增收部分都归北京,没超过的部分则和中央五五分成。假如北京1987年收入100亿元,1988年收入110亿元,增长

---

[1]　本小节重点参考了北京大学周飞舟的著作（2012）,这是理解中华人民共和国成立后财政改革历程和逻辑的极佳读物。

10%,那超过了4%增长的6亿元都归北京,其余104亿元和中央五五分成。

广东的包干形式更简单,1988年上解中央14亿元,以后每年在此基础上递增9%,剩余的都归自己。1988年,广东预算收入108亿元,上解的14亿元不过只占13%。而且广东预算收入的增长速度远高于9%(1989年比上年增加了27%),上解负担实际上越来越轻,正因如此,广东对后来的分税制改革一开始是反对的。相比之下,上海的负担就重多了。上海实行"定额上解",每年雷打不动上缴中央105亿元。1988年,上海的预算收入是162亿元,上解105亿元,占比65%,财政压力很大。

财政承包制下,交完了中央的,剩下的都是地方自己的,因此地方有动力扩大税收来源,大力发展经济。[1]一种做法就是大力兴办乡镇企业。乡镇企业可以为地方政府贡献两类收入。第一是交给县政府的增值税(增值税改革前也叫产品税)。企业只要开工生产,不管盈利与否都得交增值税,规模越大缴税越多,所以县政府有很强的动力做大、做多乡镇企业。20世纪80年代中期以后,乡镇企业数量和规模迅速扩大,纳税总额也急速增长。在其发展鼎盛期的1995年,乡镇企业雇工人数超过6 000万。乡镇企业为地方政府贡献的第二类收入是上缴的利润,主要交给乡镇政府和村集体作为预算外收入。当时乡镇企业享受税收优惠,所得税和利润税都很低,1980年的利润税仅为6%,1986年上升到20%,所以企业税后利润可观,给基层政府创造了不少收入。[2]

---

[1] 这种激励效果的理论和证据,可参考金和辉、清华大学钱颖一、斯坦福大学温加斯特(Weingast)等人的合作研究(Jin, Qian and Weingast, 2005)。

[2] 乡镇企业税收和雇工人数的数据来自香港科技大学龚启圣和林益民的研究(Kung and Lin, 2007)。乡镇企业利润税率的数据来自圣地亚哥加州大学诺顿(Naughton)的著作(2020)。

20世纪80年代是改革开放的起步时期,在很多根本性制度尚未建立、观念尚未转变之前,各类承包制有利于调动全社会的积极性,推动社会整体走出僵化的计划经济,让人们切实感受到收入增长,逐渐转变观念。但也正是因为改革转型的特殊性,很多承包制包括财政包干制注定不能持久。财政包干造成了"两个比重"不断降低:中央财政预算收入占全国财政预算总收入的比重越来越低,而全国财政预算总收入占GDP的比重也越来越低(图2-2)。不仅中央变得越来越穷,财政整体也越来越穷。

中央占比降低很容易理解。地方经济增长快,20世纪80年代物

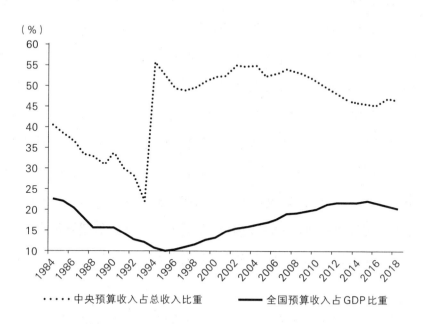

数据来源:万得数据库。

图 2-2 "两个比重"的变化情况

价涨得也快,所以地方财政收入相比于跟中央约定的固定分成比例增长更快,中央收入占比自然不断下降。至于预算总收入占GDP比重不断降低,原因则比较复杂。一方面,这跟承包制本身的不稳定有关。央地分成比例每隔几年就要重新谈判一次,若地方税收收入增长很快,下次谈判时可能会处于不利地位,落得一个更高的上缴基数和更吃亏的分成比例。为避免"鞭打快牛",地方政府有意不让预算收入增长太快。另一方面,这也跟当时盛行的预算外收入有关。虽然地方预算内的税收收入要和中央分成,但预算外收入则可以独享。如果给企业减免税,"藏富于企业",再通过其他诸如行政收费、集资、摊派、赞助等手段收一些回来,就可以避免和中央分成,变成可以完全自由支配的预算外收入。地方政府因此经常给本地企业违规减税,企业偷税漏税也非常普遍,税收收入自然上不去,但预算外收入却迅猛增长。1982—1992年,地方预算外收入年均增长30%,远超过预算内收入年均19%的增速。1992年,地方预算外收入达到了预算内收入的86%,相当于"第二财政"了。[1]

"两个比重"的下降严重削弱了国家财政能力,不利于推进改革。经济改革让很多人的利益受损,中央必须有足够的财力去补偿,才能保障改革的推行,比如国企改革后的职工安置、裁军后的退伍军人转业等。而且像我国这样的大国,改革后的地区间发展差异很大(东中西部差异、城乡差异等),要创造平稳的环境,就需要缩小地区间基本

---

[1]　香港中文大学王绍光在其著作(1997)中讨论了央地之间因徒困境式的博弈:地方政府预料到中央在重新谈判中可能"鞭打快牛",所以不愿意努力征税。这个理论只是猜测,很难验证。而把预算内收入转成预算外收入的逻辑,有数据支持,参见来自华中科技大学李学文和卢新海、浙江大学张蔚文等人的合作研究(2012)。

公共服务差异,也需要中央财政的大量投入,否则连推行和保障义务教育都有困难。如果中央没钱,甚至要向地方借钱,那也就谈不上宏观调控的能力。正如时任财政部部长的刘仲藜所言:

> 毛主席说,"手里没把米,叫鸡都不来"。中央财政要是这样的状态,从政治上来说这是不利的,当时的财税体制是非改不可了。……
>
> ……财政体制改革决定里有一个很重要的提法是"为了国家长治久安"。当时的理论界对我讲,财政是国家行政能力、国家办事的能力,你没有财力普及义务教育、救灾等,那就是空话。因此,"国家长治久安"这句话写得是有深意的。[1]

分税制改革与央地博弈

1994年的分税制改革把税收分为三类:中央税(如关税)、地方税(如营业税)、共享税(如增值税)。同时分设国税、地税两套机构,与地方财政部门脱钩,省以下税务机关以垂直管理为主,由上级税务机构负责管理人员和工资。这种设置可以减少地方政府对税收的干扰,保障中央税收收入,但缺点也很明显:两套机构导致税务系统人员激增,提高了税收征管成本,而且企业需要应付两套人马和审查,纳税成本也高。2018年,分立了24年的国税与地税再次开始合并。

---

[1]　引文来自财政部财政科学研究所刘克崮和贾康主编的财政改革回忆录(2008)。

分税制改革中最重要的税种是增值税，占全国税收收入的1/4。改革之前，增值税（即产品税）是最大的地方税，改革后变成共享税，中央拿走75%，留给地方25%。假如改革前的1993年，地方增值税收入为100亿元，1994年改革后增长为110亿元，那么按照新税制，地方拿25%，收入一下就从1993年的100亿元下降到了27.5亿元。为防止地方收入急剧下跌，中央设立了"税收返还"机制：保证改革后地方增值税收入与改革前一样，新增部分才和中央分。1994年，地方可以拿到102.5亿元，而不是27.5亿元。因此改革后增值税占地方税收收入的比重没有急速下跌，而是缓慢地逐年下跌（图2-3）。

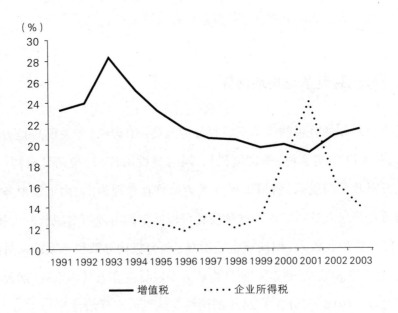

数据来源：万得数据库。

图 2-3 地方税收收入中不同税种所占比重

分税制改革，地方阻力很大。比如在财政包干制下过得很舒服的广东省，就明确表示不同意分税制。与广东的谈判能否成功，关系到改革能否顺利推行。时任财政部长刘仲藜和后来的财政部长项怀诚的回忆，生动地再现了当时的激烈博弈：

（项怀诚）分税制的实施远比制订方案要复杂，因为它涉及地方的利益。当时中央财政收入占整个财政收入的比重不到30%，我们改革以后，中央财政收入占整个国家财政收入的比重达到55%，多大的差别！所以说，分税制的改革，必须要有领导的支持。为了这项改革的展开，朱镕基总理[1]亲自带队，用两个多月的时间先后走了十几个省，面对面地算账，深入细致地做思想工作……为什么要花这么大的力气，一个省一个省去跑呢，为什么要由一个中央常委、国务院常务副总理带队，一个省一个省去谈呢？因为只有朱总理去才能够和第一把手省委书记、省长面对面地交谈，交换意见。有的时候，书记、省长都拿不了主意的，后面还有很多老同志、老省长、老省委书记啊。如果是我们去，可能连面都见不上。

（刘仲藜）与地方谈的时候气氛很紧张，单靠财政部是不行的，得中央出面谈。在广东谈时，谢飞[2]同志不说话，其他的同志说一条，朱总理立即给驳回去。当时有个省委常委、组织部长叫

---

[1]　1993 年带队赴各省份做工作的朱镕基同志时任国务院副总理。

[2]　时任广东省委书记，应为"谢非"。

符睿(音)[1]就说:"朱总理啊,你这样说我们就没法谈了,您是总理,我们没法说什么。"朱总理就说:"没错,我就得这样,不然,你们谢飞同志是政治局委员,他一说话,那刘仲藜他们说什么啊,他们有话说吗?！就得我来讲。"一下就给驳回去了。这个场面紧张生动,最后应该说谢飞同志不错,广东还是服从了大局,只提出了两个要求:以1993年为基数、减免税过渡。[2]

这段故事我上课时经常讲,但很多学生不太理解为何谈判如此艰难:只要中央做了决策,地方不就只有照办的份儿吗?"00后"一代有这种观念,不难理解。一方面,经过分税制改革后多年的发展,今天的中央政府确实要比20世纪80年代末和90年代初更加强势;另一方面,公众所接触的信息和看到的现象,大都已经是博弈后的结果,而缺少社会阅历的学生容易把博弈结果错当成博弈过程。其实即使在今天,中央重大政策出台的背后,也要经过很多轮的征求意见、协商、修改,否则很难落地。成功的政策背后是成功的协商和妥协,而不是机械的命令与执行,所以理解利益冲突,理解协调和解决机制,是理解政策的基础。

广东当年提的要求中有一条,"以1993年为基数"。这条看似不起眼,实则大有文章。地方能从"税收返还"中收到多少钱,取决于它在"基年"的增值税收入,所以这个"基年"究竟应该是哪一年,差别很大。中央与广东的谈判是在1993年9月,所以财政部很自然地想把

"基年"定为1992年。时光不能倒流，地方做不了假。可一旦把"基年"定在1993年，那到年底还有三个多月，地方可能突击收税，甚至把明年的税都挪到今年来收，大大抬高税收基数，以增加未来的税收返还。所以财政部不同意广东的要求。但为了改革顺利推行，中央最终做了妥协，决定在全国范围内用1993年做基年。这个决定立刻引发了第四季度的收税狂潮，根据项怀诚和刘克崮的回忆：

　　（项怀诚）实际上，9月份以后确实出现了这些情况。在那一年，拖欠了多年的欠税，都收上来了。一些地方党政领导亲自出马，贷款交税，造成了1993年后4个月财政收入大幅度增加。

　　（刘克崮）……分别比上年同期增长60%、90%、110%和150%，带动全年地方税收增长了50%~60%[1]。[2]

由于地方突击征税，图2-3中增值税占地方税收的比重在1993年出现了明显反常的尖峰。这让1994年的财政陷入了困境，中央承诺的税收返还因为数额剧增而无法到位，预算迟迟做不出来。这些问题又经过了很多协商和妥协才解决。但从图2-3可以看到，当2001年推行所得税分成改革时，突击征税现象再次出现。

企业所得税是我国的第二大税种，2018年占全国税收收入的23%。2002年改革之前，企业所得税按行政隶属关系上缴：中央企业交中央，

---

[1]　此处回忆可能有偏差，1993年全年地方税收收入比1992年增长了38%。

[2]　引文参见刘克崮和贾康（2008）。

地方企业交地方。地方企业比中央企业多，所以六成以上的所得税交给了地方。地方政府自然就有动力创办价高利大的企业，比如烟厂和酒厂，这些都是创税大户。20世纪90年代，各地烟厂、酒厂越办越多，很多地方只抽本地牌子的烟、喝本地牌子的啤酒，这种严重的地方保护主义不利于形成全国统一市场，也不利于缩小地区间的经济差距。在2002年的所得税改革中，除一些特殊央企的所得税归中央外，所有企业的所得税中央和地方六四分成（仅2002年当年为五五分）。为防止地方收入下降，同样也设置了税收返还机制，并把2001年的所得税收入定为返还基数。所以2001年的最后两个月，地方集中征税做大基数，财政部和国务院办公厅不得不强调"地方各级人民政府要从讲政治的高度，进一步提高认识，严格依法治税，严禁弄虚作假。2002年1月国务院有关部门将组织专项检查，严厉查处作假账和人为抬高基数的行为。对采取弄虚作假手段虚增基数的地方，相应扣减中央对地方的基数返还，依法追究当地主要领导和有关责任人员的责任。"[1]但从图2-3中可以看出，2001年不正常的企业所得税收入依然非常明显。[2]

---

[1] 《国务院办公厅转发财政部关于2001年11月和12月上中旬地方企业所得税增长情况报告的紧急通知》。

[2] 图2-3中，企业所得税在2000年就开始大幅攀升，这可能是由于统计口径调整。2000年前的企业所得税统计只包括国有企业和集体企业，之后则包括了所有企业。有一种方法可以剔除统计口径调整所带来的影响，就是比较同一年中财政预算和决算两个数字。若无特殊情况，这两个数字应该差别不大。根据2002年《中国财政年鉴》，2001年地方企业所得税收入的预算数是1049亿元，但决算数是1686亿元，增长了61%。这种暴增在其他税种中是没有的。比如当时改革没有涉及的营业税，预算1830亿元，决算1849亿元；而早已经完成改革的增值税，预算是1229亿元，决算是1342亿元。再比如同样经历改革但没有"基数投机"冲动的中央企业所得税，预算是937亿元，决算是945亿元。

　　分税制是20世纪90年代推行的根本性改革之一，也是最为成功的改革之一。改革扭转了"两个比重"不断下滑的趋势(图2-2)：中央占全国预算收入的比重从改革前的22%一跃变成55%，并长期稳定在这一水平；国家预算收入占GDP的比重也从改革前的11%逐渐增加到了20%以上。改革大大增强了中央政府的宏观调控能力，为之后应付一系列重大冲击(1997年亚洲金融危机、2008年全球金融危机和汶川地震等)奠定了基础，也保障了一系列重大改革(如国企改革和国防现代化建设)和国家重点建设项目的顺利实施。分税制也从根本上改变了地方政府发展经济的模式。

第二节　土　地　财　政

　　分税制并没有改变地方政府以经济建设为中心的任务，却减少了其手头可支配的财政资源。虽然中央转移支付和税收返还可以填补预算内收支缺口，但发展经济所需的诸多额外支出，比如招商引资和土地开发等，就需要另筹资金了。一方面，地方可以努力增加税收规模。虽然需要和中央分成，但蛋糕做大后，自己分得的收入总量也会增加。另一方面，地方可以增加预算外收入，其中最重要的就是围绕土地出让和开发所产生的"土地财政"。

招商引资与税收

　　给定税率的情况下，想要增加税收收入，要么靠扩大税源，要么靠加强征管。分税制改革之后,全国预算收入占GDP的比重逐步上升(参见图2-2),部分原因可以归结为加强了征管力度,但更重要的原因是扩大了税源。[1]

改革前,企业的大多数税收按隶属关系上缴,改革后则变成了在所在地上缴,这自然会刺激地方政府招商引资。地方政府尤其青睐重资产的制造业,一是因为投资规模大,对GDP的拉动作用明显;二是因为增值税在生产环节征收,跟生产规模直接挂钩;三是因为制造业不仅可以吸纳从农业部门转移出的低技能劳动力,也可以带动第三产业发展,增加相关税收。

因为绝大多数税收征收自企业,且多在生产环节征收,所以地方政府重视企业而相对轻视民生,重视生产而相对轻视消费。以增值税为例,虽然企业可以层层抵扣,最终支付税金的一般是消费者(增值税发票上会分开记录货款和税额,消费者支付的是二者之和),但因为增值税在生产环节征收,所以地方政府更加关心企业所在地而不是消费者所在地。这种倚重生产的税制,刺激了各地竞相投资制造业、上马大项目,推动了制造业迅猛发展,加之充足高效的劳动力资源和全球产业链重整等内外因素,我国在短短二三十年内就成为世界第一制造业大国。当然,这也付出了相应的代价。比如说,地方为争夺税收和大工业项目,不惜放松环保监督,损害了生态环境,推高了过剩产能。2007—2014年,地方政府的工业税收收入中,一半来自过剩产能行业。

---

[1] 浙江大学方红生和复旦大学张军(2013)总结了分税制改革之后关于税收征管力度的研究。

而在那些财政压力较大的地区,工业污染水平也普遍较高。[1]

不仅九成的税收征收自企业,税收之外的其他政府收入基本也都征收自企业,比如土地转让费和国有资本经营收入等。社保费中个人缴纳的比例也低于企业缴纳的比例。所以在分税制改革后的头些年,地方政府在财政支出上向招商引资倾斜(如基础设施建设、企业补贴等),而民生支出(教育、医疗、环保等)相对不足。[2]2003年,中央提出"科学发展观",要求"统筹经济社会发展、统筹人与自然和谐发展",要求更加重视民生支出。由于第一章中讨论过的规模经济、信息复杂性等原因,民生支出基本都由地方政府承担,所以地方支出占比从2003年开始快速增长,从70%一直增长到了85%(图2-1)。

总的来看,分税制改革后,地方政府手中能用来发展经济的资源受到了几方面的挤压。首先,预算内财政支出从重点支持生产建设转向了重点支持公共服务和民生。20世纪90年代中后期,财政支出中"经济建设费"占40%,"社会文教费"(科教文卫及社会保障)只占26%。到了2018年,"社会文教费"支出占到了40%,"经济建设费"则下降了。[3]其次,分税制改革前,企业不仅缴税,还要向地方政府缴纳

---

[1]　地方税收压力恶化了工业污染,推升了过剩产能,相关证据来自中国社会科学院席鹏辉和厦门大学梁若冰、谢贞发(2017)以及苏国灿等人的研究(2017)。

[2]　分税制改革后,地方财政支出重生产而轻民生,证据很多。比如复旦大学傅勇和张晏对省级支出的研究(2007),中国人民大学马光荣和吕冰洋及中国社会科学院张凯强对地级市支出的研究(2019),北京师范大学尹恒和北京大学朱虹对县级支出的研究(2011)等。

[3]　2007年,我国重新调整了政府收支预算科目分类,所以没有办法直接比较2007年前后政府预算内支出中用于经济建设的比例,但无疑是下降了。

很多费（行政收费、集资、摊派、赞助等），这部分预算外收入在改革后大大减少。90年代中后期，乡镇企业也纷纷改制，利润不再上缴，基层政府的预算外收入进一步减少。最后，2001年的税改中，中央政府又拿走了所得税收入的60%，加剧了地方财政压力。地方不得不另谋出路，寻找资金来源，轰轰烈烈的"土地财政"就此登场。

初探土地财政

我国实行土地公有制，城市土地归国家所有，农村土地归集体所有。农地要转为建设用地，必须先经过征地变成国有土地，然后才可以用于发展工商业或建造住宅（2019年《中华人民共和国土地管理法》修正案通过，对此进行了改革，详见第三章），所以国有土地的价值远远高于农地。为什么会有这种城乡割裂的土地制度？追根溯源，其实也没有什么惊天动地的大道理和顶层设计，不过是从1982年宪法开始一步步演变成今天这样罢了。[1]虽说每一步变化都有道理，针对的都是当时亟待解决的问题，但演变到今天，已经造成了巨大的城乡差别、飞涨的城市房价以及各种棘手问题。2020年，中共中央和国务院发布的《关于构建更加完善的要素市场化配置体制机制的意见》中，首先提到的就是"推进土地要素市场化配置"，而第一条改革意见就是打破城乡割裂的现状，"建立健全城乡统一的建设用地市场"。可见政策制定者非常

---

[1] 对新中国成立后土地产权制度演变过程和逻辑有兴趣的读者，可以参考本章结尾的"扩展阅读"。

清楚当前制度的积弊。第三章会详细讨论相关改革，此处不再赘述。

1994年分税制改革时，国有土地转让的决定权和收益都留给了地方。当时这部分收益很少。一来虽然乡镇企业当时还很兴盛，但它们占用的都是农村集体建设用地，不是城市土地。二来虽然城市土地使用权当时就可以有偿转让，不必再像计划经济体制下那样无偿划拨，但各地为了招商引资（尤其是吸引外资），土地转让价格大都非常优惠，"卖地收入"并不多。

1998年发生了两件大事，城市土地的真正价值才开始显现。第一是单位停止福利分房，逐步实行住房分配货币化，商品房和房地产时代的大幕拉开。1997—2002年，城镇住宅新开工面积年均增速为26%，五年增长了近4倍。第二是修订后的《中华人民共和国土地管理法》开始实施，基本上锁死了农村集体土地的非农建设通道，规定了农地要想转为建设用地，必须经过征地后变成国有土地，这也就确立了城市政府对土地建设的垄断权力。[1]

1999年和2000年这两年的国有土地转让收入并不高（图2-4），因为尚未普遍实行土地"招拍挂"（招标、拍卖、挂牌）制度。当时的土地转让过程相当不透明，基本靠开发商各显神通。比如有些开发商趁着国有企业改革，拿到了企业出让的土地，再从城市规划部门取得开

---

[1]　虽然法律规定集体土地还可以用于乡镇企业建设，但随着乡镇企业纷纷开始所有制改革，真正的乡镇企业越来越少，因此这个规定意义不大。此外，1997年以后实行用地规模和指标审批管理制度，省级政府自然将紧缺的建设用地指标优先分配给省会和城市市区，给到县城的用地指标很少，而大部分集体建设土地位于县城。关于这方面更详细的介绍，可参考中国人民大学刘守英的著作（2018）第八章。本段中用到的数字也来自该书。

发许可，只需支付国家规定的少量土地出让金，就可以搞房地产开发。这是个转手就能发家致富的买卖，其中的腐败可想而知。

2001年，为治理土地开发中的腐败和混乱，国务院提出"大力推行招标拍卖"。2002年，国土部明确四类经营用地（商业、旅游、娱乐、房地产）采用"招拍挂"制度。于是各地政府开始大量征收农民土地然后有偿转让，土地财政开始膨胀。土地出让收入从2001年开始激增，2003年就已经达到了地方公共预算收入的55%（图2-4）。2008年全球金融危机之后，在财政和信贷政策的共同刺激之下，土地转让收入再上一个台阶，2010年达到地方公共预算收入的68%。最近两年这一比重虽有所下降，但土地转让收入的绝对数额还在上涨，2018年达到62 910亿元，比2010年高2.3倍。

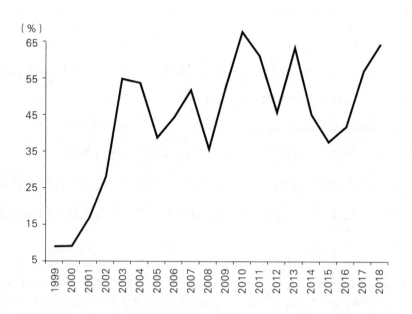

数据来源：历年《中国国土资源统计年鉴》。

图 2-4　国有土地转让收入占地方公共预算收入的比重

　　所谓"土地财政"，不仅包括巨额的土地使用权转让收入，还包括与土地使用和开发有关的各种税收收入。其中大部分税收的税基是土地的价值而非面积，所以税收随着土地升值而猛增。这些税收分为两类，一类是直接和土地相关的税收，主要是土地增值税、城镇土地使用税、耕地占用税和契税，其收入百分之百归属地方政府。2018年，这四类税收共计15 081亿元，占地方公共预算收入的15%，相当可观。另一类税收则和房地产开发和建筑企业有关，主要是增值税和企业所得税。2018年，这两种税收中归属地方的部分（增值税五成，所得税四成）占地方公共预算收入的比重为9%。[1]若把这些税收与土地转让收入加起来算作"土地财政"的总收入，2018年"土地财政"收入相当于地方公共预算收入的89%，是名副其实的"第二财政"。

　　土地转让虽然能带来收入，但地方政府也要负担相关支出，包括征地拆迁补偿和"七通一平"等基础性土地开发支出。从近几年的数字看，跟土地转让有关的支出总体与收入相当，有时甚至比收入还高。2018年，国有土地使用权出让金收入为62 910亿元，支出则为68 167亿元。光看这一项，地方政府还入不敷出。当然地方政府本来也不是靠卖地赚钱，它真正要的是土地开发之后吸引来的工商业经济活动。

---

[1] 在2016年营业税改增值税以前，房地产开发和建筑企业缴纳的主要是营业税，百分之百归地方，不用和中央分成，所以占地方公共预算收入的比重甚至更高。以2013年为例，房地产开发和建筑企业缴纳的营业税和归属地方的所得税加起来相当于地方公共预算收入的16%。本段中的数字均出自历年的《中国税务年鉴》。

从时间点上看，大规模的土地财政收入始于21世纪初。2001年
所得税改革后，中央财政进一步集权，拿走了企业所得税的六成。从
那以后，地方政府发展经济的方式就从之前的"工业化"变成了"工
业化与城市化"两手抓：一方面继续低价供应大量工业用地，招商
引资；另一方面限制商住用地供给，从不断攀升的地价中赚取土地
垄断收益。这些年出让的城市土地中，工业用地面积约占一半，但
出让价格极低：2000年每平方米是444元，2018年是820元，只涨了
85%。而商业用地价格增长了4.6倍，住宅用地价格更是猛增了7.4倍
（图2-5）。

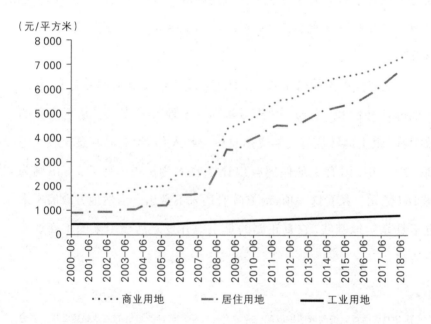

数据来源：万得数据库。

图 2-5 100 个重点城市土地出让季度平均成交价

所以商住用地虽然面积上只占出让土地的一半,但贡献了几乎所有的土地使用权转让收入。因此"土地财政"的实质是"房地产财政"。一方面,各地都补贴工业用地,大力招商引资,推动了制造业迅猛发展;另一方面,随着工业化和城市化的发展,大量新增人口涌入经济发达地区,而这些地方的住宅用地供给却不足,房价自然飞涨,带动地价飞涨,土地拍卖的天价"地王"频出。这其中的问题及改革之道,第三章会展开分析。

税收、地租与地方政府竞争

让我们后退一步,看清楚地方政府究竟在干什么。所谓经济发展,无非就是提高资源使用效率,尽量做到"人尽其才,物尽其用"。而我国是一个自然资源相对贫乏的国家,在经济起步阶段,能利用的资源主要就是人力和土地。过去几十年的很多重大改革,大都和盘活这两项资源、提高其使用效率有关。与人力相比,土地更容易被资本化,将未来收益一股脑变成今天高升的地价,为地方政府所用。所以"土地财政"虽有种种弊端,但确实是过去数年城市化和工业化得以快速推进的重要资金来源。

前文说过,地方在招商引资和城市化过程中,会利用手中一切资源,所以需要通盘考量税收和土地,平衡税收收入和土地使用权转让收入,以达到总体收入最大化。地方政府压低工业用地价格,因为工业对经济转型升级的带动作用强,能带来增值税和其他税收,还能创造就业。而且工业生产率提升空间大、学习效应强,既能帮助本地实现现代化,也能带动服务业的发展,拉动商住用地价格上涨。工业生产上下游链条长,产业集聚和规模经济效果显著,若能发展出特色产业集群(如佛山的陶瓷),也就有了长久的竞争优势和稳定的税收来源。此外,地方之间招商引资竞争非常激烈。虽说工业用地和商住用地都由地方政府垄断,但工业企业可以落地的地方很多,所以在招商引资竞争中地方政府很难抬高地价。商住用地则不同,主要服务本地居民,土地供应方的垄断力量更强,更容易抬高地价。

经济学家张五常曾做过一个比喻:地方政府就像一家商场,招商引资就是引入商铺。商铺只要交一个低廉的入场费用(类似工业用地转让费),但营业收入要和商场分成(类似增值税,不管商铺是否盈利,只要有流水就要分成)。商场要追求总体收入最大化,所以既要考虑入门费和租金的平衡,也要考虑不同商铺间的平衡。一些商铺大名鼎鼎,能为商场带来更大客流,那商场不仅可以免除它们的入门费,还可以降低分成,甚至可以倒贴(类似地方给企业的各种补贴)。[1]

以行政区划为单位、以税收和土地为手段展开招商引资竞争,且在上下级政府间层层承包责任和分享收益,这一制度架构对分税制改革后经济的飞速发展,无疑有很强的解释力。但随着时代发展,这种模式的弊端和负面效果也越来越明显,需要改革。首先是地方政府的债务问题(见第三章)。土地的资本化运作,本质是把未来的收益抵押到今天去借钱,如果借来的钱投资质量很高,转化成了有价值的资产和未来更高的收入,那债务就不是大问题。但地方官员任期有限,难免会催生短视行为,寅吃卯粮,过度借债去搞大项目,搞"面子工程",

---

[1] 详细的阐释可参考张五常的著作(2017)。

功是留在当代了,利是不是有千秋,就是下任领导的事了。如此一来,投资质量下降,收益不高,债务负担就越来越重。

若仅仅只是债务问题,倒也不难缓解。最近几年实施了一系列财政和金融改革,实际上已经遏制住了债务的迅猛增长。但经济增速随之放缓,说明资源的使用效率仍然不高。就拿土地来说,虽然各地都有动力调配好手中的土地资源,平衡工业和商住用地供给,但在全国范围内,土地资源和建设用地分配却很难优化。地区间虽然搞竞争,但用地指标不能跨省流动到效率更高的地区。珠三角和长三角的经济突飞猛进,人口大量涌入,却没有足够的建设用地指标,工业和人口容量都遭遇了人为的限制。寸土寸金的上海,却保留着289.6万亩农田(2020年的数字),可以说相当不经济。同时,中西部却有大量闲置甚至荒废的产业园区。虽然地广人稀的西北本就有不少荒地,所以真实的浪费情况可能没有媒体宣扬的那么夸张,但这些用地指标本可以分给经济更发达的地区。如果竞争不能让资源转移到效率更高的地方,那这种竞争就和市场竞争不同,无法长久地提高整体效率。一旦投资放水的闸门收紧,经济增长的动力立刻不足。

可是制度一直如此,为什么前些年问题似乎不大?因为经济发展阶段变了。在工业化和城市化初期,传统农业生产率低,只要把农地变成工商业用地,农业变成工商业,效率就会大大提升。但随着工业化的发展,市场竞争越来越激烈,技术要求越来越高,先进企业不仅需要土地,还需要产业集聚、研发投入、技术升级、物流和金融配套等,很多地方并不具备这些条件,徒有大量建设用地指标又有何用?　改革的方向是清楚的。2020年,中共中央和国务院发布的《关于构建更加完善的要素市场化配置体制机制的意见》中，放在最前面的就是"推进土地要素市场化配置"。要求不仅要在省、市、县内部打破城乡建设用地之间的市场壁垒，建设一个统一的市场，盘活存量建设用地，而且要"探索建立全国性的建设用地、补充耕地指标跨区域交易机制"，以提高土地资源在全国范围内的配置效率。

第三节　纵向不平衡与横向不平衡

分税制改革之后，中央拿走了收入的大头，但事情还是要地方办，所以支出的大头仍留在地方，地方收支差距由中央转移支付来填补。从全国总数来看，转移支付足够补上地方收支缺口。[1]但总数能补上，不等于每级政府都能补上，也不等于每个地区都能补上。省里有钱，乡里不见得有钱；广州有钱，兰州不见得有钱。这种纵向和横向的不平衡，造成了不少矛盾和冲突，也催生了很多改革。

基层财政困难

分税制改革之后，中央和省分成，省也要和市县分成。可因为上

---

[1] 从 1994 年分税制改革之后一直到 2008 年，每年中央转移支付总额都高于地方预算收支缺口，一般要高 10%—20%。2009 年"4 万亿"财政金融刺激之后，地方可以通过发债来融资，收支缺口才开始大于中央转移支付（2015 年新版预算法之后，省级政府才可以发债。但在 2009 年至 2014 年间，财政部可以代理省级政府发债）。

级权威高于下级，所以越往基层分到的钱往往越少，但分到的任务却越来越多，出现了"财权层层上收，事权层层下压"的局面。改革后没几年，基层财政就出现了严重的困难。20世纪90年代末有句顺口溜流行很广："中央财政蒸蒸日上，省级财政稳稳当当，市级财政摇摇晃晃，县级财政哭爹叫娘，乡级财政精精光光。"

从全国平均来看，地方财政预算收入（本级收入加上级转移支付）普遍仅够给财政供养人员发工资，但地区间差异很大。在东部沿海，随着工业化和城市化的大发展，可以从"土地财政"中获取大量额外收入，一手靠预算财政"吃饭"，一手靠土地财政"办事"。但在很多中西部县乡，土地并不值钱，财政收入可能连发工资都不够，和用于办事的钱相互挤占，连"吃饭财政"都不算，要算"讨饭财政"。[1]基层政府一旦没钱，就会想办法增收，以保持正常运转。20世纪90年代末到21世纪初，农村基层各种乱收费层出不穷，农民的日子不好过，干群关系紧张，群体性事件频发。基层政府各种工程欠款（会转化为包工头拖欠农民工工资，引发讨薪事件）、拖欠工资、打白条等，层出不穷。2000年初，湖北监利县棋盘乡党委书记李昌平给时任国务院总理朱镕基写信，信中的一句话轰动全国："农民真苦，农村真穷，农业真危险。"这个"三农问题"，就成了21世纪初政策和改革的焦点之一。

20世纪90年代的财政改革及其他根本性改革（如国企改革和住房改革），激化了一些社会矛盾，这是党的十六大提出"和谐社会"与

---

[1] 对基层财政的"悬浮"状态和政府运转中的种种困难，田毅和赵旭的著作（2008）以及吴毅的著作（2018）中都有生动的记录和深刻的分析。

"科学发展观"的时代背景。与"科学发展观"对应的"五个统筹"原则中,第一条就是"统筹城乡发展"。[1]从2000年开始,农村税费改革拉开帷幕,制止基层政府乱摊派和乱收费,陆续取消了"三提五统"和"两工"等。[2]2006年1月1日,农业税彻底废止。这是一件具有历史意义的大事,终结了农民缴纳了千年的"皇粮国税"。这些税费改革不仅提高了农民收入,也降低了农村的贫富差距。[3]之所以能推行这些改革,得益于我国加入世界贸易组织(WTO)之后飞速发展的工商业,使得国家财政不再依赖于农业税费。2000年至2007年,农业部门产值占GDP的比重从15%下降到了10%,而全国税收总收入却增加了3.6倍(未扣除物价因素)。

农村税费改革降低了农民负担,但也让本就捉襟见肘的基层财政维持起来更加艰难,所以之后的改革就加大了上级的统筹和转移支付力度。

其一,是把农村基本公共服务开支纳入国家公共财政保障范围,由中央和地方政府共同负担。比如2006年开始实施的农村义务教

---

[1]　2003年党的十六届三中全会提出了与"科学发展观"相适应的"五个统筹":统筹城乡发展、统筹区域发展、统筹经济社会发展、统筹人与自然和谐发展、统筹国内发展和对外开放。

[2]　改革前的农村税费负担,大概可以分为"税""费""工"三类。税,即"农业五税":农业税、农业特产税、屠宰税、涉农契税、耕地占用税。费,即所谓"三提五统":村集体的三项提留费用(村干部管理费、村公积金、村公益金)和乡政府的五项统筹费用(教育附加、计划生育、优抚、民兵训练、乡村道路建设)。工,就是"两工":农村义务工和劳动积累工,主要用于植树造林、防汛、修缮校舍等。

[3]　参见中央财经大学陈斌开和北京大学李银银的合作研究(2020)。

育经费保障机制改革,截至2011年,中央财政一共安排了3 300亿元农村义务教育改革资金,为约1.3亿名农村义务教育阶段的学生免除了学杂费和教科书费。[1]再比如2003年开始的新型农村合作医疗制度("新农合")与2009年开始的新型农村社会养老保险制度("新农保")等,均有从中央到地方的各级财政资金参与。

其二,是在转移支付制度中加入激励机制,鼓励基层政府达成特定目标,并给予奖励。比如2005年开始实施的"三奖一补",就对精简机构和人员的县乡政府给予奖励。[2]冗员过多一直是政府顽疾,分税制改革后建立的转移支付体系中,相当一部分转移支付是为了维持基层政府正常运转和保障人员工资。财政供养人员(即有编制的人员)越多,得到的转移支付越多,这自然会刺激地方政府扩编。从1994年到2005年,地方政府的财政供养人员(在职加退休)猛增了60%,从2 981万人增加到4 778万人。2005年实行"三奖一补"之后,2006年财政供养人口下降了318万。之后又开始缓慢上升,2008年达到4 631万。2009年后,财政供养人员的数据不再公布。[3]

其三,是把基层财政资源向上一级政府统筹,比如2003年开始试

---

[1] 数字来自财政部前部长楼继伟和财政科学研究院院长刘尚希的合作著作(2019)。

[2] "三奖一补"包括:对财政困难的县乡政府增加县乡税收收入、省市级政府增加对财政困难县财力性转移支付给予奖励;对县乡政府精简机构和人员给予奖励;对产粮大县给予奖励;对此前缓解县乡财政困难工作做得好的地方给予补助。

[3] 数据来自财政部预算司原司长李萍主编的读物(2010)。如果按照2006—2008年的年均增速1.8%推算,2018年地方财政供养人员应该在5 500万人左右。根据楼继伟(2013)的数据,全国的公务员中,地方占94%(2011年)。如果这个比例也适用于全部财政供养人员,那2018年全国财政供养人员总数(在职加退休)大概是5 850万。

点的"乡财县管"改革。农村税费改革后,乡镇一级的财政收入规模和支出范围大大缩减,乡镇冗员问题、管理问题、债务问题就变得突出。通过预算共编、票据统管、县乡联网等手段,把乡镇财政支出的决定权上收到县,有利于规范乡镇行为,也有利于在县域范围内实现乡镇之间公共服务的均等化。根据财政部网站,截至2012年底,86%的乡镇都已经实施了"乡财县管"。

让县政府去统筹乡镇财务,那县一级的财政紧张状况又该怎么办呢?在市管县的行政体制下,县的收入要和市里分账,可市财政支出和招商引资却一直偏向市区,"市压县,市刮县,市吃县"现象严重,城乡差距不断拉大。而且很多城市本身经济发展水平也不高,难以对下辖县产生拉动作用,所以在21世纪初,全国开始推行"扩权强县"和"财政省直管县"改革。前者给县里下放一些和市里等同的权限,比如土地审批、证照发放等;后者则让县财政和省财政直接发生关系,绕开市财政,在财政收支权力上做到县市平级。这些改革增加了县一级的财政资源,缩小了城乡差距。[1]

"乡财县管"和"省直管县"改革,实质上把我国五级的行政管理体制(中央—省—市—区县—乡镇)在财政管理体制上"拉平"了,变成了三级体制(中央—省—市县)。县里的财政实力固然是强了,但是否有利于长远经济发展,则不一定。"省直管县"这种做法源于浙江,20世纪90年代就在全省施行,效果很好。但浙江情况特殊,县域

---

[1] 关于"省直管县"改革的研究很多,有兴趣的读者可以参考复旦大学谭之博、北京大学周黎安、中国人民银行赵岳等人的合作研究(2015)。

经济非常强劲,很多县乃至乡镇都有特色产业集群。2019年,浙江省53个县(含县级市)里,18个是全国百强县。但在其他一些省份,"省直管县"改革至少遭遇了两个困难。首先是省里管不过来。改革前,一个省平均管12个市,改革后平均管52个市县。钱和权给了县,但监管跟不上,县域出现了种种乱象,比如和土地有关的腐败盛行。其次,县市关系变动不一定有利于县的长远发展。以前县归市管,虽受一层"盘剥",但跟市区通常还是合作大于竞争。但改革以后,很多情况下竞争就大于合作了,导致县域经济"孤岛化"比较严重。尤其在经济欠发达地区,市的实力本就不强,现在进一步分裂成区和县,更难以产生规模和集聚效应。经济弱市的"小马"本就拉不动下辖县的"大车",但改革并没有把"小马"变成"大马",反倒把"大车"劈成了一辆辆"小车",结果是小城镇遍地开花,经济活动和人口不但没有向区域经济中心的市区集聚,反而越搞越散。从现有研究来看,省直管县之后,虽然县里有了更多资源,但人均GDP增速反而放缓了。[1]

总体来看,分税制改革后,基层财政出现了不少困难,引发了一系列后续改革,最终涉及了财税体制的层级问题。到底要不要搞扁平化,学发达国家搞三级财政?是不是每个省都应该搞?对于相关改革效果和未来方向,目前仍有争议。

---

[1] "省直管县"改革引发的土地腐败和经济增速放缓,及改革前后省政府管理的行政单位数目,来自浙江大学李培、清华大学陆毅、香港科技大学王瑾的合作研究(Li, Lu and Wang, 2016)。

地区间不平等

我国地区间经济发展的差距从20世纪90年代中后期开始扩大。由于出口飞速增长，制造业自然向沿海省份集聚，以降低出口货运成本。这种地理分布符合经济规律，并非税收改革的后果。但随着产业集聚带来的优势，地区间经济发展水平和财力差距也越拉越大。公共财政的一个主要功能就是再分配财政资源，平衡地区间的人均公共服务水平（教育、医疗等），所以中央也开始对中西部地区进行大规模转移支付。1995年至2018年，转移支付总额从665亿元增加到了61 649亿元，增加了93倍，远高于地方财政收入的增长率，占GDP的比重也从1%升至7%。[1]80%以上的转移支付都到了中西部地区，这保障了地区间人均财政支出的均等化。[2]虽然目前东部和中西部的公共服务水平差异依然明显，但如果没有中央转移支付，地区差异可能更大。

图2-6描绘了最富的3个省（江苏、浙江、广东）与最穷的3个省（云南、贵州、甘肃）之间人均财政收支的差距。以2018年为例，苏浙粤的人均财政收入和人均GDP是云贵甘的2.7倍，但由于中央的转移支付，这些省份的人均财政支出基本持平，人均财政支出的差距在

---

[1] 1995年的转移支付数据来自《1995年全国地市县财政统计资料》，2018年的数据来自财政部网站公布的《关于2018年中央决算的报告》。

[2] 根据财政部公布的《关于2018年中央决算的报告》，当年85%的转移支付用在了中西部地区。而根据云南财经大学缪小林和高跃光以及云南大学王婷等人的计算（2017），从1995年到2014年，80%以上的转移支付都分配到了中西部地区。

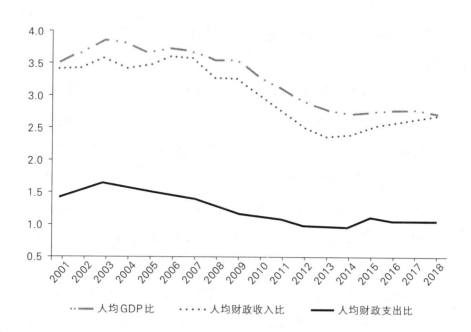

数据来源：万得数据库。

注：江苏、浙江、广东的人均GDP最高，而云南、贵州、甘肃则最低。此处未包括4个直辖市和西藏自治区，这些地区和其他省份不太具有可比性。

图 2-6　苏浙粤与云贵甘人均财力之比

过去20年中也一直远小于人均财政收入。自2005年起，地区间人均财政支出差距进一步收窄，这与本节提到的"三奖一补"政策有关。虽然省一级的人均财政支出基本均衡，但到了县一级，地区间差距就大了。以2009年为例，人均财政支出最高的1%的县，支出是最低的1%的县的19倍。[1]这种基层间的差距和上节讨论过的纵向差

[1]　目前可得的县级财政支出数据只到2009年，来自《2009年全国地市县财政统计资料》。我在计算时仅包括了县和县级市，不包括市区，也没有包括4个直辖市和西藏自治区。

距有关：越往基层分到的钱越少，省级的差距到了基层，就被层层放大了。

中央对地方的转移支付大概可以分为两类：一般性转移支付（2009年之后改称"均衡性转移支付"）和专项转移支付。[1]简单来说，前者附加条件少，地方可自行决定用途，而后者必须专款专用。为什么要指定资金用途、不让地方自主决策呢？因为无条件的均衡性转移支付是为了拉平地区差距，所以越穷的地方拿到的钱越多，地方也就越缺乏增收动力。而且均衡性转移支付要保证政府运作和公务员工资，可能会刺激财政供养人员增加，恶化冗员问题。

专项转移支付约占转移支付总额的四成，一般以"做项目"的形式来分配资金，专款专用，可以约束下级把钱花在上级指定的地方，但在实际操作中，这种转移支付加大了地区间的不平等。[2]经济情况越好、财力越雄厚的地区，反而可能拿到更多的专项转移支付项目，原因有三。第一，上级分配项目时一般不会"撒胡椒面儿"，而是倾向于集中财力投资大项目，并且交给有能力和条件的地区来做，所谓"突出重点，择优支持"。第二，2015年之前，许多项目都要求地方政府提供配套资金，只有有能力配套的地方才有能力承接大项目，拿到更多转移支付。[3]第三，项目审批过程中人情关系在所难

---

[1] 广义转移支付还应包括税收返还，但这部分钱本就属于地方，不包含在本段的统计中。

[2] 专项转移支付实际上增大了地方人均财力的差别，这方面证据很多，比如中国宏观经济研究院王瑞民和中国人民大学陶然的研究（2017）。

[3] 2015年2月，国务院发布《关于改革和完善中央对地方转移支付制度的意见》，明确"中央在安排专项转移支付时，不得要求地方政府承担配套资金"。

免。很多专项资金是由财政部先拨款给各部委后再层层下拨,所以就有了"跑部钱进"的现象,而经济发达地区往往与中央部委的关系也更好。[1]

公共财政的重要功能是实现人均公共服务的均等化,虽然我国在这方面已取得了长足进展,但可改进的空间依然很大。从目前情况来看,东中西部省份之间、同一省份的城乡之间、同一城市的户籍人口和非户籍人口之间,公共服务的差别依然很大。第五章将会继续探讨这些地区间不均衡、人与人不平等的问题。

结　　语

要深入了解政府,必须了解财税。本章介绍了1994年分税制改革的逻辑和后果。图2-7总结了本章各部分内容之间的关系。从中可以看到,制度改革必须不断适应新的情况和挑战。理解和评价改革,不能生搬硬套某种抽象的哲学或理论标准,而必须深入了解改革背景和约束条件,仔细考量在特定时空条件下所产生的改革效果。只有理解了分税制改革的必要性和成功经验,才能理解其中哪些元素已经不适应新情况,需要继续改革。

---

[1] 部委的人情关系在专项资金分配中有重要作用,参见上海财经大学范子英和华中科技大学李欣的研究(2014)。

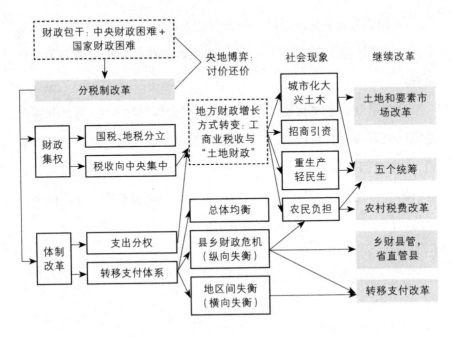

图 2-7　第二章内容小结

　　分税制之后兴起的"土地财政",为地方政府贡献了每年五六万亿的土地使用权转让收入,着实可观,但仍不足以撬动飞速的工业化和城市化。想想每年的基础设施建设投入,想想高铁从起步到普及不过区区十年,钱从哪里来? 每个城市都在大搞建设,高楼、公园、道路、园区……日新月异,钱从哪里来? 所以土地真正的力量还不在"土地财政",而在以土地为抵押而撬动的银行信贷与其他各路资金。"土地财政"一旦嫁接了资本市场,加上了杠杆,就成了"土地金融",能像滚雪球般越滚越大,推动经济飞速扩张,也造就了地方政府越滚越多的债务,引发了一系列宏观经济问题。"土地金融"究竟是怎么回事? 政府究竟是如何融资和投资的? 中外媒体和分析家们都很关心的地方政府债务,究竟是什么情况? 这些是下一章的内容。

── 扩展阅读 ──

　　财政和税收本身就是一个专业，涉及内容繁多，很多大学都有专门的系所甚至学院。本章重点不是财税本身，而是以财税的视角去理解地方政府行为。北京大学周飞舟的著作《以利为利：财政关系与地方政府行为》(2012)与本章视角类似，但更加系统和全面，详细介绍了从新中国成立初期一直到21世纪初主要财政改革的前因后果，有不少一手调研资料，逻辑性和结构都很好，是一本优秀的入门读物。

　　要深入了解城市的土地财政，就必须了解农村的土地制度，因为城市的新增建设用地大都是从农村征收来的。北京大学周其仁的著作《城乡中国》(2017年修订版)阐释了城乡土地制度，既追溯了过往，也剖析了当下，语言轻松，说理清楚。中国人民大学刘守英的著作《土地制度与中国发展》(2018)则更为全面和详细，适合进阶参考。

　　财政和土地制度是国家大事，改变着每个人的生活。要想真正理解这些改革，需要深入基层，观察这些改革如何影响了官员、企业家和普通人的行为，如何改变了他们之间的关系。华中科技大学吴毅的著作《小镇喧嚣：一个乡镇政治运作的演绎与阐释》(2018年新版)是一份非常详细和生动的记录。这本社会学著作以50万字的篇幅记录了21世纪初中部某小镇上发生的很多事，大都围绕经济问题展开。故事本身以及作者的评论，都很精彩，能让人看到"上面"来的改革对基层个体的重大影响。在另一部类似的杰作《他乡之税：一个乡镇的三十年，一个国家的"隐秘"财政史》（2008）中，田毅和赵旭记录了一个北方小镇的故事。与吴毅之作不同，本书的叙事从1978年开始，记录了30年间财政变革给基层带来的种种变化。读者尤其可以了解分税制后基层财政的悬浮和空转状态，了解农业税费改革之前基层盛行的"买税"或"协税"现象。

第三章　政府投融资与债务

暨南大学附近有个地方叫石牌村,是广州最大的城中村之一,很繁华。前两年有个美食节目探访村中一家卖鸭仔饭的小店,东西好吃还便宜,一份只卖12元。中年老板看上去非常朴实,主持人问他:"挣得很少吧?"他说:"挣得少,但是我生活得很开心。因为我自己……我告诉你,我也是有……不是很多钱啦,有10栋房子可以收租。"主持人一脸"怪不得"的样子对着镜头哈哈大笑起来:"为什么可以卖12元?因为他有10套房子可以收租!"老板平静地纠正他:"是10栋房哦,不是10套房哦,10栋房,一栋有7层。"主持人的大笑被这突如其来的70层楼拍扁在了脸上……

很多人都有过幻想:要是老家的房子和地能搬到北、上、广、深就好了。都是地,人家的怎么就那么值钱?区区三尺土地,为什么一旦变成房本,别人就得拿大半辈子的收入来换?

再穷的国家也有大片土地,土地本身并不值钱,值钱的是土地之上的经济活动。若土地只能用来种小麦,价值便有限,可若能吸引来工商企业和人才，价值想象的空间就会被打开，笨重的土地就会展现出无与伦比的优势：它不会移动也不会消失，天然适合做抵押，做各种资本交易的压舱标的，身价自然飙升。土地资本化的魔力，在于可以挣脱物理属性，在抽象的意义上交易承诺和希望，将过去的储蓄、现在的收入、未来的前途，统统汇聚和封存在一小片土地上，使其价值暴增。由此产生的能量不亚于科技进步，支撑起了工业化和城市化的巨大投资。经济发展的奥秘之一，正是把有形资产转变成为这种抽象资本，从而聚合跨越空间和时间的资源。[1]

上一章介绍了城市政府如何平衡工业用地和商住用地供应，一手搞"工业化"，一手搞"城市化"，用土地使用权转让费撑起了"第二财政"。但这种一笔一笔的转让交易并不能完全体现土地的金融属性。地方政府还可以把与土地相关的未来收入资本化，去获取贷款和各类资金，将"土地财政"的规模成倍放大为"土地金融"。

本章第一节用实例来解释这种"土地金融"与政府投资模式。第二节介绍这种模式的弊端之一，即地方政府不断加重的债务负担。与政府债务相关的各项改革中也涉及对官员评价和激励机制的改革，因此第三节将展开分析地方官员在政府投融资过程中的角色和行为。

---

[1] 秘鲁经济学家赫尔南多·德·索托（Hernando de Seto）的名著《资本的秘密》（2007）对资本的属性有极佳的论述。

第一节 城投公司与土地金融

实业投资要比金融投资复杂得多，除了考虑时间、利率、风险等基本要素之外，还要处理现实中的种种复杂情况。基金经理从股票市场上买入千百个散户手中的股票，和地产开发商从一片土地上拆迁掉千百户人家的房子，虽然同样都是购买资产，都算投资，但操作难度完全不同。后者若没有政府介入，根本干不成。实业投资通常是个连续的过程，需要不断投入，每个阶段打交道的对象不同，所需的专业和资源不同，要处理的事务和关系也不同。任一阶段出了纰漏，都会影响整个项目。就拿盖一家商场来说，前期的土地拆迁、中期的开发建设、后期的招商运营，涉及不同的专业和事务，往往由不同的主体来投资和运作，既要考虑项目整体的连续性，也要处理每一阶段的特殊性。

我国政府不但拥有城市土地，也掌控着金融系统，自然会以各种方式参与实业投资，不可能置身事外。但实业投资不是买卖股票，不能随时退出，且投资过程往往不可逆：未能完成或未能正常运转的项目，前期的投入可能血本无归。所以政府一旦下场就很难抽身，常常不得不深度干预。在很长一段时期内，中国GDP增长的主要动力来自投资，这种增长方式必然伴随着政府深度参与经济活动。这种方式是否有效率，取决于经济发展阶段，本书下篇将深入探讨。但我们首先要了解政府究竟是怎么做投资的。本节聚焦土地开发和基础设施投资，下一章再介绍工业投资。

地方政府融资平台：从成都"宽窄巷子"说起

法律规定，地方政府不能从银行贷款，2015年之前也不允许发行债券，所以政府要想借钱投资，需要成立专门的公司。[1]这类公司大都是国有独资企业，一般统称为"地方政府融资平台"。这个名称突出了其融资和负债功能，所以经济学家和财经媒体在谈及这些公司时，总是和地方债务联系在一起。但这些公司的正式名称可不是"融资平台"，而大都有"建设投资"或"投资开发"等字样，突出自身的投资功能，因此也常被统称为"城投公司"。比如芜湖建设投资有限公司（奇瑞汽车大股东）和上海城市建设投资开发总公司（即上海城投集团），都是当地国资委的全资公司。还有一些公司专门开发旅游景点，名称中一般有"旅游发展"字样，比如成都文化旅游发展集团，也是成都市政府的全资公司，开发过著名景点"宽窄巷子"。

"宽窄巷子"这个项目，投融资结构比较简单，从立项开发到运营管理，由政府和国企一手包办。"宽窄巷子"处于历史文化保护区域，开发过程涉及保护、拆迁、修缮、重建等复杂问题，且投资金额很大，周期很长，盈利前景也不明朗，民营企业难以处理。因此这个项目从2003年启动至今，一直由两家市属全资国企一手操办：2007年之前由成都城投集团负责，之后则由成都文旅集团接手。2008年景区开放，

---

[1] 中国人民银行制定的《贷款通则》中对借款人资格做了严格限定，排除了地方政府。1995 年版的《预算法》规定地方政府不得发行债券，2014 年修订版则允许省级政府发债。

一边运营一边继续开发,直到2019年6月,首期开发才正式完成,整整花了16年。从文旅集团接手开始算,总共投入约6.5亿元,其中既有银行贷款和自有收入,也有政府补贴。

成都文旅集团具有政府融资平台类公司的典型特征。

第一,它持有从政府取得的大量土地使用权。这些资产价值不菲,再加上公司的运营收入和政府补贴,就可以撬动银行贷款和其他资金,实现快速扩张。2007年,公司刚成立时注册资本仅5亿元,主业就是开发"宽窄巷子"。2018年,注册资本已达31亿元,资产204亿元,下属23家子公司,项目很多。[1]

第二,盈利状况依赖政府补贴。2015—2016年,成都文旅集团的净利润为6 600多万元,但从政府接收到的各类补贴总额超过2亿元。补贴种类五花八门,除税收返还之外,还有纳入公共预算的专项补贴。比如成都市公共预算内有一个旅游产业扶持基金,2012—2015年间,每年补贴文旅集团1亿元以上。政府还可以把土地使用权有偿转让给文旅集团,再以某种名义将转让费原数返还,作为补贴。[2]2015年新《预算法》要求清理各种补贴。2017—2018年,文旅集团的净利润近1.4亿元,补贴则下降到不足4 000万元。

盈利状况依赖政府补贴,是否就是没效率?不能一概而论。融资平台公司投资的大多数项目都有基础设施属性,项目本身盈利能力不

---

[1]　相关数据来自公司发债时披露的信息和报表,读者可以到上海清算所网站下载。

[2]　2009年末,成都市财政局把关于"宽窄巷子"历史文化保护区项目的一笔土地出让金3 769.82万元,以"补贴收入"的形式全额返还给了文旅集团,专项用于"宽窄巷子"项目的宣传推广。

强,否则也就无需政府来做了。这类投资的回报不能只看项目本身,要算上它带动的经济效益和社会效益。但说归说,这些"大账"怎么算,争议很大。经济学的福利分析,作为一种推理逻辑有些用处,但从中估算出的具体数字并不可靠。2009年初,我第一次去"宽窄巷子",当时还是个新景点,人并不多。2016年夏天,我第二次去,这里已经成了著名景点,人山人海。根据文旅集团近几年披露的财务数据,"宽窄巷子"每年接待游客2 000万人次,集团营收八九千万元,净利两三千万元,且增速很快,经济效益很好。但就算没有净利甚至亏损,这项目就不成功吗?也难说。2 000万游客就算人均消费50元,每年10亿元的体量也是个相当不错的小经济群。而且还带动着周边商业、餐饮、交通的繁荣,社会效益也不错。对政府和老百姓来说,这也许比项目本身的盈利能力更加重要。

第三,政府的隐性担保可以让企业大量借款。银行对成都文旅集团的授信额度为176亿元,而文旅集团发行的债券,评级也是AA+。该公司是否应有这么高的信用,见仁见智。但市场一般认为,融资平台公司背后有政府的隐性担保。所谓"隐性",是因为《担保法》规定政府不能为融资平台提供担保。但其实政府不断为融资平台注入各类资产,市场自然认为这些公司不会破产,政府不会"见死不救",所以风险很低。

"宽窄巷子"这个项目比较特殊,大多数类似的城市休闲娱乐项目并不涉及大量历史建筑的修缮和保护,开发过程也没这么复杂,可以由民营企业完成。比如遍及全国的万达广场和著名的上海新天地(还有武汉天地、重庆天地等),都是政府一次性出让土地使用权,由民营企业(万达集团和瑞安集团)开发和运营。当地的融资平台公司一般只参与前期的拆迁和土地整理。用术语来说,一块划出来的"生地",平整清理后才能成为向市场供应的"熟地",这个过程称为"土地一级开发"。"一级开发"投入大、利润低,且涉及拆迁等复杂问题,一般由政府融资平台公司完成。之后的建设和运营称为"二级开发",大都由房地产公司来做。

工业园区开发:苏州工业园区 vs 华夏幸福

从运营模式上看,成都文旅集团有政府融资平台企业的显著特点,但大多数融资平台的主业不是旅游开发,而是工业园区开发和城市基础设施建设。工业园区或开发区在我国遍地开花。2018年,国家级开发区共552家,省级1 991家,省级以下不计其数。[1]

苏州工业园区是规模最大也是最成功的国家级开发区之一,占地278平方公里。2019年,园区GDP为2 743亿元,公共财政预算收入370亿元,经济体量比很多地级市还大。[2]如此大规模园区的开发和运营,自然要比"宽窄巷子"复杂得多,参与公司众多,主力是两家国企:兆润集团负责土地整理和基础设施建设(土地一级开发),2019年底刚上市的中新集团负责建设、招商、运营(土地二级开发)。

---

[1]　数据来自《2018年中国开发区审核公告目录》,由发改委和科技部等六部门联合发布。

[2]　数字来自苏州工业园区管委会主页。我的家乡包头市,人口为290万人,2019年的GDP也只有2 715亿元,公共预算收入不过152亿元。

兆润集团(全称"苏州工业园区兆润投资控股集团有限公司")就是一家典型的融资平台公司。这家国有企业由园区管委会持有100%股权,2019年注册资本169亿元,主营业务是典型的"土地金融":管委会把土地以资本形式直接注入兆润,由它做拆迁及"九通一平"等基础开发,将"生地"变成可供使用的"熟地",再由管委会回购,在土地市场上以招拍挂等形式出让,卖给中新集团这样的企业去招商和运营。兆润集团可以用政府注入的土地去抵押贷款,或用未来土地出让受益权去质押贷款,还可以发债,而还款来源就是管委会回购土地时支付的转让费及各种财政补贴。兆润集团手中土地很多,在高峰期的2014年末,其长期抵押借款超过200亿元,质押借款超过100亿元。[1]

与成都宽窄巷子或上海新天地这样的商业项目相比,开发工业园区更像基础设施项目,投资金额大(因为面积大)、盈利低,大都由融资平台类国企主导开发,之后交给政府去招商引资。而招商引资能否成功,取决于地区经济发展水平和营商环境。像上海和苏州工业园区这种地方,优秀企业云集,所以招商的重点是"优中选优",力争更好地聚合本地产业资源和比较优势。我去过苏州工业园区三次,每次都感叹其整洁和绿化环境,不像一个制造业企业云集的地方。2019年,园区进出口总额高达871亿美元。虽说其飞速发展借了长三角的东风,但运营水平如此之高,园区管委会和几家主要国企功不可没。

---

[1] 数据来自兆润集团发债的募集说明书和相关评级公告。兆润集团的业务有很多,除开发园区土地之外,也开发房地产。

　　而在很多中西部市县，招商就困难多了。地理位置不好，经济发展水平不高，政府财力和人力都有限，除了一些土地，没什么家底。因此有些地方干脆就划一片地出来，完全依托民营企业来开发产业园区，甚至连招商引资也一并委托给这些企业。

　　这类民企的代表是华夏幸福，这家上市公司的核心经营模式是所谓的"产城结合"，即同时开发产业园区和房地产。简单来说，政府划一大片土地给华夏幸福，既有工业用地，也有商住用地，面积很大，常以"平方公里"为度量单位。华夏幸福不仅负责拆迁和平整，也负责二级开发。在让该公司声名大噪的河北固安高新区项目中，固安县政府签给华夏幸福的土地总面积超过170平方公里。2017年第11期《财新周刊》对华夏幸福做了深度报道，称其为"造城者"，不算夸张。

　　工业园区开发很难盈利。招商引资本就困难，而想培育一个园区，需要引入一大批企业，过程更是旷日持久，所以华夏幸福赚钱主要靠开发房地产。所谓"产城结合"，"产"是旗帜，"城"是重点，需要用卖房赚到的快钱去支持产业园区运营。按照流程，政府委托华夏幸福做住宅用地的一级开发，之后这片"熟地"要还给政府，再以招拍挂等公开方式出让给中标的房地产企业。假如在这一环节中华夏幸福没能把地拿回来，也就赚不到房地产二级开发的大钱。但据《财新周刊》报道，在实际操作中，主导一级开发的华夏幸福是近水楼台，其他企业很难参与其产业园区中的房地产项目。

　　用房地产的盈利去反哺产业园区，这听起来很像第二章所描述的政府"土地财政"：一手低价供应工业用地，招商引资，换取税收和就业；一手高价供应商住用地，取得卖地收入。但政府"亏本"招商引资，图的是税收和就业，可作为民企的华夏幸福，又能从工业园区发展中得到什么呢？答案是它也可以和政府分享税收收益。园区内企业缴纳的税收（地方留存部分），减去园区运营支出，华夏幸福和政府可按约定比例分成。按照法律，政府不能和企业直接分享税收，但可以购买企业服务，以产业发展服务费的名义来支付约定的分成。

政府付费使用私营企业开发建设的基础设施（如产业园区），不算什么新鲜事。这种模式叫"政府和社会资本合作"（Public-Private Partnership, PPP），源于海外，不是中国的发明。如果非要说中国特色，可能有二。第一是项目多，规模大。截至2020年5月，全国入库的PPP项目共9 575个，总额近15万亿元，但真正开工建设的项目只有四成。第二个特色是"社会资本"大都不是民营企业，而是融资平台公司或其他国企，比如本节中提到的成都文旅集团、兆润集团、中新集团等。截至2019年末，在所有落地的PPP项目中，民营企业参与率不过三成，大都只做些独立项目，比如垃圾或污水处理。[1]像华夏幸福这样负责园区整体开发的民企并不多，它打造的河北固安高新区项目也是国家级PPP示范项目。最近两年，对房地产行业以及土地市场的限制越来越严，一些大型传统房企也开始探索这种"产城融合"模式，效果如何尚待观察。

第二章提到，政府搞城市开发和招商引资，就像运营一个商场，需要用不同的代价引入不同的商铺，实现总体收入最大化。政府还可以

---

[1] 与 PPP 相关的数据来自财政部"政府和社会资本合作中心"网站（www.cpppc. org）。

把这一整套运作都"外包"给如华夏幸福之类的民营企业，让后者深度参与到招商引资的职能中来。

诺贝尔经济学奖获得者罗纳德·科斯（Ronald Coase）早在20世纪30年代就问过："企业和市场的边界在哪里？""市场如果有效，为什么会有企业？"这些问题不容易回答。如果追问下去，企业和政府的边界又在哪里？从纸面定义看，各种实体似乎泾渭分明，但从实际业务和行为模式来看，融资平台类公司就是企业和政府的混合体，而民营企业如华夏幸福，又承担着政府的招商职能。现实世界中没有定义，只有现象，只有环环相扣的权责关系。或者按张五常的说法，只有一系列合约安排。[1]要想理解这些现象，需要深入调研当事人面临的各种约束，包括能力、资源、政策、信息等，简单的政府—市场二元观，没什么用。

第二节　地方政府债务

图3-1总结了"土地财政"和"土地金融"的逻辑。1994年分税制改革后，中央拿走了大部分税收。但因为有税收返还和转移支付，地方政府维持运转问题不大。但地方还要发展经济，要招商引资，要投资，都需要钱。随着城市化和商品房改革，土地价值飙升，政府不仅靠土地使用权转让收入支撑起了"土地财政"，还将未来的土地收益资本化，从银行和其他渠道借入了天量资金，利用"土地金融"的巨

---

[1]　张五常在其著作（2019）第四卷中深入探讨了关于合约选择的一般性理论。

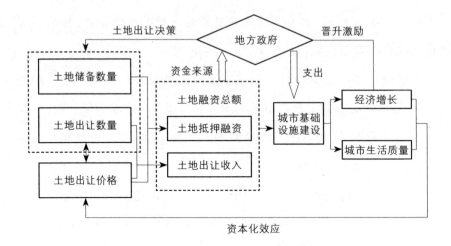

资料来源：清华大学郑思齐等人的合作研究（2014）。

图 3-1 "土地财政"与"土地金融"

力，推动了快速的工业化和城市化。但同时也积累了大量债务。这套模式的关键是土地价格。只要不断的投资和建设能带来持续的经济增长，城市就会扩张，地价就会上涨，就可以偿还连本带利越滚越多的债务。可经济增速一旦放缓，地价下跌，土地出让收入减少，累积的债务就会成为沉重的负担，可能压垮融资平台甚至地方政府。

地方债的爆发始于2008—2009年。为应对从美国蔓延至全球的金融危机，我国当时迅速出台"4万亿"计划：中央政府投资1.18万亿元（包括汶川地震重建的财政拨款），地方政府投资2.82万亿元。为配合政策落地、帮助地方政府融资，中央也放宽了对地方融资平台和银行信贷的限制。2008年，全国共有融资平台公司3 000余家，2009年激增至8 000余家，其中六成左右是县一级政府融资平台。快速猛烈的经济刺激，对提振急速恶化的经济很有必要，但大水漫灌的结果必然是泥沙俱下。财政状况不佳的地方也能大量借钱，盈利前景堪忧的项目也能大量融资。短短三五年，地方政府就积累了天量债务。直到十年后的今天，这些债务依然没有完全化解，还存在不小的风险。

为政府开发融资：国家开发银行与城投债

实业投资是个复杂而漫长的过程，不是只看着财务指标下注后各安天命，而需要在各个阶段和各个环节处理各种挑战，所以精心选择投资合作伙伴至关重要。我国大型项目的投资建设，无论是基础设施还是工业项目，大都有政府直接参与，主体五花八门：有投融资平台类国企，有相关行业国企，也有科研和设计院所等单位。在现有的金融体制下，有国企参与或有政府背书的项目，融资比较容易。本节聚焦城投公司的基础设施项目融资，第四章和第六章会讨论工业项目中的政府投融资，以及由政府信用催生的过度投资和债务风险。

20世纪八九十年代，大部分城市建设经费要靠财政拨款。1994年分税制改革后，地方财力吃紧，城市化又在加速，城建经费非常紧张，如果继续依靠财政从牙缝里一点点抠，大规模城建恐怕遥遥无期。但要想在城市建设开发中引入银行资金，需要解决三个技术问题。第一，需要一个能借款的公司，因为政府不能直接从银行贷款；第二，城建开发项目繁复，包括自来水、道路、公园、防洪，等等，有的赚钱，有的赔钱，但缺了哪个都不行，所以不能以单个项目分头借款，最好捆绑在一起，以赚钱的项目带动不赚钱的项目；第三，仅靠财政预算收入不够还债，要能把跟土地有关的收益用起来。

为解决这三个问题，城投公司就诞生了。发明这套模式的是国家开发银行。1998年，国家开发银行（以下简称"国开行"）和安徽芜湖市合作，把8个城市建设项目捆绑在一起，放入专门创立的城投公司芜湖建投，以该公司为单一借款人向国开行借款10.8亿元。这对当时的芜湖来说是笔大钱，为城市建设打下了基础。当时还不能用土地生财，只能靠市财政全面兜底，用预算安排的偿还基金做偿债来源。2002年，全国开始推行土地"招拍挂"，政府授权芜湖建投以土地出让收益做质押作为还款保证。2003年，在国开行和天津的合作中，开始允许以土地增值收益作为贷款还款来源。这些做法后来就成了全国城投公司的标准模式。[1]

国开行是世界上最大的开发性银行，2018年资产规模超过16万亿元人民币，约为世界银行的5倍。[2]2008年之前，国开行是城投公司最主要的贷款来源。2008年"4万亿"财政金融刺激之后，各种商业银行包括"工农中建"四大行和城市商业银行（以下简称"城商行"），才开始大规模贷款给城投公司。2010年，在地方融资平台公司的所有贷款中，国开行约2万亿元，四大行2万亿元，城商行2.2万亿元，其他股份制银行与农村合作金融机构合计1万亿元，城商行已经

[1] 关于"芜湖模式"的来龙去脉，可参考《国家开发银行史（1994—2012）》（编委会，2013）。

[2] 国开行和世界银行的资产规模来自各自年报。世界银行资产规模仅包括国际复兴开发银行（IBRD）和国际开发协会（IDA）。

和国开行、四大行平起平坐。[1]

城商行主要由地方政府控制。2015年，七成左右的城商行的第一股东是地方政府。[2]在各地招商引资竞争中，金融资源和融资能力是核心竞争力之一，因此地方政府往往掌控至少一家银行，方便为融资平台公司和基础设施建设提供贷款。但城商行为融资平台贷款存在两大风险。其一，基础设施建设项目周期长，需要中长期贷款。国开行是政策性银行，有稳定的长期资金来源，适合提供中长期贷款。但商业银行的资金大都来自短期存款，与中长期贷款期限不匹配，容易产生风险。其二，四大行的存款来源庞大稳定，可以承受一定程度的期限错配。但城商行的存款来源并不稳定，自有资本也比较薄弱，所以经常需要在资本市场上融资，容易出现风险。以包商银行为例，2019年被监管机构接管，2020年提出破产申请，属银行业20年来首次。该行吸收的存款占其负债总额不足一半，剩余负债几乎全部来自银行同业业务。[3]这个例子虽然极端，但在4万亿刺激后的10年中，全国中小城商行普遍高度依赖同业融资。流动性一旦收紧，就可能引发连锁反应。

城投公司最主要的融资方式是银行贷款，其次是发行债券，即通常所说的城投债。与贷款相比，发行债券有两个理论上的好处。其

---

[1]　数据来自中国邮政储蓄银行风险管理部党均章和王庆华的文章（2010）。

[2]　数据来自西南财经大学洪正、张硕楠、张琳等人的合作研究（2017）。

[3]　数据来自《财新周刊》2019年第21期的文章《央行银保监联合接管包商银行全纪录　首次有限打破同业刚兑》。

一,把债券卖给广大投资者可以分散风险,而贷款风险都集中在银行系统;其二,债券可以交易,价格和利率时时变动,反映了市场对风险的看法。高风险债券价格更低,利率更高。灵活的价格机制可以把不同风险的债券分配给不同类型的投资者,提高了配置效率。

但对城投债来说,这两个理论上的好处基本都不存在。第一,绝大多数城投债都在银行间市场发行,七八成都被商业银行持有,流动性差,风险依然集中在银行系统。第二,市场认为城投债有政府隐性担保,非常安全。缺钱的地方明明风险不小,但若发债时提高一点利率,也会受市场追捧。[1]事实证明市场是理性的。城投债从2008年"4万亿"刺激后开始爆发,虽经历了大小数次改革和清理整顿,但整体违约率极低。这个低风险高收益的"怪胎"对债券市场发展影响很大,积累的风险其实不小。

地方债务与风险

地方政府的债务究竟有多少,没人知道确切数字。账面上明确的"显性负债"不难算,麻烦主要在于各种"隐性负债",其中融资平台公司的负债占大头。中外学术界和业界对中国的地方政府债务做了大量研究,所估计的地方债务总额在2015年到2017年间约为四五十万

---

[1] 2010—2012年,中央连续出台政策,收紧了银行对融资平台的贷款,也收紧了信托等融资渠道。为绕开这些管制,融资平台开始大量发行城投债,不惜支付更高利息。

亿元,占GDP的五六成,其中三四成是隐性负债。[1]

地方债总体水平虽然不低,但也不算特别高。就算占GDP六成,再加上中央政府国债,政府债务总额占GDP的比重也不足八成。相比之下,2018年美国政府债务占GDP的比重为107%,日本更是高达237%。[2]而且我国地方政府借来的钱,并没有多少用于政府运营性支出,也没有像一些欧洲国家如希腊那样去支付社会保障,而主要是投资在了基础设施项目上,形成了实实在在的资产。虽然这些投资项目的回报率很低,可能平均不到1%,但如果"算大账",事实上也拉动了GDP,完善了基础设施,方便了民众生活,整体经济与社会效益可能比项目回报率高。[3]此外,我国政府外债很少。根据国家外汇管理局《2019年中国国际收支报告》中的数据,2019年末广义政府(政府加央行)的外债余额为3 072亿美元,仅占GDP的2%。

但是债务风险不能只看整体,因为欠债的不是整体而是个体。如果某人欠了1亿元,虽然理论上全国人民每人出几分钱就够还了,但实际上这笔债务足以压垮这个人。地方债也是一样的道理,不能用整体数字掩盖局部风险。纵向上看,层级越低的政府负担越重,风险越

---

[1]　对隐性负债的估计有很多,数据来源差不多,结果大同小异。此处的数字参考了三种文献:清华大学白重恩、芝加哥大学谢长泰及香港中文大学宋铮的论文(Bai, Hsieh and Song, 2016);海通证券姜超、朱征星、杜佳的研报(2018);德意志银行张智威和熊奕的论文(Zhang and Xiong, 2019)。

[2]　美国和日本的数据来自国际货币基金组织(IMF)全球债务数据库,详见第六章图6-3。

[3]　德意志银行的张智威和熊奕(Zhang and Xiong, 2019)计算了1 109家地方政府融资平台公司的资产回报率。2016年,回报率的中位数只有0.8%。

高。县级债务负担远高于省级,因为县级的经济发展水平更低,财政收入更少。横向上看,中西部的债务负担和风险远高于东部。[1]

虽然从经济分析的角度看,地方政府投资的项目有很多外溢的经济效益和社会效益,但在现实世界里,还债需要借款人手中实打实的现金,虚的效益没用。融资平台投资回报率低,收入就低,还债就有困难。由于有地方政府背后支持,这些公司只要能还上利息和到期的部分本金,就能靠借新还旧来滚动和延续其余债务。但大多数融资平台收入太少,就算是只还利息也要靠政府补贴。2017年,除了北京、上海、广东、福建、四川和安徽等六省市外,其他省份的融资平台公司的平均收入,若扣除政府补贴,都无法覆盖债务利息支出。[2]但政府补贴的前提是政府有钱,这些钱主要来自和土地开发有关的各种收入。一旦经济遇冷,地价下跌,政府也背不起这沉重的债务。

地方债的治理与改革

对地方债务的治理始于2010年,十年间兜兜转转,除了比较细节的监管措施,重要的改革大概有四项。第一项就是债务置换,从2015年新版《预算法》生效后开始,到2019年基本完成。简单来说,债务置换就是用地方政府发行的公债,替换一部分融资平台公司的银行贷款

---

[1] 越穷的省债务负担越重。上海交通大学的陆铭在著作(2016)中分析了这一关系。

[2] 德意志银行的张智威和熊奕(Zhang and Xiong, 2019)计算了1 109家地方政府融资平台公司的"利息覆盖率",即公司收入除以利息支出得到的比值。如果这个比值大于1,就有能力付息。

和城投债。这么做有三个好处。其一,利率从之前的7%—8%甚至更高,降低到了4%左右,大大减少了利息支出,缓解了偿付压力。低利率也有利于改善资本市场配置资金的效率。融资平台占用了大量银行贷款,也发行了大量城投债,因为有政府隐性担保,市场认为这些借款风险很低,但利率却高达7%—8%,银行(既是贷款主体,也是城投债主要买家)当然乐于做大这个低风险高收益的业务,不愿意冒险借钱给其他企业,市场平均利率和融资成本也因此被推高。这种情况严重削弱了利率调节资金和风险的功能,需要改革。其二,与融资平台贷款和城投债相比,政府公债的期限要长得多。因为基础设施投资的项目周期也很长,所以债务置换就为项目建设注入了长期资金,不用在短期债务到期后屡屡再融资,降低了期限错配和流动性风险。其三,至少从理论上说,政府信用要比融资平台信用更高,债务置换因此提升了信用级别。

债务置换是为了限制债务增长,规范借债行为,所以地方政府不能无限制地发债去置换融资平台债务。中央对发债规模实行限额管理:总体限额由国务院确定并报全国人大或全国人大常委会批准,各地区限额则由财政部根据各地债务风险和财力测算决定,报国务院批准。这种数量管制的好处是限额不能突破,是硬约束;坏处是比较僵硬,不够灵活。经济发达地区可能有更多更好的项目,但因为超过了限额而无法融资,而欠发达地区一些不怎么样的项目,却因为在限额之内就能借到钱。

第二项改革是推动融资平台转型,厘清与政府之间的关系,剥离其为政府融资的功能,同时破除政府对其形成的"隐性"担保。融资平台公司业务中一些公共服务性质强的城建或基建项目,可以剥离出来,让地方政府用债务置换的方式承接过去,也可以用PPP模式来继续建设。然而很多平台公司负债累累，地方政府有限的财力也只能置换一部分，剩余债务剥离不了，公司转型就很困难。而且要想转型为普通国企，公司的业务和治理架构都要改变，业务要能产生足够的现金流，公司领导也不能再由官员兼任。所以融资平台转型并不容易，目前还远未完成。在这种情况下要想遏制其债务继续增长，就要制止地方政府继续为其提供隐性担保。在近几年的多起法院判例中，地方政府提供的担保函均被判无效。2017年，财政部问责了多起违规担保。比如重庆黔江区财政局曾为当地的融资平台公司出具过融资产品本息承诺函，后黔江区政府、区财政局、融资平台公司的有关负责人均被处分。[1]

第三项改革是约束银行和各类金融机构，避免大量资金流入融资平台。这部分监管的难点不在银行本身，而在各类影子银行业务。第六章会详谈相关改革，包括2018年出台的"资管新规"。

第四项改革就是问责官员，对过度负债的行为终身追责。这项改革从2016年开始。2018年，中共中央办公厅和国务院办公厅正式下发《地方政府隐性债务问责办法》，要求官员树立正确的政绩观，严控地方政府债务增量，终身问责，倒查责任。最近几年也确实问责了一些干部，案件类型主要集中在各类违规承诺，比如上文中提到的对重庆黔江区政府的问责。这种明显违规的操作容易查处，但更重要的是那些没有明显违规举债却把钱投资到了没效益的项目上的操作，这类行为难以确定和监管。深层次的改革，需要从根本上约束官员的投资冲动。那么，这种冲动的体制根源在哪里呢？

---

[1] 详见《财新周刊》2017年第21期的封面文章《再查地方隐性负债》。

第三节　招商引资中的地方官员

几年前，我参加中部某市的招商动员大会，有位招商业绩不错的干部分享心得："要对招商机会有敏感度，要做一个执着的跟踪者，不能轻言放弃。要在招商中锻炼自己，做到'铜头、铁嘴、顺风耳、橡皮腰、茶壶肚、兔子腿'。"铜头，是指敢闯、敢创造机会；铁嘴，是指能说会道，不怕磨破嘴皮；顺风耳和兔子腿，指消息灵通且行动敏捷；茶壶肚，指能喝酒、能社交。这些形容非常形象，容易理解。我当时不太懂什么是"橡皮腰"，后来听他解释："要尊重客商，身段该软的时候要能弯得下腰，但在谈判过程中也不能随便让步，若涉及本市重要利益，该把腰挺起来的时候也要挺直了。"这些特点让我联想到了推销员。他接下来讲的话又让我想到了客服："要关注礼仪，注重细节，做到四条。第一，要信守承诺；第二，要记得回电话，客商的电话、信息要及时回复；第三，遇到事情用最快的速度、最高的效率去处理；第四，要做个有心人，拜访客商要提前做好准备工作。"

当然，台上做报告可以把话说得很漂亮，现实中可能是另一回事。后来我和该市的招商干部打了几次交道，他们确实非常主动，电话打得很勤，有的项目就算已经表示过不适合引入该地区，对方也还会反复联系，拿新的条件和方案不断试探，不会轻易放弃。在几次交流中我了解到，该市招商工作的流程设置得很好，相关激励机制也比较到位，虽然地区资源和条件有限，但招商工作的确做得有声有色。

我国官僚体系庞大，官僚体系自古就是政治和社会支柱之一，而且一直有吸纳社会精英的传统，人力资源雄厚。根据2010年的第六次人口普查，25—59岁的城市人口中上过大学的（包括专科）约占22%，但在政府工作人员中上过大学的超过一半。在25—40岁的政府工作人员中，上过大学的超过七成，而同龄城市人口中上过大学的只有三成。[1] 如今社会虽然早已多元化了，优秀人才选择很多，但"学而优则仕"的传统和价值观一直都在，且政府依然是我国最有资源和影响力的部门，所以每年公务员考试都非常火爆，至少要达到大专以上文化程度才能报考，而录取比例也非常低。

本节聚焦地方官员。从人数构成上看，地方官员是官僚体系的绝对主体。按公务员总人数算，中央公务员只占6%，若把各类事业单位也算上，中央只占4%。这在世界各主要国家中是个异数。美国中央政府公务员占比为19%，日本为14%，德国为11%，而经济合作与发展组织（OECD）成员国的平均值高达41%。[2]

官员政绩与激励机制

事在人为，人才的选拔和激励机制是官僚体制的核心，决定着政府运作的效果。所谓激励机制，简单来说就是"胡萝卜加大棒"：事情

[1] 城市人口的教育数据来自国家统计局《中国2010年人口普查资料》。政府工作人员的教育数据来自2006—2013年的"中国社会综合调查"微观数据。

[2] 这些数字来自财政部前部长楼继伟的文章（2018）。

做好了对个人有什么好处？搞砸了有什么坏处？因为发展经济是地方政府的核心任务，所以激励机制需要将干部个人得失与本地经济发展情况紧密挂钩，既要激励地方主官，也要激励基层公务员。

从"胡萝卜"角度看，经济发展是地方官的主要政绩，对其声望和升迁有重要影响。而对广大普通政府工作人员而言，职务晋升机会虽然很少，但实际收入与本地财政情况密切相关，也和本部门、本单位的绩效密切相关，这些又都取决于本地的经济发展。从"大棒"角度看，一方面有党纪国法的监督惩罚体系，另一方面也有地区间招商引资的激烈竞争。为防止投资和产业流失，地方官员需要改善本地营商环境，提高效率。若某部门为了部门利益而损害整体营商环境，或部门间扯皮降低了行政效率，上级出于政绩考虑也会进行干预。

地方主官任期有限，要想在任内快速提升经济增长，往往只能加大投资力度，上马各种大工程、大项目。以市委书记和市长为例，在一个城市的平均任期不过三四年，而基础设施或工业项目最快也要两三年才能完成，所以"新官上任三把火"烧得又快又猛：上任头两年，基础设施投资、工业投资、财政支出往往都会快速上涨。而全国平均每年都有三成左右的地级市要更换市长或市委书记，所以各地的投资都热火朝天，"政治—投资周期"比较频繁。[1]投资需要资金，需要土地财

---

[1] 北京大学姚洋和上海财经大学张牧扬（2013）收集了1994—2008年间241个城市1 671名市长和市委书记的数据，发现他们在一个城市的平均任期是3.8年，中位数是3年。中山大学杨海生和罗党论等人（2014）则收集了1999—2013年间近400个地级市的市长和市委书记的资料，发现平均每年都有近三成的地级市中至少有1个人职务发生变更。大量研究显示，地区经济指标随地方主官任期变动，读者可参考北京大学周黎安著作（2017）第六章对这些研究的总结。

政和土地金融的支持。所以在官员上任的前几年,土地出让数量一般都会增加。而新增的土地供应大多位于城市周边郊区,所以城市发展就呈现出了一种"摊大饼"的态势:建设面积越扩越大,但普遍不够紧凑,通勤时间长、成本高,加重了拥挤程度,也不利于环保。[1]

虽然官员的晋升动机与促进经济增长目标之间不冲突,也对地区经济表现有相当的解释力,但这种偏重投资的增长模式会造成很多不良后果。[2]2016年之前,官员升迁或调任后就无需再对任内的负债负责,而新官又通常不理旧账,会继续加大投资,所以政府债务不断攀升。在经济发展到一定阶段之后,低风险高收益的工业投资项目减少,基础设施和城市建设投资的经济效益也在减弱,继续加大投资会降低经济整体效率,助推产能过剩。此外,出于政绩考虑,地方官员在基础设施投资方面常常偏重"看得见"的工程建设,比如城市道路、桥梁、地铁、绿地等,相对忽视"看不见"的工程,比如地下管网。所以每逢暴雨,"看海"的城市就很多。[3]

因为官员政绩激励对地方政府投资有重要影响,所以近年来在"去杠杆、去库存、去产能"等供给侧结构性重大改革中,也包含了对

---

[1]　复旦大学王之、北京大学张庆华和周黎安等人的论文发现,市领导升迁和城市面积扩张之间有正向关系(Wang, Zhang and Zhou, 2020)。

[2]　关于省、市、县各级地方主官晋升和当地经济表现之间的关系,研究非常多,北京大学周黎安的著作(2017)对此进行了系统的梳理和总结。

[3]　辽宁大学徐业坤和马光源(2019)研究了官员变更和本地工业企业产能过剩之间的关系。对外经贸大学吴敏和北京大学周黎安(2018)研究了官员晋升和城市"可见"基础设施建设投入之间的关系。

地方官员政绩考核的改革。2013年，中组部发布《关于改进地方党政领导班子和领导干部政绩考核工作的通知》，特别强调："不能仅仅把地区生产总值及增长率作为考核评价政绩的主要指标，**不能搞地区生产总值及增长率排名**。中央有关部门不能单纯以地区生产总值及增长率来衡量各省（自治区、直辖市）发展成效。地方各级党委政府不能简单以地区生产总值及增长率排名评定下一级领导班子和领导干部的政绩和考核等次。"明确了"选人用人不能简单以地区生产总值及增长率论英雄"这项通知之后，再加上一系列财政和金融改革措施，地方GDP增长率和固定资产投资增长率开始下降。[1] 2019年，中共中央办公厅印发《党政领导干部考核工作条例》，明确在考核地方党委和政府领导班子的工作实绩时，要看"全面工作"，"看推动本地区经济建设、政治建设、文化建设、社会建设、生态文明建设，解决发展不平衡不充分问题，满足人民日益增长的美好生活需要的情况和实际成效"。

在官员考核和晋升中，政绩非常重要，但这不代表人情关系不重要。无论是公司还是政府，只要工作业绩不能百分百清楚地衡量（像送快递件数那样），那上级的主观评价就是重要的，与上级的人情关系就是重要的。人情和业绩之间可能互相促进：业绩突出容易受领导青睐，而领导支持也有助于做好工作。但如果某些领导为扩大自己的权力和影响，在选人用人中忽视工作业绩，任人唯亲，就可能打击下属的

---

[1] 2013年之后，省市GDP和投资增长率有所下降，这一现象及相关解释可以参考复旦大学张军和樊海潮等人的论文（2020）。

积极性。在这类问题突出的地区,官僚体系为了约束领导的"任性",可能在晋升中搞论资排辈,因为年龄和工龄客观透明,不能随便修改。但如此一来,政府部门的工作效率和积极性都会降低。[1]

虽然地方官场的人情关系对于局部的政治经济生态会有影响,但是否重要到对整体经济现象有特殊的解释力,我持怀疑态度。一方面,地方之间有竞争关系,会限制地方官员恣意行事;另一方面,人情关系网依赖其中的关键人物,不确定性很大,有"一人得道鸡犬升天",就有"树倒猢狲散"。但无论是张三得志还是李四倒霉,工作都还是一样要继续做,发展经济也一样还是地方政府工作的主题。

政绩和晋升无疑对地方一把手和领导班子成员非常重要,却无法激励绝大多数公务员。他们的日常工作与政绩关系不大,晋升希望也十分渺茫。在庞大的政府工作人员群体中,"县处级"及以上的干部大约只占总人数的1%。平均来说,在一个县里所有的正科实职干部中,每年升副县级的概率也就1%,而从副县级干部到县委副书记,还要经历好几个岗位和台阶,动辄数年乃至数十年。[2]因此绝大多数政府工作人员最在意的激励并不是晋升,而是实际收入以及一些工作福利,

---

[1] 在我国官场晋升中,政绩和人情都重要,是互补关系,读者可参考圣地亚哥加州大学贾瑞雪、大阪大学下松真之和斯德哥尔摩大学大卫·塞姆(David Seim)等人的论文(Jia, Kudamatsu and Seim, 2015)。关于组织中人情关系和工作表现的基本经济学理论,可以参考芝加哥大学普伦德加斯特(Prendergast)和托佩尔(Topel)的论文(1996),以及复旦大学陈硕、长江商学院范昕宇、香港中文大学朱志韬的论文(Chen, Fan and Zhu, 2020)。

[2] "县处级"干部占政府工作人员的比例,来自密歇根大学洪源远的著作(Ang, 2020)。基层正科晋升副县级的概率,来自北京大学周黎安的著作(2017)。

包括工资、奖金、补助、补贴、实惠的食堂、舒适的办公条件，等等。这些收入和福利都与本地经济发展和地区财政紧密相关，在地区之间甚至同一地区的部门之间，差异很大。大部分人在日常工作中可以感受到这种差异，知道自己能从本地发展和本单位发展中得到实惠。若有基层部门破坏营商环境，也会受到监督和制约。

经济学家注重研究有形的"奖惩"，强调外部的激励机制和制度环境，但其实内心的情感驱动也非常重要。任何一个组织，无论是公司还是政府，都不可能只靠外部奖惩来激励员工。外部奖惩必然要求看得见的工作业绩，而绝大多数工作都不像送快递，没有清清楚楚且可以实时衡量的业绩，因此需要使命感、价值观、愿景等种种与内心感受相关的驱动机制。"不忘初心""家国情怀""为人民服务"等，都是潜在的精神力量。而"德才兼备、以德为先"的干部选拔原则，也正是强调了内在驱动和自我约束的重要性。[1]

腐败与反腐败

政府投资和土地金融的发展模式，一大弊端就是腐败严重。与土地有关的交易和投资往往金额巨大，且权力高度集中在个别官员手中，极易滋生腐败。近些年查处的大案要案大多与土地有关。在最高检《检察日报》从2008年到2013年报道的腐败案例中，近一半与土地

---

[1] 斯坦福大学的克雷普斯（Kreps）教授是经济激励理论的大家，他写过一本关于"公司如何激励员工"的通俗小书（2018）。在这本书中，经济学强调的"外部激励"（incentive）只占一部分，而管理学更加重视的"内心驱动"（motivation）则占了大量篇幅。

开发有关。[1]随着融资平台和各种融资渠道的兴起，涉嫌腐败的资金又嫁接上了资本市场和金融工具，变得更加隐秘和庞大。党的十八大以来，"反腐败"成为政治生活的主题之一，并一直保持了高压态势。截至2019年底，全国共立案审查县处级及以上干部15.6万人，包括中管干部414人和厅局级干部1.8万人。[2]

从经济发展的角度看，我国的腐败现象有两个显著特点。第一，腐败与经济高速增长长期并存。这与"腐败危害经济"这一过度简单化的主流观念冲突，以腐败为由唱空中国经济的预测屡屡落空。第二，随着改革的深入，政府和市场间关系在不断变化，腐败形式也在不断变化。20世纪80年代的腐败案件大多与价格双轨制下的"官倒"和各种"投机倒把"有关；90年代的案件则多与国企改革和国有资产流失有关；21世纪以来，与土地开发相关的案件成了主流。[3]

要理解腐败和经济发展之间的关系，关键是要理解不同腐败类型的不同影响。腐败大概可以分为两类。第一类是"掠夺式"腐败，比如对私营企业敲诈勒索、向老百姓索贿、盗用挪用公款等，这类腐败对经济增长和产权保护极其有害。随着我国各项制度和法制建设的不断完善、各种监督技术的不断进步，这类腐败已大大减少。比如在20世纪八九十年代，不规范的罚款和乱收费很多，常见的解决方式是私

---

[1] 数据来自复旦大学陈硕和中山大学朱琳的合作研究（2020）。

[2] 数据来自中央纪委国家监委网站上署名钟纪言的文章《把"严"的主基调长期坚持下去》。

[3] 改革开放以来各种腐败形式的详细数据和分析，可以参考复旦大学陈硕和中山大学洪源远的论文（2020）以及密歇根大学洪源远的著作（Ang, 2020）。

下给办事人员现金,以免去更高额的罚款或收费。如今这种情况少多了,罚款要有凭证,要到特定银行或通过手机缴纳,钱款来去清楚,很难贪腐。我国也基本没有南亚和非洲一些国家常见的"小偷小摸"式腐败,比如在机场过检时在护照里夹钱、被警察找茬要钱等。近些年,我国整体营商环境不断改善。按照世界银行公布的"营商环境便利度"排名,我国从2010年的全球第89位上升至2020年的第31位,而进入我国的外商直接投资近五年来也一直保持在每年1 300亿美元左右的高位。

第二类腐败是"官商勾连共同发财式"腐败。比如官员利用职权把项目批给关系户企业,而企业不仅要完成项目、为官员贡献政绩,也要在私下给官员很多好处。这类腐败发生在招商引资过程中,而相关投资和建设可以促进经济短期增长,所以腐败在一段时期内可以和经济增长并存。但从经济长期健康发展来看,这类腐败会带来四大恶果。其一,长期偏重投资导致经济结构扭曲,资本收入占比高而劳动收入占比低,老百姓收入和消费增长速度偏慢。第七章会讨论这种扭曲。其二,扭曲投资和信贷资源配置,把大量资金浪费在效益不高的关系户项目上,推升债务负担和风险。第六章会讨论这种风险。其三,权钱交易扩大了贫富差距。第五章会分析不平等对经济发展的影响。其四,地方上可能形成利益集团,不仅可能限制市场竞争,也可能破坏政治生态,出现大面积的"塌方式腐败"。党的十八大以来,中央数次强调党内决不允许搞团团伙伙、拉帮结派、利益输送,强调构建新型政商关系,针对的就是这种情况。

党的十八大以来的反腐运动,是更为广阔的系统性改革的一部分，其中既包括"去杠杆"等经济结构改革，也包括防范金融风险改革，还包括各类生产要素尤其是土地的市场化改革。这些改革的根本目的，是转变过去的经济发展模式，所以需要打破在旧有模式下形成的利益集团。在改革尚未完成之前，反腐败会长期保持高压态势。2020年，哈佛大学的研究人员公布了一项针对我国城乡居民独立民调的结果，这项调查从2003年开始，访谈人数超过3万人。调查结果显示，党的十八大以后的反腐成果得到了广泛的认可。2016年，约65%的受访者认为地方政府官员整体比较清廉，而2011年这一比例只有35%。[1]居民对中央政府的满意度长期居于高位，按百分制计算约83分；对地方政府的满意度则低一些，省政府约78分，县乡政府约70分。

但在尚未完成转型之前，习惯了旧有工作方式的地方官员在反腐高压之下难免会变得瞻前顾后、缩手缩脚。2016年，中央开始强调"庸政懒政怠政也是一种腐败"，要破除"为官不为"。2018年，中共中央办公厅印发《关于进一步激励广大干部新时代新担当新作为的意见》，强调"建立健全容错机制，宽容干部在改革创新中的失误错误，把干部在推进改革中因缺乏经验、先行先试出现的失误错误，同明知故犯的违纪违法行为区分开来；把尚无明确限制的探索性试验中的失误错误，同明令禁止后依然我行我素的违纪违法行为区分开来；把为推动发展的无意过失，同为谋取私利的违纪违法行为区分开来"。这

---

[1]　数据来自哈佛大学坎宁安（Cunningham）、赛什（Saich）和图列尔（Turiel）等人的研究报告（2020）。

些措施如何落到实处,还有待观察。

改革开放40年以来,社会财富飞速增长,腐败现象在所难免。美国在19世纪末和20世纪初的所谓"镀金年代"中,各类腐败现象也非常猖獗,"裙带关系"愈演愈烈,经济腐化政治,政治又反过来腐化经济,形成了所谓的"系统性腐败"(systematic corruption)。之后经过了数十年的政治和法治建设,才逐步缓解。[1]从长期来看,反腐败是国家治理能力建设的一部分,除了专门针对腐败的制度建设之外,更为根本的措施还是简政放权、转变政府角色。正如党的十九大报告所提出的,要"转变政府职能,深化简政放权,创新监管方式,增强政府公信力和执行力,建设人民满意的服务型政府"。

结　　语

1994年分税制改革后,财权集中到了中央,但通过转移支付和税收返还,地方政府有足够的财力维持运转。但几乎所有省份,无论财政收入多寡,债务都在飞速扩张。可见政府债务问题根源不在收入不够,而在支出太多,因为承担了发展经济的任务,要扮演的角色太多。因此债务问题不是简单的预算"软约束"问题,也不是简单修改政府预算框架的问题,而是涉及政府角色的根本性问题。改革之道在于简

---

[1]　关于美国这一时期的腐败和治理,马里兰大学经济史学家沃利斯(Wallis)的论文(2006)很精彩。

政放权,从生产投资型政府向服务型政府逐步转型。

算账要算两边,算完了负债,当然还要算算借债投资所形成的资产,既包括基础设施,也包括实体企业。给基础建设投资算账,不能只盯着项目本身的低回报,还要算给经济和社会带来的整体效益。但说归说,这笔"大账"怎么算并没有一致认可的标准,争议很大。然而无论怎么争,这笔账总归应该考虑人口密度和设施利用率。在小城市修地铁、在百万人口的城市规划建设几十万人口的新城、在远离供应链的地方建产业园区,再怎么吹得天花乱坠,也很难让人看到效益。至于实体企业,很多行业在资金"大水"漫灌之下盲目扩张,导致产能过剩和产品价格下跌。但同时也有很多行业在宽松的投资环境中迅速成长,跻身世界一流水准,为产业转型升级做出了卓越贡献,比如光电显示、光伏、高铁产业等。下一章就来讲讲它们的故事。

— 扩展阅读 —

本章讨论的所有话题，包括拆迁、招商引资、地方债务、户籍与城市化等，都能在周浩导演的杰出纪录片《大同》（又名《中国市长》）中看到。该片记录了大同市原市长耿彦波重建这座城市的故事。2013年，耿彦波调离大同，至今已过去七年有余，如今网络上针对当年那场造城运动以及耿彦波本人的评论褒贬不一，对照影片中记录的各种当年的故事和冲突，引人深思。

篇幅所限，本章没有展开分析官员行为对经济的各种影响。北京大学周黎安的杰作《转型中的地方政府：官员激励与治理（第二版）》（2017）全面、系统、深入地探讨了这个问题。冯军旗在北京大学的博士论文《中县干部》（2010）生动细致，是了解我国县域官场的上佳之作。密歇根大学洪源远的著作 *China's Gilded Age: the Paradox of Economic Boom and Vast Corruption*（Ang, 2020）讨论了我国近些年来的各类腐败现象，与美国过去及现在的腐败做了对比，解释了腐败为什么可以与经济增长共存。该书也对研究腐败的文献做了全面的梳理，有参考价值。

如今的主流经济学教材中很少涉及"土地"。在生产和分配中，一般只讲劳动和资本两大要素，土地仅被视作资本的一种。而在古典经济学包括经典马克思主义经济学的传统中，土地和资本是分开的，地主和资本家也是两类人。这种变化与经济发展的阶段有关：在工业和服务业主导的现代经济中，农业的地位大不如前，所以农业最重要的资本投入——"土地"——也就慢慢被"资本"吞没了。然而土地和一般意义上的资本毕竟不同（供给量固定、没有折旧等），且如今房产和地产已成为国民财富中最重要的组成部分，所以应该重新把土地纳入主流微观和宏观经济学的框架，而不是仅将其归类到"城市经济学"或"房地产经济学"等分支。几位英国经济学家的著作 *Rethinking the Economics of Land and Housing* (Ryan-Collins, Lloyd and Macfarlane, 2017) 是一次有意义的尝试。

第四章　工业化中的政府角色

2019年初,我访问台北,遇到一位美国企业的本地高管,他说:"你们大陆的经济学跟我在哈佛商学院学的不一样啊,市场竞争和供给需求嘛,你们企业背后都有政府补贴和支持,我们怎么竞争得过,企业都被搞死了哇,这么搞不行哇。"我说:"×总,这企业又不是人,哪有什么死活,就是资源重组嘛。台湾工程师现在在大陆的工资比以前高,产品质量比以前好,价格比以前便宜,不是挺好吗?贵公司去年在武汉落地的厂子,投资百亿元,跟地方政府要补贴和优惠的时候,那可是一点也不让步,一点也不'市场经济'啊,哈哈。"他说:"补贴嘛,能拿还是要多拿。哎,你回去可别说不该给我们补贴呀!"

现实世界没有黑白分明的"市场"和"政府"分界,只有利益关系环环相扣的各种组合。我国经济改革的起点是计划经济,所以地方政府掌握着大量资源(土地、金融、国企等),不可避免会介入实业投资。由于实业投资的连续性、复杂性和不可逆性(第三章),政府的介入必然也是深度的,与企业关系复杂而密切,不容易退出。

在每个具体行业中,由于技术、资源、历史等因素,政企合作的方式各不相同。钢铁是一回事,芯片是另一回事。因此,讨论和分析政府干预和产业政策,不能脱离具体行业细节,否则易流于空泛。社会现象复杂多变,任何理论和逻辑都可以找到不少反例,因为逻辑之外还有天时、地利、人和,不确定性和人为因素对结果影响非常大,而结果又直接影响到对过程和理论的评判。成功了才是宝贵经验,失败了只有惨痛教训。产业政策有成功有失败,市场决策也有成功有失败,用一种成功去质疑另一种失败,或者用一种失败去推崇另一种成功,争论没有尽头。

因此,本章的重点是具体案例。行业和企业如何借力政府来发展?实行了哪些具体政策?政府资金如何投入和退出,又如何影响行业兴衰和技术起落?首先要了解基本事实和经过,才能评判结果。经济学的数学模型和统计数据不是讲道理的唯一形式,也不一定是最优形式,具体的案例故事常常比抽象的道理更有力量,启发更大。[1]在行业或产业研究中,案例常常包含被模型忽视的大量重要信息,尤其是头部企业的案例。依赖企业财务数据的统计分析,通常强调行业平均值。但平均值信息有限,因为大多数行业"二八分化"严重,头部企业与中小企业基本没有可比性。财务数据也无法捕捉大企业的关键特征:大企业不仅是技术的汇聚点和创新平台,也是行业标准的制定者和产业链核心,与政府关系历来深厚复杂,在资本主义世界也是如此。

---

[1] 关于这个道理,更详细的阐述可以参考诺贝尔经济学奖得主乔治·阿克尔洛夫(George Akerlof)的文章(2020)和另一位诺奖得主罗伯特·希勒(Robert Shiller)的著作(2020)。

本章前两节是两个行业案例：液晶显示和光伏。叙述的切入点依然是地方政府投融资。读者可以再次看到地方融资平台或城投公司、招商引资竞争、土地金融等，只不过这一次的投资对象不是基础设施和产业园区，而是具体的工业企业。第三节介绍近些年兴起的政府产业投资基金，这种基金不仅是一种新的招商引资方式和产业政策工具，也是一种以市场化方式使用财政资金的探索。

第一节　京东方与政府投资

2020年"双11"期间，戴尔27吋高清液晶显示屏在天猫的售价为949元。2008年，戴尔27吋液晶显示器售价7 599元，还远达不到高清，不是窄边框，也没有护眼技术。2020年，3 000多元就可以买到70吋的高清液晶电视，各种国产品牌都有。而在2008年，只有三星和索尼能生产这么大的液晶电视，售价接近40万元，是今天价格的100倍，在当时相当于北京、上海的小半套房。

惊人的价格下跌背后是技术进步和国产替代。显示屏和电视，硬件成本近八成来自液晶显示面板。2008年，面板行业由日韩和中国台湾企业主导，大陆企业的市场占有率可以忽略不计。2012年，我国进口显示面板总值高达500亿美元，仅次于集成电路、石油和铁矿石。到了2020年，大陆企业在全球市场的占有率已接近四成，成为世界第一，彻底摆脱了依赖进口的局面，涌现出了一批重量级企业，如京东方、华星光电、深天马、维信诺等。国产显示面板行业的崛起不仅推动了彩电和显示器等价格的直线下降,也推动了华为和小米等国产手机价格的下降,促成了使用液晶屏幕的各类国产消费电子品牌的崛起。

在显示面板企业的发展过程中,地方政府的投资发挥了关键作用。以规模最大也最重要的公司京东方为例,其液晶显示面板在手机、平板电脑、笔记本电脑、电视等领域的销量近些年来一直居于全球首位。[1] 根据其2020年第三季度的报告,前六大股东均是北京、合肥、重庆三地国资背景的投资公司,合计占股比例为23.8%。其中既有综合类国资集团(如北京国有资本经营管理中心),也有聚焦具体行业的国有控股集团(如北京电子控股),还有上一章讨论的地方城投公司(如合肥建投和重庆渝富)。投资方式既有直接股权投资,也有通过产业投资基金(见本章第三节)进行的投资。

京东方和政府投资的故事

20世纪90年代末和21世纪初,我国大陆彩电行业的重头戏码是各种价格战。当时大陆的主流产品还是笨重的显像管(CRT)电视,建设了大量显像管工厂。但其时国际技术主流却已转向了平板液晶显示,彻底取代显像管之势不可逆转,而占液晶电视成本七八成的显示面板,大陆却没有相关技术,完全依赖进口。大陆花了近20年才让彩电工业价值链的95%实现了本土化,但由于没跟上液晶显示的技术

---

[1] 数据来自中信证券袁健聪等人的行业分析报告(2020)。

变迁，一夜之间价值链的80%又需要依赖进口。[1]而主要的面板厂商都在日韩和中国台湾，他们常常联手操纵价格和供货量。2001年至2006年，三星、LG、奇美、友达、中华映管、瀚宇彩晶等六家主要企业，在韩国和中国台湾召开了共计53次"晶体会议"，协商作价和联合操纵市场，使得液晶面板一度占到电视机总成本的八成。2013年，发改委依照《价格法》（案发时候还没有《反垄断法》，后者自2008年起施行）中操纵市场价格的条款，罚了这六家企业3.5亿元。欧美也对如此恶劣的价格操纵行为做了处罚：欧盟罚了他们6.5亿欧元，美国罚了他们13亿美元。[2]

　　在这一背景下，具有自主技术和研发能力的京东方逐渐进入了人们的视野。这家企业的前身是老国企"北京电子管厂"，经过不断改制和奋斗，21世纪初已经具备了生产小型液晶显示面板的能力。这些能力大多源自2005年在北京亦庄经济技术开发区建设的5代线，这是国内第二条5代线，当时非常先进，距离全球第一条5代线（韩国LG）的建成投产时间也不过三年。[3]这条生产线收购自韩国企业，投资规模很大。当时的融资计划是设立一家公司在中国香港上市，为项目建设融资，但这个上市计划失败了。可生产线已经开始建设，各种设备

---

[1]　数据来自北京大学路风的企业史杰作（2016）。如无注明，本节关于京东方发展历程的介绍均来自该书。

[2]　见财新网2013年1月4日报道《发改委就三星等垄断液晶面板价格案答问》，以及《中国贸易报》2016年8月2日报道《中企面临反垄断三大挑战四大风险》。

[3]　简单来说，"X代线"中的X数字越高，产出的屏幕就越大。比如5代线的主打产品是17吋屏，6代线的主打产品是32吋屏。

的订单也已经下了,于是在北京市政府与国开行的协调下,9家银行组成银团,由建设银行北京分行牵头,贷款给京东方7.4亿美元。北京市政府也提供了28亿元的借款,以国资委的全资公司北京工业发展投资管理有限公司为借款主体。这笔政府借款后来转为了股份,在二级市场套现后还赚了一笔。此外,在5代线建设运营期间,北京市政府还先后给予两次政策贴息共1.8亿元,市财政局也给了一笔专项补助资金5 327万元。[1]

天有不测风云。京东方5代线的运气不好,在液晶面板大起大落的行业周期中,投在了波峰,产在了波谷。其主打产品即17时显示屏的价格从动工建设时的每片300美元暴跌到了量产时的每片150美元。2005年和2006年两年,京东方亏损了33亿元,北京市政府无力救助。若银团贷款不能展期,就会有大麻烦。银团贷款展期必须所有参与的银行都同意,而9家银行中出资最少的1家小银行不同意,反复协调后才做通工作,但其中的风险和难度也让京东方从此改变了融资模式。其后数条生产线的建设都采用股权融资:先向项目所在地政府筹集足够的资本金,剩余部分再使用贷款。

2008年,京东方决定在成都建设4.5代线,第一次试水新的融资模式。这条生产线总投资34亿元,其中向成都市两家城投公司定向增发股票18亿元,剩余16亿元采用银团贷款,由国开行牵头。两家城投公司分别是成都市政府的全资公司成都工业投资集团(现名成都产业投资集团)和成都高新区管委会的全资公司成都高新投资集团。这两家

---

[1] 贷款和补贴的具体数字,来自财新网2007年4月16日的文章《疯狂的液晶》。

公司不仅有大量与土地开发和融资相关的业务（见第三章），也是当地国资最重要的产业投资平台。与北京5代线项目相比，成都4.5代线的资本金充足多了，京东方运气也好多了。这条以小屏幕产品为主的生产线，投产后正好赶上了智能手机的爆发，一直盈利，也为京东方布局手机屏幕领域占了先机。

但当时最赚钱的市场还是电视。主流的27吋和32吋大屏幕电视，显示面板完全依赖进口。但建设一条可生产大屏幕的6代线（可生产18—37吋屏幕）所需投资超过百亿元，融资是个大问题。2005—2006年，国内彩电巨头TCL、创维、康佳、长虹等计划联手解决"卡脖子"问题，于是拉来了京东方，在深圳启动了"聚龙计划"，想借助财力雄厚的深圳市政府的投资，在当地建设6代线。但信息流出后，日本夏普开始游说深圳市政府，提出甩开技术落后的京东方，帮深圳建设一条投资280亿元的7.5代线。由于夏普的技术和经验远胜京东方，深圳市政府于是在2007年与夏普签署合作协议，京东方出局，"聚龙计划"流产。但仅一个多月之后，夏普就终止了与深圳的合作。当时上海的上广电（上海广电信息产业股份有限公司）也计划和京东方在昆山合作建设一条6代线，但夏普再次上门搅局，提出与上广电合作，将京东方踢出局。随后不久，夏普再次找借口退出了与上广电的合作。

夏普的两次搅局推迟了我国高世代产线的建设，但也给了合肥一个与京东方合作的机会。2008年的合肥，财政预算收入301亿元，归属地方的只有161亿元，想建一条投资175亿元的6代线，非常困难，经济和政治决策风险都很大。但当时的合肥亟待产业升级、提振经济发展，领导班子下了很大决心，甚至传说一度要停了地铁项目来建设这条6代线。融资方案仍然采用京东方在成都项目中用过的股票定向增发,但因为投资金额太大、合肥政府财力不足,所以这次增发对象不限于政府,也面向社会资本。但合肥政府承诺出资60亿元,并承诺若社会资本参与不足、定向增发不顺利时,兜底出资90亿元,可以说是把家底押上了。在这个过程中,夏普又来搅局,但因为京东方已经吃过两次夏普的亏,所以在与合肥合作之初就曾问过市领导:如果夏普来了怎么办? 领导曾表示过绝不动摇,所以这次搅局没有成功。

上一章说过,在经济发展起步阶段,资本市场和信用机制都不完善,因此以信用级别高的政府为主体来融资和投资,更为可行。这不仅适用于与土地有关的债务融资,也适用于股权融资。在合肥6代线项目的股票定向增发上,市政府参与的主体又是两家城投公司,市政府的全资公司合肥建投和高新区管委会的全资公司合肥鑫城。[1] 二者的参与带动了社会资本:2009年的这次定向增发一共融资120亿元,两家城投公司一共只出资了30亿元,其他8家社会投资机构出资90亿元。[2] 与成都项目类似,定向增发之外,京东方再次利用了国开行牵头的银团贷款,金额高达75亿元。

合肥6代线是我国第一条高世代生产线,也是新中国成立以来安徽省最大的一笔单体工业投资。这条生产线生产出了大陆第一台32吋液晶屏幕,让合肥一跃成为被关注的高技术制造业基地。不仅

---

[1] 合肥建投通过其全资子公司合肥蓝科投资有限公司参与了这次增发。

[2] 数据来自京东方2009—2011年的年报。从京东方的角度看,大规模定向增发的募资其实不容易,需要找到足够多的机构投资者。倘若合肥政府财力雄厚的话,本不需要这么麻烦。

很多中央领导来视察，周边经济发达的江浙沪领导也都组团来考察，为合肥和安徽政府赢得了声誉。京东方后来又在合肥建设了8.5代（2014年投产）和10.5代生产线（2018年投产），吸引了大量上下游厂商落地合肥，形成了产业集群，使合肥成为我国光电显示产业的中心之一。

2008年全球金融危机爆发和"4万亿"计划出台之后，京东方进入了快速扩张阶段。2009年初，中央首次将发展"新型显示器件"列入政策支持范围。[1]6月，合肥6代线开工建设。8月，京东方8.5代线的奠基仪式在北京亦庄经济技术开发区举行，彻底打破了韩日和中国台湾地区对大陆的技术和设厂封锁。接下来的一两个月内，坐不住的境外厂商开始迅速推进与大陆的实质性合作。夏普和南京的熊猫集团开始合资建线，LG和广州签约建设8代线，三星则和苏州签约建设7.5代线。中国台湾的面板厂商也开始呼吁台湾当局放开对大陆的技术限制，允许台商在大陆设厂。但这些合资项目并没有获得我国政府的快速批准，京东方赢得了一些发展时间。

在这一快速扩张阶段，京东方的基本融资模式都是"扩充资本金+银团贷款"。地方政府投资平台既可以参与京东方股票定向增发来扩充其资本金，也可以用土地使用权收益入股。在鄂尔多斯生产线的建设过程中，地方政府甚至拿出了10亿吨煤矿的开采权。此外，地方城投公司也可以委托当地银行向京东方提供低息甚至免息委托贷款。比如在北京亦庄8.5代线的建设过程中，亦庄开发区的全资公司亦庄

---

[1]　2009年国务院发布《电子信息产业调整和振兴规划》。

国投就曾委托北京银行向京东方贷款2亿元,年利率仅为0.01%。[1]再比如,2015年京东方在成都高新区建设新的产线,高新区管委会的全资公司成都高投就先后向京东方提供委托贷款44亿元,年利率为4.95%,但所有利息都由高新区政府全额补贴。[2]

2014年,京东方做了最大的一笔股票定向增发,总额为449亿元,用于北京、重庆、合肥等地的产线建设。这笔增发的参与者中前三位都是当地的政府投资平台:北京约85亿元,重庆约62亿元,合肥约60亿元。[3]2015年之后,随着新世代产线的投资规模越来越大,京东方基本上停止了新的股票定向增发,而让地方政府平台公司通过银团贷款或其他方式去筹集资金。比如2015年开工建设的合肥10.5代线项目,计划投资400亿元,项目资本金220亿元,银团贷款180亿元。在这220亿中,市政府通过本地最大的城投公司合肥建投筹集180亿,京东方自筹40亿。筹资过程中也利用了政府产业投资基金(如合肥芯屏产业投资基金)这一新的方式引入了外部资金(见本章第三节)。[4]

京东方的发展路径并非孤例。位列国内显示面板第二位的TCL华星光电虽然是民营企业,但同样也是在政府投资推动下发展的。2007年"聚龙计划"流产后,TCL集团的董事长李东生屡次尝试与外

---

[1] 见京东方2009年年报。

[2] 这部分贷款贴息由高新区政府支付给成都高投,算作这家城投公司的营业外收入,而不算在京东方的账上,虽然补贴的是京东方。这些财务细节来自成都高新投资集团在债券市场上的募集说明书,感兴趣的读者可以从上海清算所的网站上下载。

[3] 见京东方2014年年报。

[4] 关于合肥建投对10.5代线的资金投入细节,来自其公司网站上的"大事记"。

商合资引进高世代面板产线，均告失败，于是他与深圳市政府商议组建团队自主建设8.5代线。该项目计划投资245亿元，是深圳历史上最大的单体投资工业项目。首期出资100亿，TCL从社会上募集50亿，深圳市通过国资委旗下的投资公司深圳市投资控股有限公司出资50亿（具体由子公司深超投资执行）。这个项目风险很大，因为TCL和京东方不同，并没有相关技术储备和人才，基本依靠从台湾挖来的工程师团队。深圳市政府为降低风险，还将15%的股份卖给了三星。这些股份后来大部分被湖北省政府的投资基金收购，用于建设华星光电在武汉的生产线。2013—2017年，华星光电营业收入从155亿元涨到306亿元，净利润从3.2亿元涨到49亿元。正是因为有华星光电，在家电行业逐渐败退的TCL集团才成功转向面板生产，2019年正式更名为TCL科技。[1]

经济启示

现代工业的规模经济效应很强。显示面板行业一条生产线的投资动辄百亿，只有大量生产才能拉低平均成本。因此新企业的进入门槛极高，不仅投资额度大，还要面对先进入者已经累积的巨大成本和技术优势。若新企业成功实现大规模量产，不仅自身成本会降低，还会抢占旧企业的市场份额，削弱其规模经济，推高其生产成本，因此一定会遭遇旧企业的各种打压，比如三星可以打价格战，夏普也可以到处搅局。

---

[1] 华星光电和TCL的数据来自《财新周刊》2019年第2期文章《李东生闯关》。

经济学教科书中关于市场竞争的理论一般都是讲国内市场,不涉及国际市场,所以新进入者可以寻求一切市场手段去打破在位者的优势,比如资本市场并购、挖对方技术团队等。若在位者的打压手段太过分,还可以诉诸《反垄断法》。但在国际市场上,由国界和政治因素造成的市场扭曲非常多。关税和各种非关税壁垒不过是常规手段,价格操控、技术封锁、并购审查等也是家常便饭。比如中国公司去海外溢价收购外国公司,标的公司闻风股价大涨,股东开心,皆大欢喜,但对方政府却不允许,市场经济的道理讲不通。若资源不能流动和重组,市场竞争、优胜劣汰及比较优势等传统经济学推理的有效性,都会受到挑战。

行政手段造成的扭曲往往只有行政力量才能破解,但这并不意味着政府就一定该帮助国内企业进入某个行业,关键还要看国内市场规模。在一个只有几百万人口的小国,政府若投资和补贴国内企业,这些企业无法利用国内市场的规模经济来降低成本,必须依赖出口,那政府的投入实际上是在补贴外国消费者。但在我国,使用液晶屏幕的很多终端产品比如电视和手机,其全球最大的消费市场就在国内,所以液晶显示产业的外溢性极强。若本国企业能以更低的价格生产(不一定非要有技术优势,能够拉低国际厂商的漫天要价也可以),政府就可以考虑扶持本国企业进入,这不仅能打破国际市场的扭曲和垄断,还可以降低国内下游产业的成本,促进其发展。[1]

政府投资上游产业的同时也促进下游产业的发展,这种例子有

---

[1] 产业之间的联系紧密而复杂,犹如巨网。有些产业的外溢性极强,政府若扶持这些产业,会对整个经济产生正面影响。这方面研究很多,比如普林斯顿大学刘斯原的论文(Liu, 2019)。

不少。20世纪70年代初，美国在越南战争中失利，重新调整亚洲战略。尼克松宣布终止对其亚洲盟友的直接军事支持。时任韩国总统朴正熙相应地调整了产业发展战略，着力发展重工业，以夯实国防基础。自1973年起，韩国政府通过国家投资基金（National Investment Fund）和韩国产业银行（Korea Development Bank）将大量资金投入六大"战略行业"：钢铁、有色金属、造船、机械、电子、石化。这一产业发展战略在当时受到了很多质疑。1974年，世界银行在一份报告中明确表示，对韩国的产业目标能否实现持保留意见，认为这些产业不符合韩国的比较优势，并建议把纺织业这个资金和技术壁垒较低的行业作为工业化的突破口。[1]韩国人没听他们的。后来不仅这些战略行业本身发展得很好，培育了世界一流的造船业以及浦项制铁和三星电子这样的世界顶尖企业，而且大大降低了下游产业投入品的价格，推动了下游产业如汽车行业的发展，培育出了现代集团这样的一流车企。1979年，朴正熙遇刺身亡，韩国产业政策开始转型，原有的很多扶持政策被废止。但这些产业的基础已经扎稳，后来长期保持着良好的发展。[2]

京东方和华星光电等企业的崛起，带动了整个光电显示产业链向我国集聚。这也是规模效应的体现，因为规模不够就吸引不到上下游企业

---

[1]　关于世界银行的质疑，来自史塔威尔（Studwell）关于亚洲发展的著作（2014）。

[2]　关于韩国20世纪70年代的产业政策有很多研究，基本过程和事实是清楚的。但严谨的微观数据分析尤其是对上下游产业的价格和产出等影响的估计，最近才有，详见澳大利亚国立大学莱恩（Lane）的论文（2019）。当然，政府扶持不是产业发展的充分条件，还有很多其他的因素在发挥作用，但政府扶持和大量资金的投入无疑是这些产业高速发展的必要条件。

向周围集聚。一旦行业集聚形成,企业自身的规模经济效应就会和行业整体的规模经济效应叠加,进一步降低运输和其他成本。光电显示面板产业规模大、链条长,目前很多上游环节(显示材料、生产设备等)依然由国外厂商主导,利润率高于面板制造环节。但京东方等国内面板生产企业的发展,拉动了众多国内企业进入其供应链,而其中用到的很多技术和材料,也可以用于其他产业(比如半导体),从而带动了我国很多相关行业的发展。不仅如此,无论是京东方的竞争对手还是合作伙伴,诸多海外企业纷纷在我国设厂,也带动了我国上游配套企业的发展。[1]

规模经济和产业集聚也会刺激技术创新。市场大,利润就大,就能支撑更大规模的研发投入。产业的集聚还会带来技术和知识的外溢,促进创新。根据世界知识产权组织(WIPO)每年的报告,从2016年到2019年,国际专利申请数量最多的全球十大公司中,每年都有京东方(还有华为)。

创新当然是经济持续增长的源动力,但创新是买不来的,只能靠自己做。创新必须基于知识和经验的积累,所以只能自己动手"边做边学",否则永远也学不会。只有自己动手,不是靠简单的模仿和引进,才能真正明白技术原理,才能和产业链上的厂商深入交流,才能学会修改设计以适应本土客户的要求,也才能逐步实现自主创新。若单纯依靠进口或引进,没有自己设厂和学习的机会,那本国的技术就难

---

[1] 关于光电显示产业链国产化的分析报告很多,因为其中不少国内企业规模已经不小,成了上市公司,比如三利谱和精测电子等。外商直接投资(FDI)对本地供应链企业的正面拉动作用,有很多研究,几乎算国际经济学领域的定论了,读者可以参考哈夫拉内克(Havranek)和伊尔索娃(Irsova)的总结性论文(2011)。

以进步，很多关键技术都会受制于人，这样的国际分工和贸易并不利于长期经济增长。[1]很多关于我国工业发展的纪录片中都详细记录了我国各行业工人、工程师、科学家们在生产过程中的艰难摸索和自主创新，本章的"扩展阅读"中会推荐其中一些作品。这就好比学生学习写论文，不自己动手研究、动手做、动手写，只靠阅读别人的东西，理解永远只能停留在表面，停留在知识消费的层次，不可能产出新知。就算全天下的论文和书籍都摆在面前，一个人也不会自动成为科学家。

强调自主创新不是提倡闭关锁国。当然没必要所有事情都亲力亲为，况且贸易开放也是学习的捷径，和独立自主并不矛盾。[2]但在大多数工业化国家，相当大一部分研发支出和技术创新均来自本土的大型制造业（非自然资源类）企业。[3]这也正是我们从京东方的发展故事中所看到的。像我国这样一个大国，需要掌握的核心技术及产品种类和数量，远远多过一些中小型国家。第七章会进一步讨论这个话题。

"东亚经济奇迹"一个很重要的特点，就是政府帮助本土企业进入复杂度很高的行业，充分利用其中的学习效应、规模效应和技术外溢效应，迅速提升本土制造业的技术能力和国际竞争力。假如韩国按照

---

[1]　国际贸易并不是无条件双赢的。在引入动态规模经济和学习效应之后，自由贸易可能会损害一国的经济增长和社会福利。读者可参考诺贝尔奖得主克鲁格曼（Krugman）的论文（1987）、伦敦政经学院阿温·杨（Alwyn Young）的论文（1991）或数学家戈莫里（Gomory）和经济学家鲍莫尔（Baumol）的著作（2000）。

[2]　关于自主创新，北京大学路风的著作（2016，2019，2020）中有很多精彩而独到的分析。

[3]　具体数据参见 IMF 两位经济学家的论文（Cherif and Hasanov, 2019）。

其1970年显示出的"比较优势"来规划产业,就应该听从世界银行的建议去发展纺织业。但韩国没有这么做,而是一头扎进了本国根本没有的产业。到了1990年,韩国最具"比较优势"的十大类出口商品,比如轮船和电子产品,1970年时根本就不存在。[1]可见"比较优势"具有很大的不确定性,是可以靠人为创造的。其实"比较优势"并不神秘,就是机会成本低的意思。而对于没干过的事情,事前其实无从准确判断机会成本,没干过怎么知道呢?

中国也是如此。政府和私人部门合力进入很多复杂的、传统上没有比较优势的行业,但经过多年发展,其产品如今在国际上已经有了比较优势。[2]从2000年到2018年,我国出口商品的复杂程度从世界第39位上升到了第18位。[3]这不仅反映了技术能力和基础设施等硬件质量的提升,也反映了营商环境和法制环境等软件质量的提升。因为复杂的产品和产业链涉及诸多交易主体和复杂商业关系,投资和交易金额往往巨大,所以对合同的制订和执行、营商环境稳定性、合作伙伴间信任关系等都有很高要求。各国产品的复杂程度与本国法制和营

[1] 韩国的出口数据来自IMF两位经济学家的论文(Cherif and Hasanov, 2019)。北京大学林毅夫关于"比较优势"和产业升级的理论被称为"新结构经济学",读者可以阅读他的著作(2014),其中也包括很多学者对这一理论的讨论以及林教授的回应。这些对话和争论非常精彩,可以帮助理解和澄清很多问题。

[2] 中国人民大学刘守英和杨继东(2019)统计了我国1 240种出口商品的"显性比较优势",其中有196种商品2016年在国际上有比较优势,但1995年没有。这些新增产品很多来自复杂程度较高的行业,比如机械、电器、化工等。

[3] 产品复杂度的数据来自哈佛大学国际发展中心的"The Atlas of Economic Complexity"项目。

商环境之间直接相关。[1] 而按照世界银行公布的"营商环境便利度"排名，我国已从2010年的世界第89位上升至2020年的第31位。

地方政府竞争

在各地招商引资竞争中，地方政府为了吸引京东方落户本地，开出的条件十分优厚。上一章曾讨论过，城投公司的基础设施投资，不能只看项目本身的财务回报，还要看对当地经济的整体带动。这道理对产业类投资也适用。京东方不仅自身投资规模巨大，且带来的相关上下游企业的投资也很大，带动的GDP、税收及就业十分可观。曾有合肥市政府相关人士反驳外界对其投资京东方的质疑："不要以为我们不会算账，政府是要算细账的。一个京东方生产线，从开始建就能拉动300亿元的工业投资，建成之后的年产值就是千亿级别。从开建到完全投产不到五年时间，五年打造一个千亿级别的高新技术产业，这种投资效率非常高了。"[2]

新兴制造业在地理上的集聚效应很强，因为扎堆生产可以节约原材料和中间投入的运输成本，而且同行聚集在一起有利于知识和技术交流，外溢效应很强。因此产业集群一旦形成，自身引力会不断加强，很难被外力打破。但在产业发展早期，究竟在哪个城市形成产业集群，

[1]　密歇根大学列夫琴科（Levchenko）的论文（2007）分析了制度质量和产品复杂性之间的关联。

[2]　来自2013年《环球企业家》的文章《烧钱机器京东方：国开行200亿融资背后的政商逻辑》。转引自搜狐财经频道 https://m.sohu.com/n/364543762/。

却有很多偶然因素。[1]大部分新兴制造业对自然条件要求不高，不会特别依赖先天自然资源，而且我国基础设施发达，物流成本低，所以一些内陆的中心城市虽然没有沿海城市便利，但条件也不是差很多。这些城市若能吸引一些行业龙头企业落户，就有可能带来一大片相关企业，在新兴产业的发展中占得一席之地，比如合肥的京东方和郑州的富士康等。

由于京东方生产线投资巨大，很自然首先要谋求与财力雄厚的深圳或上海合作，但两次都被夏普搅局，就给了合肥和成都机会。2001年，中国加入WTO后，广东和江浙沪发展迅猛，而合肥、成都、武汉等内地中心城市则亟待产业转型，提振经济发展，这些城市为此愿意冒险，全力投资新兴产业。京东方在合肥先后投资建设了三条生产线，吸引了大量配套企业，使合肥成为我国光电显示产业的主要基地之一。已如前文所述，这一产业使用的很多技术又与其他产业直接相关，比如芯片和半导体，所以合肥政府利用和京东方合作的经验和产业基础，后来又吸引了兆易创新等半导体行业龙头企业，设立了合肥长鑫，成为我国内存（DRAM）制造产业的中心之一。2008年至2019年，合肥的实际GDP（扣除物价因素）上涨了3.4倍，高于全国GDP同期上涨幅度（2.3倍）。2020年，合肥GDP总量破万亿，新晋"万亿

---

[1] 在"新经济地理学"或"空间经济学"的理论中，产业一旦形成，经济力量就会加速地理集聚。但对集聚的具体位置而言，"初始条件"影响很大，对初始条件的微小干预就可能影响最终的产业地理格局。无论是中国还是美国，若追溯很多产业集聚地区的历史根源，都会发现一些偶然因素曾发挥过关键作用，比如在京东方的例子中是合肥时任领导的支持。克鲁格曼写过一本小册子（2002），讲述了这种偶然性和经济力量的结合对产业地理格局的影响。

GDP城市"（2020年末共有23个城市）。

这种发展效应自然会引发其他地区的模仿，不少城市都上马了液晶面板生产线，而政府扶持也吸引了一些并无技术实力和竞争力的小企业进入该行业，引发了对产能过剩的担忧。[1]显示面板是一个周期性极强的行业：市场价格高涨时很多企业进入，供给快速增加，推动价格大跌，让不少企业倒闭，而低价又会刺激和创造出更多新的需求和应用场景，推动需求和价格再次上涨。这种周期性的产能过剩已经清洗掉了很多企业，行业中心也在一轮轮的清洗中从美国转到日本，再到韩国和我国台湾地区，再到大陆。也许在未来的世界，屏幕会无处不在，连房间的整面墙壁甚至窗户，都会是屏幕。但也有可能会有不可思议的"黑科技"出世，完全消灭掉现有显示技术，就像当年液晶技术消灭掉显像管技术一样。没人能够预知未来，但招商引资竞争所引发的重复建设确实屡见不鲜，尤其在那些技术门槛较低、投资额度较小的行业，比如曾经的光伏行业。

第二节　光伏发展与政府补贴

光伏就是用太阳能发电。2012年前后，我国很多光伏企业倒闭，全行业进入寒冬。所以在很长一段时间里，无论在政府、学术界还是

---

[1]　见《财新周刊》2019年第44期的文章《面板产能过剩 地方国资投资冲动暗藏隐忧》。

媒体眼中,光伏都是产业政策和政府补贴失败的"活靶子"。但假如有人在当年滔天的质疑声中悄悄买入一些光伏企业的股票,比如隆基股份,现在也有几十倍的收益了。实际上,经过当年的行业洗牌之后,我国的光伏产业已经成为全球龙头,国内企业(包括其海外工厂)的产能占全球八成。该产业的几乎全部关键环节,如多晶硅、硅片、电池、组件等,我国企业都居于主导地位。[1]在规模经济和技术进步的驱动之下,光伏组件的价格在过去十年(2010—2019)下降了85%,同期的全球装机总量上升了16倍。我国国内市场也已成为全球最大的光伏市场,装机总量占全球的三分之一。[2]光伏已经和高铁一样,成为"中国制造"的一张名片。

光伏产业的故事

20世纪70年代,阿拉伯世界禁运石油,油价飙涨,"石油危机"爆发,刺激了美国政府扶持和发展新能源产业。卡特政府大量资助光伏技术研究,补贴产业发展。80年代初,美国光伏市场占全球市场的85%以上。但随后里根上台,油价回落,对光伏的支持和优惠政策大都废止。产业链开始向政府补贴更慷慨的德国和日本转移。这一时期,澳大利亚新南威尔士大学的马丁·格林(Martin Green)教授发

---

[1] 我国光伏产业规模的数据来自中信证券弓永峰和林劼的研究报告(2020)。

[2] 全球光伏组件价格的降幅估算来自能源专家、普利策奖得主耶金(Yergin)的著作(2020)。全球和我国装机总量的数据来自全球可再生能源行业智库REN21的报告(2020)。

展了很多新技术，极大提升了光伏发电的效率，被誉为"光伏之父"。他的不少学生后来都成了我国光伏产业的中坚，其中就包括施正荣博士。[1]

2001年，施正荣在无锡市政府的支持下创办了尚德，占股25%，无锡的三家政府投资平台（如无锡国联发展集团）和五家地方国企（如江苏小天鹅集团）共出资600万美元，占股75%。可以说无锡政府扮演了尚德"天使投资人"的角色。2005年，尚德成为中国首家在纽交所上市的"民营企业"，因为在上市前引入了高盛等外资，收购了全部国资股份。施本人的持股比例也达到46.8%，上市后一跃成为中国首富。这种造富的示范效应非常强烈，刺激各地政府纷纷上马光伏项目。2005年，在江西新余市政府的一系列扶持之下，赛维集团成立。2007年就成为江西首家在纽交所上市的公司，创始人彭小峰成为江西首富。2010年，在海内外上市的中国光伏企业已超过20家。[2]

2008年，各地加大了对基础设施和工业项目的投资，包括光伏。主要手段还是廉价土地、税收优惠、贴息贷款等。在刺激政策与地方政府的背书之下，尚德和赛维等龙头企业开始大规模负债扩张。2011年初，尚德规模已经不小，但无锡政府又提出"5年内再造一个尚德"，划拨几百亩土地，鼓励尚德再造一个5万人的工厂，并帮助其获得银行贷款。2011年，赛维已经成了新余财政的第一贡献大户，创造就业

---

[1]　关于光伏产业的早期发展史，可以参考西瓦拉姆（Sivaram）的专著（2018）。

[2]　光伏上市公司数量来自《中国改革》2010年第4期文章《太阳能中国式跃进》。

岗位2万个,纳税14亿元,相当于当年新余财政总收入的12%。[1]

与以满足国内需求为主的液晶显示面板行业不同,这一时期的光伏产品主要出口欧美市场,尤其是德国和西班牙,因为其发电成本远高于火电和水电,国内消费不起。2011年的光伏出口中,57%出口欧洲,15%出口美国。虽然国内从2009年起也陆续引入了一些扶持和补贴政策(如"金太阳工程"),补贴光伏装机,但总量并不大。2010年,国内市场只占我国光伏企业销量的6%。[2]

因为光伏发电成本远高于传统能源,所以光伏的海外需求也离不开政府补贴。欧洲的补贴尤其慷慨。德国不仅对装机有贷款贴息优惠,还在2000年就引入了后来被全球广泛借鉴的"标杆电价"补贴(feed-in tariff, FiT)。光伏要依靠太阳能,晚上无法发电,电力供应不稳定,会对电网造成压力,因此电网一般不愿意接入光伏电站。但在"标杆电价"制度下,电网必须以固定价格持续购买光伏电量,期限20年,该价格高于光伏发电成本。这种价格补贴会加到终端电价中,由最终消费者分摊。这个固定价格会逐渐下调,以刺激光伏企业技术进步,提高效率。但事实上,价格下降速度慢于光伏的技术进步和成本下降速度,所以投资光伏发电有利可图。可以说我国光伏产业不仅是国内地方政府扶持出来的,也得益于德国、西班牙、意大利等国政府的"扶持"。在欧美市场,我国企业借助规模效应、政府补贴以及产业集

---

[1] 数据来自《财新周刊》2017年第37期的文章《破产重整的赛维样本》。

[2] 光伏企业数量和出口的数据来自兴业证券朱玥的报告(2019)。国内市场销量占比数据来自西瓦拉姆(Sivaram)的著作(2018)。

聚带来的成本优势,对其本土企业造成了不小冲击。

2008年到2011年,美国金融危机和欧债危机相继爆发,欧洲各国大幅削减光伏补贴。同时,为应对我国企业的冲击,美国和欧盟从2011年底开始陆续对我国企业展开"反倾销,反补贴"调查,关税飙升。其实,这一时期我国专门针对光伏的补贴总量很有限,大部分补贴不过都是地方招商引资中的常规操作,比如土地优惠和贷款贴息,并非具体针对光伏。只有光伏产业集聚的江苏省在2009年率先推出了与德国类似的"标杆电价"补贴,确定2009年光伏电站入网电价为每度2.15元,远高于每度约0.4元的煤电上网电价。补贴资金源于向省内电力用户(不包括居民和农业生产用电)收取电价附加费,建立省光伏发电扶持专项资金。为鼓励企业提高效率、降低成本,江苏将2010年和2011年的"标杆电价"降为每度1.7元和1.4元。[1]

在2008年金融危机和"双反"调查前几年,我国光伏企业已经在急速扩张中积累了大量产能和债务,如今出口需求锐减,大量企业开始破产倒闭,包括曾经风光无限的尚德和赛维,光伏产业进入寒冬。在这种背景之下,光伏的主要市场开始逐渐向国内转移。

2011年,中央政府开始分阶段对光伏施行"标杆电价"补贴,要求电网按固定价格(1.15元/度)全额购买光伏电量,并从2013年起实行地区差别定价。[2]具体来说,是把全国分为三类资源区,Ⅰ类是西北

---

[1]　参见《江苏省光伏发电推进意见》(苏政办发〔2009〕85号)。

[2]　2011年7月,发改委发布《关于完善太阳能光伏发电上网电价政策的通知》,核定上网电价为每度电1.15元。2013年8月,在《国家发展改革委关于发挥价格杠杆作用促进光伏产业健康发展的通知》发布后,开始实行分区上网电价。

光照强的地区，Ⅱ类是中西部，Ⅲ类是东部，每度电上网电价分别定为0.9/0.98/1元。与当时煤电的平均上网电价约0.4元相比，相当于每度电补贴0.6元。对分布式光伏则每度电补贴0.42元。在资金来源方面，是向电力终端用户征收"可再生能源电价附加"，上缴中央国库，进入"可再生能源发展基金"。除中央的电价补贴之外，很多省市也有地方电价补贴。比如上海就设立了"可再生能源和新能源发展专项资金"，对光伏电站实行每度电0.3元的固定补贴，资金来自本级财政预算和本市实行的差别电价电费收入。[1]

与世界各国一样，我国的电价补贴也随时间逐步下调，以引导光伏企业不断降低成本。2016—2017年，我国两次调低三类地区的"标杆电价"至每度电0.65/0.75/0.85元，下降幅度达到28%/23%/15%。实际上，企业的效率提升和成本降幅远快于补贴降幅，同期光伏组件价格每年的下降幅度均超过30%，所以投资光伏电站有利可图，装机规模因此快速上升。2016—2017年两年，我国光伏组件产量占全球产量的73%，而光伏装机量占全球的51%，不仅是全球最大的产地，也成了最大的市场。[2]

但装机量的急速上涨造成了补贴资金严重不足，拖欠补贴现象严重。如果把对风电的欠补也算上的话，2018年6月，可再生能源补贴的拖欠总额达到1 200亿元。很多光伏电站建在阳光充足且地价便宜

---

[1] 上海对不同用电量实行差别定价。《上海市可再生能源和新能源发展专项资金扶持办法》中详细规定了对海上风电和光伏电站的补贴办法。

[2] 数据来自兴业证券朱玥的报告（2019）。

的西部，但当地人口密度低、经济欠发达，用电量不足，消纳不了这么多电。跨省配电不仅成本高，且面临配电体系固有的很多制度扭曲，所以电力公司经常以未拿到政府拖欠的补贴为由，拒绝给光伏电厂结算，导致甘肃、新疆等西部省份的"弃光"现象严重。[1]

在这种大背景下，2018年5月31号"531新政"出台，大幅降低了补贴电价，也大幅缩减了享有补贴的新增装机总量，超过这个量的新增装机，不再能享受补贴指标。这个政策立即产生了巨大的行业冲击，影响不亚于当年欧美的"双反"。当年第四季度，政策重新转暖。9月，欧盟取消了对我国企业长达五六年的"双反"措施，光伏贸易恢复正常。欧盟的"双反"并未能挽救欧洲企业，除了在最上游的硅料环节，大多欧洲企业已经退出光伏产业。2019年，我国开始逐步退出固定电价的补贴方式，实行市场竞价。而由于多年的技术积累和规模经济，光伏度电成本已经逼近燃煤电价，正在迈入平价上网时代。2020年，海内外上市的中国光伏企业股价飞涨，反映了市场对光伏技术未来的乐观预期。

经济启示

如果承认全球变暖事关人类存亡，那就必须发展可再生能源。即便不承认全球变暖，但承认我国传统能源严重依赖进口的局面构成了

---

[1] 欠补总额的数据来自《财新周刊》2018年第25期的封面文章《巨额补贴难支 光伏断奶》。关于电网建设和消纳新能源电量之间的矛盾，相关报道很多，在此不一一列举。

国家安全隐患，那也必须发展新能源。但传统能源已经积累了多年的技术和成本优势，新能源在刚进入市场时是没有竞争力的。就拿十几年前的光伏来说，度电成本是煤电的十几倍甚至几十倍，若只靠市场和价格机制，没人会用光伏。但新能源的技术升级和成本下降，只有在大规模的生产和市场应用中才能逐步发生，不可能只依靠实验室。实验技术再突破，若没有全产业链的工业化量产和技术创新，就不可能实现规模经济和成本下降。研发和创新从来不只是象牙塔里的活动，离不开现实市场，也离不开边干边学的企业。

所以新能源技术必须在没有竞争优势的时候就进入市场，这时候只有两个办法：第一是对传统能源征收高额碳税或化石燃料税，增加其成本，为新能源的发展制造空间；第二是直接补贴新能源行业。第一种办法明显不够经济，因为在新能源发展早期，传统能源占据九成以上的市场，且成本低廉，对其征收重税会大大加重税收负担，造成巨大扭曲。所以更加合理的做法是直接补贴新能源，加速其技术进步和成本降低，待其市场份额不断扩大、成本逼近传统能源之后，再逐渐降低补贴，同时对传统能源征税，加速其退出。[1]

因此无论是欧美还是日韩，光伏的需求都是由政府补贴创造出来的。中国在开始进入这个行业时，面临的是一个"三头在外"的局面：需求和市场来自海外，关键技术和设备来自海外，关键原材料也来自海外。所以基本就是一个代工行业，处处受制于人。但当时光伏

---

[1] 关于传统能源向新能源转变的动态过程及其中最优的税收和补贴政策组合，可以参考麻省理工学院的阿西莫格鲁（Acemoglu）等人的论文（2016）。

发电成本太高，国内市场用不起。在地方政府廉价的土地和信贷资源支持下，大量本土光伏企业在海外打"价格战"，用低价占领市场，并在这个过程中不断技术创新，逐步进入技术更复杂的产业链上游，以求在产能过剩导致的激烈竞争中占据优势。但由于最终市场在海外，所以一旦遭遇欧美"双反"，就从需求端打击了全行业，导致大量企业倒闭。

但企业不是"人"，不会在"死"后一了百了，积累的技术、人才、行业知识和经验，并不会随企业破产而消失。一旦需求回暖，这些资源就又可以重新整合。2013年以后，国内市场需求打开，光伏发展进入新阶段。因为整条产业链都在国内，所以同行沟通成本更低，开始出现全产业链的自主和协同创新，各环节共同优化，加速了技术进步和成本下降。这又进一步扩大了我国企业的竞争优势，更好地打开了国外市场。2018年以后，不仅欧洲"双反"结束，低价高效的光伏技术也刺激了全球需求的扩张，全球市场遍地开花。我国企业当年开拓海外市场的经验和渠道优势，现在又成了它们竞争优势的一部分。

从光伏产业的发展来看，政府的支持和补贴与企业成功不存在必然的因果关系。欧美日等先进国家不仅起步早、政府补贴早，而且企业占据技术、原料和设备优势，在和中国企业的竞争中还借助了"双反"等一系列贸易保护政策，但它们的企业最终衰落，纷纷退出市场。无论是补贴也好、贸易保护也罢，政策最多可以帮助企业降低一些财务风险和市场风险，但政府不能帮助企业克服最大的不确定性，即在不断变化的市场中发展出足够的能力和竞争优势。如果做不到这一点，保护和补贴政策最终会变成企业的寻租工具。这一点不仅对中国适用,对欧美也适用。但这个逻辑不能构成反对所有产业政策的理由。产业发展,无论政府是否介入,都没有必然的成功或失败。就新能源产业而言,补贴了虽然不见得会成功,但没有补贴这个行业就不可能存在,也就谈不上在发展过程中逐渐摆脱对补贴的依赖了。

从光伏产业的发展中,我们还可以看到"东亚产业政策模式"的另一个特点:强调出口。当国内市场有限时,海外市场可以促进竞争,迫使企业创新。补贴和优惠政策难免会产生一些低效率的企业,但这些企业在面对挑剔的海外客户时,是无法过关的。而出口量大的公司,往往是效率相对高的公司,它们市场份额的扩大,会吸纳更多的行业资源,压缩国内低效率同行的生存空间,淘汰一些落后产能。[1] 当然,像我国这样的大国,要应对的国际局势变幻比小国更加复杂,所以不断扩大和稳定国内市场,才是行业长期发展的基础。另一方面,若地方政府利用行政手段阻碍落后企业破产,就会阻碍优胜劣汰和效率提升,加剧产能过剩的负面影响。

地方政府竞争与重复建设

地方政府招商引资的优惠政策,会降低产业进入门槛,可能会带来重复投资和产能过剩。这是在关于我国产业政策的讨论中经常被

---

[1] 进入全球市场会提升本国企业效率,不仅是由于基于比较优势的国际分工可以提升效率,也是由于更大规模的市场会提升高效企业的市场份额,压缩低效企业的生存空间,这便是经典贸易理论"Melitz 模型"的核心思想。读者可以参考哈佛大学梅里兹(Melitz)和多伦多大学特雷夫莱(Trefler)的介绍性文章(2012)。

批评的弊端，光伏也是常被提及的反面教材。过度投资和产能过剩本身并不是什么新鲜事，就算没有政府干预，也是市场运行的常态。因为投资面对的是不可知的未来，自由市场选择的投资水平不可能恰好适应未来需求。尤其产业投资具有很强的不可逆性，没下注的还可以驻足观望，但下了注的往往难以收手，所以投资水平常常不是过少就是过多。若市场乐观情绪弥漫，投资者往往一拥而上，导致产能过剩，产品价格下跌，淘汰一批企业，而价格下跌可能刺激新一轮需求上升，引发新的过剩投资。这种供需动态匹配和调整过程中周期性的产能过剩是市场经济的常态。但也正是因为这种产能过剩，企业才不得不在这场生存游戏中不断创新，增加竞争优势，加速优胜劣汰和技术进步。[1]

　　在我国，还有起码三个重要因素加剧了"重复投资"。首先，在发展中国家可以看到发达国家的发展过程，知道很多产品的市场需求几乎是确定的，也知道相关的生产技术是可以复制的。比如大家都知道中国老百姓有钱之后会买冰箱、彩电、洗衣机，需求巨大，也能引进现成的生产技术，而国内产能还没发展起来，人人都有机会，所以投资一拥而上。其次，地方政府招商引资的很多优惠和补贴，比如低价土地和贴息贷款，都发生在工厂建设阶段，且地方领导更换频繁，倘若谈好的项目不赶紧上马，时间拖久了优惠政策可能就没有了。虽然企业不能完全预料建成投产后的市场需求，但投产后市场若有变化，总是有办法通过调整产量去适应。但如果当下不开工建设，很多机会和资源

---

[1]　不确定性对投资行为和经济周期的影响，是经济学的重要议题之一，有很长的研究传统。读者可参考斯坦福大学布鲁姆（Bloom）对这个领域精彩且通俗的介绍（2014）。

就拱手让人了，所以要"大干快上"。再次，地方往往追随中央的产业政策。哪怕本地条件不够，也可能投资到中央指定的方向上，这也是会引发各地重复投资的因素之一。[1]

"重复投资"并不总是坏事。在经济发展早期，各地政府扶持下的工业"重复投资"至少有两个正面作用。首先，当地工厂不仅提供了就业，也为当地农民转变为工人提供了学习场所和途径。"工业化"最核心的一环是把农民变成工人，这不仅仅是工作的转变，也是思想观念和生活习惯的彻底转变。这个转变不会自动发生，需要学习和培训，而这种学习和培训只能在工厂中完成。在乡镇企业兴起的年代，统一的国内大市场尚未形成，各地都在政府扶持下重复建设各种小工厂，生产效率和技术水平都很低。但正是这种"离土不离乡"的工厂，让当地农民熟悉了工业和工厂，培养了大量工人，为后来我国加入WTO后真正利用劳动力优势成为"世界工厂"奠定了基础。从这个角度看，"工厂"承担了类似"学校"的教育功能，有很强的正外部性，应当予以扶持和补贴。

"重复投资"的第二个好处是加剧竞争。蜂拥而上的低水平产能让"价格战"成为我国很多产品的竞争常态。所以在很长一段时间内，"成本创新"是本土创新的主流。虽然西方会将此讥讽为"仿造"和"山寨"，但其实成本创新和功能简化非常重要。因为很多在发达

---

[1] 第一个因素被称为"潮涌现象"，详见北京大学林毅夫、巫和懋和邢亦青的论文（2010）。第二个因素被称为"Oi-Hartman-Abel"效应，即企业可以通过扩张（此处指建厂）获得好处，同时可以通过收缩（此处指投产后调整产能）避免风险，详见斯坦福大学布鲁姆（Bloom）的论文（2014）。第三个因素，即各地产业扶持目标逐渐和中央产业政策趋同的现象，见复旦大学赵婷和陈钊的论文（2019）。

国家已经更新迭代了多年的产品，小到家电大到汽车，我国消费者都是第一次使用。这些复杂精密的产品价格高昂，让试用者望而却步。如果牺牲一些功能和质量能让价格大幅下降，就有利于产品推广。当消费者开始熟悉这些产品后，会逐步提升对质量的需求。正因如此，很多国产货都经历了所谓"山寨+价格战"的阶段。但行业正是在这种残酷的竞争中迅速洗牌，将资源和技术快速向头部企业集中，质量迅速提高。就拿家电行业来说，国产货从起步到质优价廉、服务可靠、设计精美，占领了大部分国内市场，也就是20年的时间。其他很多消费者熟悉的产品，也大都如此。[1]

所以不管有没有政府扶持，要害都不是"重复建设"，而是"保持竞争"。市场经济的根本优势不是决策优势。面对不可知的未来，谁也看不清，自由市场上，失败也比成功多得多。市场经济的根本优势是可以不断试错，在竞争中优胜劣汰。[2]能保持竞争性的产业政策，与只扶持特定企业的政策相比，效果往往更好。[3]但所谓"特定"，不好界定。就算中央政府提倡的产业政策是普惠全行业的，并不针对特定企业，但到了地方政府，政策终归要落实到"特定"的本地企业头上。

---

[1]　中欧商学院叶恩华（George Yip）和布鲁斯·马科恩（Bruce Mckern）的著作（2016）系统分析了我国企业成本创新的很多案例。

[2]　关于市场经济的核心不是决策优势而是优胜劣汰的思想，已故经济学家阿尔钦（Alchian）半个多世纪前的文章（1950）今天看依然精彩。

[3]　我国竞争性的产业政策，比如针对全行业的补贴、税收减免、低息贷款等，对提升行业技术水平和效率有正面作用，参见哈佛大学阿吉翁（Aghion）和马里兰大学蔡婧等人的论文（2015）。

若地方政府保护本地企业，哪怕是低效率的"僵尸企业"也要不断输血和挽救，做不到"劣汰"，竞争的效果就会大打折扣，导致资源的错配和浪费。这是很多经济学家反对产业政策的主要原因。尤其是，我国地方政府有强烈的"大项目"偏好，会刺激企业扩张投资。企业一旦做大，就涉及就业、稳定和方方面面的利益，不容易破产重组。这在曾经的光伏巨头——江西赛维的破产重整案中表现得淋漓尽致。

如前所述，2011年，赛维已经成了新余财政的第一贡献大户，创造就业岗位2万个，纳税14亿元，相当于当年新余财政总收入的12%。在政府背书之下，赛维获得了大量银行授信，远超其资产规模。自2012年起，赛维的债务就开始违约。地方政府屡次注入资金，并动员包括国开行在内的数家银行以各种方式救助，结果却越陷越深。2016年，赛维总资产为137亿元，但负债高达516亿元，严重资不抵债。其破产重整方案由地方政府直接主导，损害了债权人利益。当受偿率太低的债权人无法接受重整方案时，地方法院又强制裁决，引发了媒体、法律和金融界的高度关注。[1]

所以产业政策要有退出机制，若效率低的企业不能退出，"竞争性"就是一句空话。"退出机制"有两层含义。第一是政策本身要设计退出机制。比如光伏的"标杆电价"补贴，一直在降低，所有企业都非常清楚补贴会逐渐退出，平价上网时代终会来临，所以有动力不断提升效率和降低成本。第二是低效企业破产退出的渠道要顺畅。这不仅涉及产业政策，也涉及更深层次的要素配置市场化改革。如果作为

---

[1]　详细情况可以参考《财新周刊》2017年第37期的报道《破产重整的赛维样本》。

市场主体和生产要素载体的企业退出渠道不畅,要素配置的市场化改革也就难以深化。然而"破产难"一直是我国经济的顽疾。一方面,债权银行不愿走破产程序,因为会暴露不良贷款,无法再掩盖风险;另一方面,地方政府也不愿企业(尤其是大企业)走破产程序,否则职工安置和民间借贷等一系列矛盾会公开化。在东南沿海等市场化程度较高的地区,破产程序相对更加规范。同样是光伏企业,无锡尚德和上海超日的破产重整就更加市场化,债权人的受偿率要比江西赛维高很多,这两个案例均被最高人民法院列为了"2016年十大破产重整典型案例"。但总体看来,无论是破产重整还是破产清算,我国在企业退出方面的制度改革和建设还有很长的路要走。

第三节　政府产业引导基金

最近几年,产业升级和科技创新是个热门话题。一讲到对高科技企业的资金支持,大多数人首先会想到硅谷风格的风险投资。然而美式的风险投资基金不可能直接大规模照搬到我国,而是在移植和适应我国的政治经济土壤的过程中,与地方政府的财政资金实现了嫁接,产生了政府产业引导基金。这种地方政府投资高新产业的方式,脱胎于地方政府投融资的传统模式。在地方债务高企和"去产能、去杠杆"等改革的大背景下,政府引导基金从2014年开始爆发式增长,规模在五年内翻了几番。根据清科的数据,截至2019年6月,国内共设立了1 686只政府引导基金,到位资金约4万亿元;而根据投中的数据,引导基金数量为1 311只,规模约2万亿元。[1]

政府产业引导基金既是一种招商引资的新方式和新的产业政策工具,也是一种以市场化方式使用财政资金的探索。理解这种基金不仅有助于理解我国的产业发展,也是深入了解"渐进性改革"的绝佳范例。引导基金和私募基金这种投资方式紧密结合,所以要了解引导基金,需要先从了解私募基金开始。

私募基金与政府引导基金

私募基金,简单说来就是一群人把钱交给另一群人去管理和投资,分享投资收益。称其为"私募",是为了和公众经常买卖的"公募"基金区别开。私募基金对投资人资格、募资和退出方式等都有特殊规定,不像公募基金的份额那样可以每天买卖。图4-1描绘了私募基金的基本运作方式。出钱的人叫"有限合伙人"(limited partner,以下简称LP),管钱和投资的人叫"普通合伙人"(general partner,以下简称GP)。LP把钱交给GP投资和运作,同时付给GP两种费用:一种是基本管理费。一般是投资总额的2%,无论亏赚,每年都要交。另一种是绩效提成,行话叫"carry"。若投资赚了钱,GP要先偿还LP的本金

---

[1] 清科和投中是两家研究私募基金的国内机构。私募基金的信息披露不完全、不透明,所以不同的估计差别很大,此处的数字引自《财新周刊》2020年第39期的封面报道《监管十万亿私募股权基金》。在私募基金行业,基金的目标规模通常并不重要,实际募资和到位资金一般远小于目标规模。媒体上经常看到的天文数字般的政府引导基金目标规模,没有太大意义。

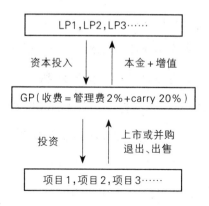

图 4-1　私募基金基本运作模式

和事先约定的基本收益（一般为8%），若还有多余利润，GP可从中提成，一般为20%。

举个简化的例子。LP投资100万元，基金延续两年，GP每年从中收取2万元管理费。若两年后亏了50万，那GP就只能挣两年总共4万的管理费，把剩下的46万还给LP，LP认亏。若两年后挣了50万，GP先把本金100万还给LP，再给LP约定的每年8%的收益，也就是16万。GP自己拿4万元管理费，剩下30万元的利润，GP提成20%也就是6万，剩余24万归LP。最终，GP挣了4万元管理费和6万元提成，LP连本带利总共拿回140万元。

GP的投资对象既可以是上市公司公开交易的股票（二级市场），也可以是未上市公司的股权（一级市场），还可以是上市公司的定向增发（一级半市场）。若投资未上市公司的股权，那最终的"退出"方式就有很多种，比如把公司包装上市后出售股权、把股权出售给公司管理层或其他投资者、把公司整体卖给另一家并购方等。

LP和GP这种特殊的称呼和合作方式，法律上称为"有限合伙制"。与常见的股份制公司相比，"有限合伙"最大的特点是灵活。股份制公司一般要求"同股同权"和"同股同利"。无论持股多少，每一股附带的投票权和分红权是一样的，持有的股票数量越多，权利越多。但在"有限合伙"中，出钱的是LP，做投资决定的却是GP，LP的权利相当有限。不仅如此，若最后赚了钱，最初基本没出钱的GP也可以分享利润的20%。[1] 此外，股份公司在注册时默认是永续经营的，但私募基金却有固定存续期，一般是7—10年。在此期限内，基金要经历募资、投资、管理、退出等四个阶段（统称"募投管退"），到期后必须按照合伙协议分钱和散伙。[2]

在这种合作方式下，活跃在投资舞台镁光灯下的自然就是做具体决策的GP。很多投资业绩出众的GP管理机构和明星管理人大名鼎鼎。他们的投资组合不仅财务回报率高，而且包括了诸多家喻户晓的明星企业，行业影响力很大。这些明星GP受市场资金追捧，募集的基金规模动辄百亿元。

---

[1]　在实际运作中，LP也会设计各种各样的机制来监督和激励GP，使其行事符合LP利益。比如出资较多的LP可能要求参与GP的投资决策，在GP的投资决策委员会中有一席投票权或否决权，或者派出观察员。再比如在组建基金时，GP通常也会象征性地投入一些钱，以示与LP利益绑定，一般就是LP出资总额的1%—2%。

[2]　私募基金兴起于美国，与资本市场上的"杠杆收购"（leverage buy-out）紧密相关。这种金融工具的兴起，背后有复杂的经济和社会背景，包括对公司角色认知的转变、全球化后劳资关系的转变、金融管制放松等。美国智库CEPR的阿佩尔鲍姆（Appelbaum）和康奈尔大学巴特（Batt）的著作（2014）对私募基金和杠杆收购的时代背景和逻辑做了精彩的分析和介绍。

相比之下，出钱的LP们反倒低调得多。国际上规模大的LP大都是机构投资者，比如美国最大的LP就包括加州公立系统雇员养老金（CalPERS）和宾州公立学校雇员退休金（PSERS）等。一些国家的主权投资机构也是声誉卓著的LP，比如新加坡的淡马锡和GIC、挪威主权财富基金（GPFG）等。而国内最大的一类LP就是政府产业引导基金，其中既有中央政府的基金比如规模庞大的国家集成电路产业投资基金（即著名的"大基金"），也有地方政府的基金，比如深圳市引导基金及其管理机构深圳创新投资集团（即著名的"深创投"）。

与地方政府投资企业的传统方式相比，产业引导基金或投资基金有三个特点。第一，大多数引导基金不直接投资企业，而是做LP，把钱交给市场化的私募基金的GP去投资企业。一支私募基金的LP通常有多个，不止有政府引导基金，还有其他社会资本。因此通过投资一支私募基金，有限的政府基金就可以带动更多社会资本投资目标产业，故称为"产业引导"基金。同时，因为政府引导基金本身就是一支基金，投资对象又是各种私募基金，所以也被称为"基金中的基金"或"母基金"（fund of funds, FOF）。第二，把政府引导基金交给市场化的基金管理人运作，实质上是借用市场力量去使用财政资金，其中涉及诸多制度改革，也在实践中遭遇了各种困难（见下文）。第三，大多数引导基金的最终投向都是"战略新兴产业"，比如芯片和新能源汽车，而不允许投向基础设施和房地产，这有别于基础设施投资中常见的政府和社会资本合作的PPP模式（见第三章）。

上一章介绍城投公司的时候解释过，政府不可以直接向银行借贷，所以需要设立城投公司。政府当然也不可以直接去资本市场上做股权投资，所以在设立引导基金之后，也需要成立专门的公司去管理和运营这支基金，通过这些公司把基金投资到其他私募基金手中。这些公司的运作模式大概分为三类。第一类与城投公司类似，是政府独资公司，如曾经投资过京东方的北京亦庄国投，就由北京经济技术开发区国有资产管理办公室持有100%股权。第二类是混合所有制公司。比如受托管理深圳市引导基金的深创投，其第一大股东是深圳市国资委，但持股占比只有28%左右。第三类则有点像上一章中介绍的华夏幸福。很多小城市的引导基金规模很小，政府没有能力也没有必要为其组建一家专业的基金管理公司，所以干脆把钱委托给市场化的母基金管理人去运营，比如盛世投资集团。

政府引导基金的概念很容易理解。在国际上，作为机构投资者的LP早就有了多年的运作经验，组建了国际行业协会，与全球各种机构型LP分享投资与治理经验。[1]但从我国实践来看，政府引导基金的发展，需要三个外部条件。首先是制度条件。要想让财政预算资金进入风险很大的股权投资领域，必须要有制度和政策指引，否则没人敢做。其次是资本市场的发育要比较成熟。政府基金要做LP，市场上最起码得有足够多的GP去管理这些资金，还要有足够大的股权交易市场和退出渠道，否则做不起来。再次是产业条件。产业引导基金最终要

---

[1]　如2002年在华盛顿成立的"机构类LP协会"（Institutional Limited Partner Association, ILPA）。

流向高技术、高风险的战略新兴行业，而只有经济发展到一定阶段后，这样的企业才会大批出现。

政府引导基金兴起的制度条件

2005年，发改委和财政部等部门首次明确了国家与地方政府可以设立创业投资引导基金，通过参股和提供融资担保等方式扶持创投企业的设立与发展。[1]2007年，新修订的《合伙企业法》施行，LP/GP式的基金运作模式正式有了法律保障。本土第一批有限合伙制人民币基金随后成立。2008年，国务院为设立引导基金提供了政策基础，明确其宗旨是"发挥**财政资金**的**杠杆放大**效应，增加创业投资资本的供给，克服单纯通过市场配置创业投资资本的市场失灵问题"。明确了政府引导基金可以按照"母基金"的方式运作，可以引入社会资本共同设立"子基金"，增加对创业企业的投资。同时要求引导基金按照"政府引导、市场运作、科学决策、防范风险"的原则进行市场化运作。这16个字成了各地引导基金设立和运作的基本原则。[2]

政府的钱以"股权"形式进入还未上市的企业之后，如果有一天企业上市，这些"国有股份"怎么办？要不要按照规定在IPO（首次公

---

[1]　2005年，国家发展改革委与科技部、财政部、商务部、中国人民银行等多部委联合发布《创业投资企业管理暂行办法》。

[2]　2008年，国务院办公厅转发发展改革委等部门《关于创业投资引导基金规范设立与运作的指导意见》。

开募股）时将10%的股份划转给社保基金？ [1] 如果要划转，那无论是地方政府还是其他政府出资人，恐怕都不愿意。因此，为提高国有资本从事创业投资的积极性，2010年财政部等部门规定：符合条件的国有创投机构和国有创投引导基金，可在IPO时申请豁免国有股转持义务。[2]

GP的收费也是个问题。虽然2%的管理费和20%的业绩提成是国际惯例，但如果掌管的是财政资金，也该收取这么高比例的提成么？ 2011年，财政部和发改委确认了财政资金与社会资本收益共享、风险共担的原则，明确了GP在收取管理费（一般按1.5%—2.5%）的基础上可以收取增值收益部分的20%，相当于承认了GP创造的价值，不再将GP仅仅视作投资"通道"。[3]

以上政策为政府产业引导基金奠定了制度基础，但其爆发式发展却是在2014年前后，最直接的"导火索"是围绕新版《预算法》的一系列改革。改革之前，地方政府经常利用预算内设立的各种专项基金去招商引资，为企业提供补贴（如第三章中介绍的成都市政府对成都文旅的补贴）。而在2014年改革后，国务院开始严格限制地

---

[1]　2002年财政部规定，海外上市的国有企业要把发行股数的10%划转给全国社保基金理事会持有。2009年，财政部、国资委、证监会、社保基金会联合印发《境内证券市场转持部分国有股充实全国社会保障基金实施办法》；凡在境内IPO的含国有股的股份有限公司，除国务院另有规定的，均须按IPO时实际发行股份数量的10%，将部分国有股转由社保基金会持有；国有股东持股数量少于应转持股份数量的，按实际持股数量转持。

[2]　2010年，财政部联合国资委和证监会、社保基金会发布《关于豁免国有创业投资机构和国有创业投资引导基金国有股转持义务有关问题的通知》。

[3]　2011年，财政部和发改委发布《新兴产业创投计划参股创业投资基金管理暂行办法》。

方政府对企业的财政补贴。这些原本用于补贴和税收优惠的财政资金，就必须寻找新的载体和出路，不能趴在账上。因为新《预算法》规定，连续两年还没花出去的钱，可能将被收归同级或上级财政统筹使用。[1]

到了这个阶段，基本制度框架已经搭好，地方政府也需要为一大笔钱寻找出路，产业引导基金已是蓄势待发。但这毕竟是个新事物，还需要更详细的操作指南。自2015年起，财政部和发改委陆续出台了一系列针对政府引导基金的管理细则，为各地提供了行动指南。其中最重要的是两点。第一，再次明确"利益共享、风险共担"原则，允许使用财政资金的政府投资基金出现亏损。第二，明确了财政部门虽然出资，但"一般不参与基金日常管理事务"，并且明确要求各地财政部门配合，"积极营造政府投资基金支持产业发展的良好环境"，推动政府投资基金实现市场化运作。[2]

之后，政府引导基金就进入了爆发期。根据清科数据，2013年全国设立的政府引导基金已到位资金约400亿元，而2014年一年就暴增至2 122亿元，2015年3 773亿元，2016年超过了1万亿元。很多著名

---

[1] 2014年，国务院发布《国务院关于清理规范税收等优惠政策的通知》，规定"未经国务院批准，各地区、各部门不得对企业规定财政优惠政策。对违法违规制定与企业及其投资者（或管理者）缴纳税收或非税收入挂钩的财政支出优惠政策，包括先征后返、列收列支、财政奖励或补贴，以代缴或给予补贴等形式减免土地出让收入等，坚决予以取消"。关于财政结余资金，新版《预算法》规定："各级政府上一年预算的结转资金，应当在下一年用于结转项目的支出；连续两年未用完的结转资金，应当作为结余资金管理。"

[2] 2015年最后两个月，财政部连续发布《政府投资基金暂行管理办法》和《关于财政资金注资政府投资基金支持产业发展的指导意见》。

的产业引导基金都创办于这一阶段，比如2014年工信部设立的"国家集成电路产业投资基金"（即"大基金"），首期规模将近1 400亿元。大多数地方政府的引导基金也成立于这个阶段。

政府引导基金兴起的金融和产业条件

引导基金大多采用"母基金"方式运行，与社会资本共同投资于市场化的私募基金，通过后者投资未上市公司的股权。这种模式的繁荣，需要三个条件：有大量的社会资本可以参与投资、有大量的私募基金管理人可以委托、有畅通的投资退出渠道。其中最重要的是畅通的资本市场退出渠道。

21世纪头十年，为资本市场发展打下制度基础的是三项政策。第一，2003年党的十六届三中全会通过《中共中央关于完善社会主义市场经济体制若干问题的决定》，2004年国务院发布《关于推进资本市场改革开放和稳定发展的若干意见》，为建立多层次资本市场体系，完善资本市场结构和风险投资机制等奠定了制度基础。第二，2005年开始的股权分置改革，解决了非流通股上市流通的问题，是证券市场发展史上里程碑式的改革。[1]第三，2006年新修订的《公司法》开始实施，正式把发起人股和风投基金持股区别对待。上市后发起人股仍实行3年禁售，但风投基金的禁售期可缩短至12个月，拓宽了退出渠道。

---

[1] 我国股市上曾经有三分之二的股权不能流通，这种"股"和"权"分置的状况让非流通股股东的权益受到严重限制，造成了很多扭曲。2005年4月，证监会发布《关于上市公司股权分置改革试点有关问题的通知》，股权分置改革开始。

同年,证监会以部门规章的形式确立了IPO的审核标准。[1]

这些政策出台前后,上海和深圳的交易所也做了很多改革,拓宽了上市渠道。2004年和2009年,中小企业板和创业板分别在深交所开板。2013年,新三板扩容全国。2019年,科创板在上交所开市,并试行注册制。国内上市渠道拓宽后,改变了过去股权投资机构"两头在外"(海外募资,海外上市、退出)的尴尬格局。2008年全球金融危机后,我国的股权投资基金开始由人民币基金主导,外币基金不再重要。

至于可以与政府引导基金合作的"社会资本",既包括大型企业的投资部门,也包括其他资本市场的机构投资者。后者也随着21世纪的各项改革而逐步"解放",开始进入股权投资基金行业。比如,在2010年至2014年间,保监会的一系列规定让保险资金可以开始投资非上市公司股权以及创投基金。[2]

所以2006年至2014年,我国的股权投资基金发展很快,一大批优秀的市场化基金管理机构和人才开始涌现。2014年,境内IPO重启,股权投资市场开始加速发展。也是从这一年起,政府引导基金的发展趋势和股权投资基金整体的发展趋势开始合流,政府资金开始和社会资本融合,出现了以市场化方式运作财政资源的重要现象。政府引导

---

[1]　2006年,证监会发布《首次公开发行股票上市管理办法》。

[2]　2010年,保监会发布《保险资金股权投资暂行办法》,允许符合条件的保险公司直接投资于非上市公司股权,或者将总资产的4%投资于股权投资基金。2014年,保监会发布《关于保险资金投资创业投资基金有关事项的通知》,为险资进入创投基金扫清了障碍。

基金也逐渐成为各类股权投资基金最为重要的LP之一。

绝大多数政府引导基金最终都投向了战略性新兴产业（以下简称"战新产业"），这是由这类产业的三大特性决定的。首先，扶持和发展战新产业是国家战略，将财政预算资金形成的引导基金投向这些产业，符合政策要求，制度上有保障。从"十二五"规划到"十三五"规划，国务院都对发展战新产业做了专门的规划，将其视为产业政策的重中之重。要求2015年战新产业增加值占GDP的比重需达到8%（已实现）；2020年达到15%；2030年，战新产业应该发展成推动我国经济持续健康发展的主导力量，使我国成为世界战新产业重要的制造中心和创新中心。在这两个五年规划中，都提出要加大和创新财税与金融政策对战新产业的支持，明确鼓励发挥财政资金引导作用，吸引社会资本，扩大投资规模，促进战新产业快速发展。

其次，战新产业处于技术前沿，高度依赖研发和创新，不确定性很大，所以更需要能共担风险并能为企业解决各类问题的"实力派"股东。从企业角度看，引入政府基金作为战略投资者，不仅引入了资金，也引入了能帮企业解决困难的政府资源。而从政府角度看，股权投资最终需要退出，不像补贴那样有去无回。因此至少从理论上说，与不用偿还的补贴相比，产业基金对被投企业有更强的约束。

再次，很多战新产业正处在发展早期，尚未形成明显的地理集聚，这让很多地方政府（如投资京东方的合肥、成都、武汉等）看到了在本地投资布局的机会。而"十三五"关于发展战新产业的规划也鼓励地方以产业链和创新协同发展为途径，发展特色产业集群，带动区域经济转型，形成创新经济集聚发展新格局。

引导基金的成绩与困难

最近几年，在公众熟知的很多新技术领域，比如新能源、芯片、人工智能、生物医药、航空航天等，大多数知名企业和投资基金的背后都有政府引导基金的身影。2018年3月，美国贸易代表办公室（USTR）发布了针对我国产业和科技政策的"301调查报告"，其中专门用了一节来讲各类政府产业引导基金。[1]调查发布后，该报告中提到的基金还收到了一些同行发来的"赞"：工作业绩突出啊，连美国人都知道你们了。

引导基金成效究竟如何，当然取决于这些新兴产业未来的发展情况。成了，引导基金就是巨大的贡献；不成，就是巨大的浪费。投资的道理由结果决定，历来如此，当下言之尚早。从目前情况看，撇开投资方向和效益不论，引导基金的运营也面临多种困难和挑战。与上一章中的地方政府融资平台不同，这些困难不是因为地价下跌或债台高筑，而属于运用财政资金做风险投资的体制性困难。主要有四类。

第一类是财政资金保值增值目标与风险投资可能亏钱之间的矛盾。虽然原则上引导基金可以亏钱，但对基金的经营管理者而言，亏了钱不容易向上级交代。当然，对大多数引导基金而言，只要不亏大钱，投资的财务回报率高低并非特别重要，关键还是招商引资，借助引

---

[1]　见美国贸易代表办公室的"301调查报告"："Findings of the Investigation into China's Acts, Policies, and Practices Related to Technology Transfer, Intellectual Property, and Innovation"。

导基金这个工具把产业带回本地，但这就带来了第二类困难。

第二类困难源自财政资金的地域属性与资本无边界之间的矛盾。在成熟的资本市场上，机构类LP追求的就是财务回报，并不关心资金具体流向什么区域，哪里挣钱就去哪里。但地方政府引导基金源自地方财政，本质还是招商引资工具，所以不可能让投资流到外地去，一定要求把产业带到本地来。但前两章反复强调过，无论是土地还是税收优惠，都无法改变招商引资的根本决定因素，即本地的资源禀赋和经济发展前景。在长三角、珠三角以及一些中心城市，大企业云集，各种招商引资工具包括引导基金，在完成招商目标方面问题不大。但在其他地区，引导基金招商作用其实不大，反而造成了新的扭曲。有些地方为吸引企业，把本该是股权投资的引导基金变成了债权工具。比如说，引导基金投资一亿元，本应是股权投资，同赚同亏，但基金却和被投企业约定：若几年后赚了钱，企业可以低价回购这一亿元的股权，只要支付本金再加基本利率（2%—5%）就行；若企业亏了钱，可能也需要通过其他方式来偿还这一亿元本金。这就不是股权投资了，而是变相的低息贷款。再比如，引导基金为吸引其他社会资本一起投资，承诺未来可以收购这些社会资本的股权份额，相当于给这些资本托了底，消除了它们的投资风险，但同时也给本地政府增加了一笔隐性负债。这种"名股实债"的方式违背了股权投资的原则，也违背了"去杠杆"和解决地方政府债务问题的初衷，是中央明确禁止的。[1]

---

[1] 根据海通证券姜超、朱征星、杜佳等人的估计（2018），截至2017年底，由PPP和政府基金所形成的各类"名股实债"，总额约3万亿元左右。2017年初，发改委出台《政府出资产业投资基金管理暂行办法》，明确禁止"名股实债等变相增加政府债务的行为"。

第三类困难源于资本市场。股权投资对市场和资金变化非常敏感,尤其在私募基金领域。在一支私募基金中,作为LP之一的政府引导基金出资份额一般不会超过20%。换句话说,若没有其他80%的社会资本,这支私募基金就可能募集失败。在2018年"资管新规"出台(见第六章)之后,各种社会资本急剧萎缩,大批私募基金管理机构倒闭,很多引导基金也独木难支,难有作为。

第四类困难是激励机制。私募基金行业收入高,对人才要求也高。而引导基金的管理机构脱胎自政府和国企,一般没有市场化的薪酬,吸引不了很多专业人才,所以才采用"母基金"的运作方式,把钱交给市场化的私募基金GP去管理。但要想和GP有效沟通、监督其行为、完成产业投资目标,引导基金管理机构的业务水平也不能落伍,也需要吸引和留住人才,所以需要在体制内调整薪酬结构。各地做法差异很大。在市场化程度高、制度比较灵活的地方如深圳,薪酬也更加灵活一些。但在大部分地区,薪酬激励机制仍是很难突破的瓶颈。

结　　语

经济发展是企业、政府、社会合力的结果,具体合作方式取决于各自占有的资源,而这些资源禀赋的分布格局由历史决定。我国的经济改革脱胎于计划经济,政府手中掌握大量对产业发展至关重要的资源,如土地、银行、大学和科研机构等,所以必然会以各种方式深度参与工业化进程。政府和市场间没有黑白分明的界限,几乎所有的重要现象，都是这两种组织和资源互动的结果。要想认识复杂的世界，需要小心避免政府和市场的二分法，下过于简化的判断。

因此，本章尽量避免抽象地谈论产业发展和政府干预，着重介绍了两个具体行业的发展过程和一个特定产业政策工具的运作模式，希望帮助读者了解现象的复杂和多面性。大到经济发展模式、小到具体产业政策，不存在脱离了具体场景、放之四海而皆准的答案，必须具体问题具体分析，并根据现实变化不断调整。政策工具需要不断发展和变化，因为政府能力和市场条件也在不断发展和变化。在这个意义上，深入了解发达国家的真实发展历程，了解其经历的具体困难和脱困方式，比夸夸其谈的"华盛顿共识"更有启发。

20世纪90年代中期至21世纪初期，基础设施不完善、法制环境不理想、资本市场和社会信用机制不健全，因此以信用级别高的地方政府和国企为主体、以土地为杠杆，可以撬动大量资源，加速投资进程，推动快速城市化和工业化。这种模式的成就有目共睹，但也会带来如下后果：与土地相关的腐败猖獗；城市化以"地"为本，忽略了"人"，民生支出不足，教育、医疗等公共服务供给滞后；房价飞涨，债务急升；经济过度依赖投资，既表现在民众收入不高所以消费不足，也表现在过剩产能无法被国内消化、向国际输出时又引起贸易失衡和冲突。这些都是近些年的热点问题，催生了诸多改革，本书下篇将逐一展开讨论。

— 扩展阅读 —

工业生产离日常生活比较远，所以如果对这个话题感兴趣，最好还是先从感性认识入手。近些年中央电视台拍了很多关于我国工业的纪录片，其中《大国重器》《超级工程》《创新中国》《大国工匠》《军工记忆》等都值得一看。工业和技术的发展很不容易，有很多重要的非经济因素，如奋斗精神和家国情怀等，这些在上述影像记录中都能看到。

关于行业和企业的研究著作，我首先推荐北京大学路风的《光变：一个企业及其工业史》(2016)，讲的是京东方和光电显示行业的故事。这本大书充满了精彩的细节，虽然是单一行业和企业的故事，但如此深度和详细的记录，国内罕见。其中很多对技术工人和经理的访谈非常宝贵，有很多被传统分析和理论抽象掉的重要信息。路风教授研究其他行业的文章结集也都很好，比如《走向自主创新：寻找中国力量的源泉》(2019)和《新火：走向自主创新2》(2020)，讲述了我国汽车、大飞机、核能、高铁等行业的发展故事。而对于新工业革命、信息技术、人工智能等领域中的企业和投资故事，吴军的《浪潮之巅》通俗精彩，已经出到了第四版(2019)。

如果想从更宏大的历史背景和国家兴衰角度去看待工业投资和发展，我从诸多杰作中推荐三种读物。其共同点是"能大能小"，讲的是经济发展和历史大故事，但切入点还是具体产业和企业。哈佛商学院麦克劳的《现代资本主义：三次工业革命中的成功者》(1999)和哈佛大学史学家贝克特的《棉花帝国》(2019)都是杰作，书名解释了内容。史塔威尔的《亚洲大趋势》(2014)讲的是我们的近邻日韩以及中国自己的成功故事,也对比了一些东南亚的失败故事,思路和结构清楚,案例易懂。无论是制度也好、战略也罢,终究离不开人事关系。事在人为,理解这其中所蕴含的随机性,是理解所谓"entrepreneurship"的起点。相比于"企业家精神",这个词更应该翻译为"进取精神",不仅企业家,官员、科学家、社会各界都离不开这种精神。

宏观现象

上篇介绍了地方政府推动经济发展的模式。这种模式的第一个特点是城市化过程中"重土地、轻人",优点是可以快速推进城市化和基础设施建设,缺点是公共服务供给不足,推高了房价和居民债务负担,拉大了地区差距和贫富差距。第五章分析这些内容,并介绍土地流转和户籍改革等要素市场的改革。第二个特点是招商引资竞争中"重规模、重扩张",优点是推动了企业成长和快速工业化,缺点是加重了债务负担。企业、地方政府、居民三部门债务互相作用,加大了经济整体的债务和金融风险。第六章分析这些内容,并介绍"供给侧结构性改革",详述"去库存、去产能、去杠杆"及"防范化解重大金融风险"。第三个特点是发展战略"重投资、重生产、轻消费",优点是拉动了经济快速增长,扩大了对外贸易,使我国迅速成为制造业强国,缺点是经济结构不平衡。对内,资源向企业部门转移,居民收入和消费占比偏低,不利于经济长期稳定发展;对外,国内无法消纳的产能向国外输出,加剧了贸易冲突。第七章分析这些内容,并介绍党的十九大重新定义"主要矛盾"后的相关改革,详述"形成以国内大循环为主体、国内国际双循环相互促进的新发展格局"所需要的改革。

第五章　城市化与不平衡

教书久了，对年轻人不同阶段的心态深有体会。大一新生刚从中学毕业，无忧无虑，爱思考"为什么"；大四毕业生和研究生则要走向社会，扛起工作和生活的重担，普遍焦虑，好琢磨"怎么办"。大多数人的困境可以概括为：有心仪工作的城市房价太高，而房价合适的城市没有心仪的工作。梦想买不起，故乡回不去。眼看着大城市一座座高楼拔地而起，却难觅容身之所。为什么房子这么贵？为什么归属感这么低？为什么非要孤身在外地闯荡，不能和父母家人在一起？这些问题都与地方政府推动经济发展的模式有关。

城市化需要投入大量资金建设基础设施，"土地财政"和"土地金融"是非常有效的融资手段。通过出让城市土地使用权，可以积累以土地为信用基础的原始资本，推动工业化和城市化快速发展。中国特有的城市土地国有制度，为政府垄断土地一级市场创造了条件，将这笔隐匿的财富变成了启动城市化的巨大资本，但也让地方财源高度依赖土地价值，依赖房地产和房价。房价连着地价，地价连着财政，财政连着基础设施投资,于是经济增长、地方财政、银行、房地产之间就形成了"一荣俱荣,一损俱损"的复杂关系。

这种以土地为中心的城市化忽视了城市化的真正核心:人。地价要靠房价拉动,但房价要由老百姓买单,按揭要靠买房者的收入来还。所以土地的资本化,实质是个人收入的资本化。支撑房价和地价的,是人的收入。忽略了人,忽略了城市化本该服务于人,本该为人创造更好的环境和更高的收入,城市化就入了歧途。

1980年,我国城镇常住人口占总人口比重不足两成,2019年超过了六成(见图5-1)。短短40年,超过5亿人进了城,这是不折不

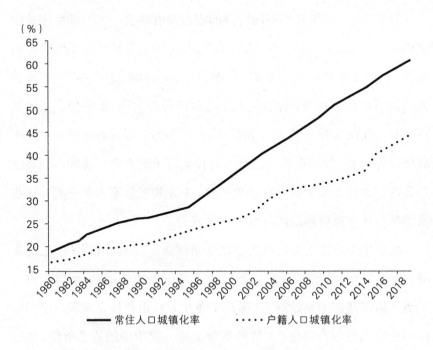

数据来源:万得数据库与国家统计局历年《国民经济和社会发展统计公报》。

图 5-1 城镇人口占总人口比重

扣的城市化奇迹。但若按户籍论,2019年的城镇户籍人口只占总人口的44%,比常住人口占比少了16个百分点。也就是说有超过2亿人虽然常住城镇,却没有当地户口,不能完全享受到应有的公共服务(如教育),因为这些服务的供给是按户籍人数来规划的。这种巨大的供需矛盾,让城市新移民没有归属感,难以在城市中安身立命,也让"留守儿童、留守妇女、留守老人"成为巨大的社会问题。近年来一系列改革措施的出台,都是为了扭转这种现状,让城市化以人为本。

本章第一节分析房价和土地供需间的关系,讨论高房价带来的日益沉重的居民债务负担。第二节分析地区间发展不平衡,其根源之一在于土地和人口等生产要素流动受限,所以近年来在土地流转和户籍制度等方面的改革非常重要。第三节分析我国经济发展过程中出现的贫富差距,这一现象也和房价以及要素市场改革有关。

第一节　房价与居民债务

1994年分税制改革(第二章)是很多重大经济现象的分水岭,也是城市化模式的分水岭。1994年之前实行财政包干制,促进了乡镇企业的崛起,为工业化打下了基础,但农民离土不离乡,大多就地加入乡镇企业,没有大量向城市移民。分税制改革后,乡镇企业式微,农民工大潮开始形成。从图5-1中可以清楚地看到,城镇常住人口自1995年起加速上涨,城市化逐渐进入了以"土地财政"和"土地金融"为主要推手的阶段。这种模式的关键是房价,所以城市化的矛盾焦点也是房价。房价短期内受很多因素影响,但中长期主要由供求决定。无论是发达国家还是发展中国家,房屋供需都与人口结构密切相关,因为年轻人是买房主力。年轻人大都流入经济发达城市,但这些城市的土地供应又受政策限制,因此房屋供需矛盾突出,房价居高不下。

房价与土地供需

现代经济集聚效应很强,经济活动及就业越来越向大城市集中。随着收入增长和生活水平提高,人们高价竞争城市住房。这种需求压力是否会推升房价,取决于房屋和住宅用地供给是否灵活。若政策严重限制了供给,房价上涨就快。一个地区的土地面积虽然固定,但建造住宅的用地指标可以调整;同一块住宅开发用地上,容积率和绿化面积也可以调整。[1]这些调整都受政策的影响。美国虽然是土地私有制,但城市建设和用地规划也要受政府管制。比如旧金山对新建住房的管制就特别严格,所以即使在20世纪90年代房价也不便宜。在21世纪初的房地产投机大潮中,旧金山的住房建设指标并没有增加,房价于是飙升。再比如亚特兰大,住房建设指标能够灵活调整,因此虽

---

[1] 容积率就是建筑面积和其下土地面积的比值,比值越高,建筑面积越大,楼层越高,容纳的人也越多。给定土地位置,规划容积率越高越值钱。厦门大学傅十和与暨南大学谷一桢等人的论文(Brueckner et al., 2017)发现,我国房地产开发限制越严格的地方,容积率和地价间关联越紧密。

然也有大量人口涌入，但房价一直比较稳定。[1]

我国的城市化速度很快，居民收入增长的速度也很快，所以住房需求和房价上涨很快。按照国家统计局的数据，自1998年住房商品化改革以来，全国商品房均价在20年间涨了4.2倍。但各地涨幅大不相同。三、四线城市在2015年实行货币化棚改（见第六章）之前，房价涨幅和当地人均收入涨幅差不多；但在二线城市，房价就比人均收入涨得快了；到了一线城市，房价涨幅远远超过了收入：2015年之前的十年间，北、上、广、深房价翻了两番，年均增速13%。[2]

地区房价差异的主要原因是供需失衡。人口大量涌入的大城市，居住用地的供给速度远赶不上人口增长。2006年至2014年，500万人和1 000万人以上的大城市城区人口增量占全国城区人口增量的近四成，但居住用地增量才占全国增量的两成，房价自然快速上涨。而在300万人以下尤其是100万人以下的小城市中，居住用地增量比城镇人口增量更快，房价自然涨不上去。从地理分布上看，东部地区的城镇人口要比用地增速高出近10%，住房十分紧张；而西部和东北地区则反过来，建设用地指标增加得比人口快。[3]

中国对建设用地指标实行严格管理，每年的新增指标由中央分配

---

[1]　旧金山和亚特兰大的例子来自哈佛大学格莱泽（Glaeser）和沃顿商学院吉尤科（Gyourko）的论文（2018）。

[2]　各类城市房价和人均可支配收入数据来自宾夕法尼亚大学方汉明等人的论文（Fang et al., 2015）。

[3]　不同地区城镇人口和土地数据来自恒大经济研究院任泽平、夏磊和熊柴的著作（2017）。

到省，再由省分配到地方。这些指标无法跨省交易，所以即使面对大量人口流入，东部也无法从西部调剂用地指标。2003年后的十年间，为了支持西部大开发并限制大城市人口规模，用地指标和土地供给不但没有向人口大量流入的东部倾斜，反而更加向中西部和中小城市倾斜。2003年，中西部土地供给面积占全国新增供给的比重不足三成，2014年上升到了六成。2002年，中小城市建成区面积占全国的比重接近一半，2013年上升到了64%。[1]土地流向与人口流向背道而驰，地区间房价差距因此越拉越大。

然而这种土地倾斜政策并不能改变人口流向，人还是不断向东部沿海和大城市集聚。这些地区不仅房价一直在涨，大学的高考录取分数也一直在涨。中西部房价虽低，但年轻人还是愿意到房价高的东部，因为那里有更多的工作机会和资源。倾斜的土地政策并没有留住人口，也很难留住其他资源。很多资本利用了西部的优惠政策和廉价土地，套取了资源，又回流到东部去"炒"房地产，没在西部留下可持续发展的经济实体，只给当地留下了一堆债务和一片空荡荡的工业园区。

建设用地指标不能在全国交易，土地使用效率很难提高。地方政府招商引资竞争虽然激烈，也经常以土地作为手段，却很难持续提高土地资源利用效率。发达地区土地需求旺盛，地价大涨，本应增加用地指标，既满足需求也抑制地价。但因为土地分配受制于行政边界，

---

[1] 数字来自复旦大学韩立彬和上海交通大学陆铭的论文（2018），他们详细分析了土地供给政策倾斜和地区间房价分化。

结果却是欠发达地区能以超低价格（甚至免费）大量供应土地。这种"东边干旱，西边浇水"的模式需要改革。2020年，中央提出要对建设用地指标的跨区域流转进行改革，探索建立全国性建设用地指标跨区域交易机制（见第二节），已是针对这一情况的改革尝试。[1]

房价与居民债务：欧美的经验和教训

居民债务主要来自买房，房价越高，按揭就越高，债务负担也就越重。各国房价上涨都是因为供不应求，一来城市化过程中住房需求不断增加；二来土地和银行按揭的供给都受政治因素影响。

在西方，"自有住房"其实是个比较新的现象，"二战"之前，大部分人并没有自己的房子。哪怕在人少地多的美国，1900—1940年的自有住房率也就45%左右。"二战"后这一比率才开始增长，到2008年全球金融危机之前达到68%。英国也差不多，"二战"前的自有住房率基本在30%，战后才开始增长，全球金融危机前达到70%。[2]正因为在很长一段时间里英美大部分人都租房，所以主流经济学教材在讲述供需原理时，几乎都会用房租管制举例。1998年，我第一次了解到房租管制，就是在斯蒂格利茨的《经济学》教科书中。逻辑虽容易理解，但并没有直观感受，因为当时我认识的人很少有租房的，农民有

---

[1] 2020年4月发布了《中共中央 国务院关于构建更加完善的要素市场化配置体制机制的意见》。

[2] 美国的数字来自哈佛大学的研究报告（Spader, McCue and Herbert, 2016）。英国的数字来自三位英国经济学家的著作（Ryan-Collins, Lloyd and Macfarlane, 2017）。

宅基地，城里人有单位分房。城市住房成为全民热议的话题，也是个新现象。

欧美自有住房率不断上升，有两个后果。第一是对待房子的态度变化。对租房族来说，房子就是个住的地方，但对房主来说，房子是最重要的资产。随着房子数量和价格的攀升，房产成了国民财富中最重要的组成部分。1950年至2010年，英国房产价值占国民财富的比例从36%上升到57%，法国从28%升到61%，德国从28%升到57%，美国从38%升到42%。[1]第二个变化是随着房主越来越多，得益于房价上涨的人就越来越多。所以政府为讨好这部分选民，不愿让房价下跌。无房者也想尽快买房，赶上房价上涨的财富快车，政府于是顺水推舟，降低了买房的首付门槛和按揭利率。

美国房地产市场和选举政治紧密相关。美国的收入不平等从20世纪七八十年代开始迅速扩大，造成了很多政治问题。而推行根本性的教育或税制等方面的改革，政治阻力很大，且难以在短期见效。相比之下，借钱给穷人买房就容易多了，既能缓解穷人的不满，让人人都有机会实现"美国梦"，又能抬高房价，让房主的财富也增加，拉动他们消费，创造更多就业，可谓一举多得。于是政府开始利用房利美（Fannie Mae）和房地美（Freddie Mac）公司（以下简称"两房"）来支持穷人贷款买房。"两房"可以买入银行的按揭贷款，相当于借钱给银

---

[1] 欧洲房产价值占国民财富比例大幅上升，与"二战"后经济复苏与重建有关。美国上升幅度相对较小，部分是因为美国在战后成为超级大国，所以作为分母的国民财富增幅巨大。各国财富构成的数据来自巴黎经济学院皮凯蒂（Piketty）和伯克利加州大学祖克曼（Zucman）的论文（2014）。

行发放更多按揭。[1]1995年,克林顿政府规定"两房"支持低收入者的房贷要占到总资产的42%。2000年,也就是克林顿执政的最后一年,这一比率提高到50%。2004年,小布什政府将这一比率进一步提高到56%。[2] "两房"也乐此不疲,因为给穷人的贷款利润较高,风险又似乎很低。此外,对购房首付的管制也越来越松。2008年全球金融危机前很多房贷的首付为零,引发了投机狂潮,推动房价大涨。根据Case-Shiller房价指数,2002年至2007年,美国房价平均涨了将近60%。危机之后,房价从2007年的最高点一直下跌到2012年,累积跌幅27%,之后逐步回升,2016年才又回到十年前的高点。

房价下挫和收入下降会加大家庭债务负担,进而抑制消费。消费占美国GDP的七成,全球金融危机中消费大幅下挫,把经济推向衰退。危机前房价越高的地区,危机中消费下降越多,经济衰退也越严重,失业率越高。[3]欧洲情况也大致如此。大多数欧洲国家在2008年之前也经历了长达十年的房价上涨。涨幅越大的国家居民债务负担

---

[1] "两房"并非国企,而是和政府联系非常紧密的私企,属于"政府支持企业"（government-sponsored enterprise）,享受各种政府优惠,也承担政策任务。"两房"可以从财政部获取信用额度,几乎相当于政府对其债务的隐性担保,虽然法律上政府并无担保义务。

[2] 数据来自芝加哥大学拉詹（Rajan）的著作（2015）。

[3] 传统的经济周期理论非常注重投资的作用。虽然投资占GDP的比重在发达国家相对较小,但波动远比消费剧烈,常常是经济周期的主要推手。随着对债务研究的深入,经济学家越来越重视消费对经济周期的影响。普林斯顿大学迈恩（Mian）和芝加哥大学苏非（Sufi）的著作（2015）详细介绍了美国居民部门的债务和消费情况。

越重(绝大多数债务是房贷),危机中消费下降也越多。[1]

房地产常被称作"经济周期之母",根源就在于其内在的供需矛盾:一方面,银行可以通过按揭创造几乎无限的新购买力;而另一方面,不可再生的城市土地供给却有限。这对矛盾常常会导致资产泡沫与破裂的周期循环,是金融和房地产不稳定的核心矛盾。而房地产不仅连接着银行,还连接着千家万户的财富和消费,因此影响很大。

房价与居民债务:我国的情况

2008年之后的10年,我国房价急速上涨,按揭总量越来越大,居民债务负担上涨了3倍多(图5-2)。2018年末,居民债务占GDP的比重约为54%,虽仍低于美国的76%,但已接近德国和日本。根据中国人民银行的信贷总量数据,居民债务中有53%是住房贷款,24%是各类消费贷(如车贷)。[2]这一数据可能还低估了与买房相关的债务。实际上一些消费贷也被用来买了房,比如违规用于购房首付。而且人民银行的数据还无法统计到民间借贷等非正规渠道。

图5-2中债务负担的分母是GDP,这一比率常用于跨国比较,但它低估了居民的实际债务负担。还债不能用抽象的GDP,必须用实

---

[1] 美联储旧金山分行的研究报告(Glick and Lansing, 2010)显示:2008年之前的10年间,欧美主要国家的房价和居民负债高度正相关,而负债越多的国家危机之后消费下降也越多。

[2] 剩余23%是各种经营性贷款。我国的统计口径把所有部门分为政府、居民、企业,但居民中还包括各种非法人企业,比如个体户,所以居民贷款中含有经营性贷款。

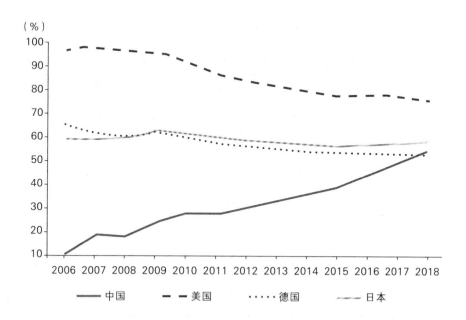

数据来源：IMF 全球债务数据库。此处债务仅包括银行贷款和债券。

图 5-2 居民债务占 GDP 比重

实在在的收入。2019 年末，中国人民银行调查统计司调查了全国 3 万余户城镇居民（农民负债率一般较低，大多没有房贷）的收入和债务情况。接近六成家庭有负债，平均债务收入比为 1.6，也就是说债务相当于 1.6 倍的家庭年收入。这个负担不低，接近美国。2000 年，美国家庭负债收入比约为 1.5，2008 全球金融危机前飙升至 2.1，之后回落到 1.7 左右。[1]

---

[1] 我国的数据来自中国人民银行调查统计司的报告（2020）。美国数据来自美联储纽约分行的《家庭债务与信用季报》（ *Quarterly Report on Household Debt and Credit* ）。

根据中国人民银行的这项调查,城镇居民2019年的负债中有76%是房贷。而从资产端看,城镇居民的主要财产也就是房子。房产占了家庭资产的近七成,其中六成是住房,一成是商铺。而在美国居民的财富中,72%是金融资产,房产占比不到28%。[1]中国人财富的压舱石是房子,美国人财富的压舱石是金融资产。这个重大差别可以帮助理解两国的一些基本政策,比如中国对房市的重视以及美国对股市的重视。

总体看来,我国居民的债务负担不低,且仍在快速上升。最主要的原因是房价上涨。居民债务的攀升已然影响到了消费。以买车为例,这是房子之外最贵的消费品类,对宏观经济非常重要,约占我国社会商品零售总额的10%。车是典型的奢侈品,需求收入弹性很大,收入增加时需求大增,收入减少时需求大减。随着居民债务增加,每月还债后的可支配收入减少,所以经济形势一旦变差,买车需求就会大减。我国家用轿车市场经历了多年高速增长,2018年的私家车数量是2005年的14倍。但是从2018年下半年开始,"贸易战"升级,未来经济形势不确定性增大,轿车销量开始下降,一直到2019年底,几乎每个月同比都在下降。在新冠肺炎疫情影响之下,2020年2月份的销量同比下跌八成,3月份同比下跌四成,各地于是纷纷出台刺激汽车消费的政策。

房价与居民债务风险

按照中国人民银行的调查数据,北京居民的户均总资产(不是净

---

[1] 美国居民财富组成的数据来自美联储发布的2019年度美国金融账户组成数据。

资产，未扣除房贷和其他负债）是893万元，上海是807万元，是新疆（128万元）和吉林（142万元）的六七倍。这个差距大部分来自房价。房价上涨也拉大了同城之内的不平等。房价高的城市房屋空置率往往也高，一边很多人买不起房，一边很多房子空置。如果把房子在内的所有家庭财富（净资产）算在一起的话，按照上述中国人民银行的调查数据，2019年最富有的10%的人占有总财富的49%，而最穷的40%的人只占有总财富的8%。[1]

房价上涨不仅会增加按揭债务负担，还会拉大贫富差距，进而刺激低收入人群举债消费，这一现象被称为"消费下渗"（trickle-down consumption），这在发达国家是很普遍的。[2]2014—2017年间，我国收入最低的50%的人储蓄基本为零甚至为负（入不敷出）。[3]自2015年起，信用卡、蚂蚁花呗、京东白条等各种个人消费贷激增。根据中国人民银行关于支付体系运行情况的数据，2016—2018年这三年，银行信用卡和借记卡内合计的应偿还信贷余额年均增幅接近30%。2019年，信用卡风险浮现，各家银行纷纷刹车。

在负债的人当中，低收入人群的债务负担尤其重。城镇居民的平均债务收入比约为1.6，而年收入6万元以下的家庭债务收入比接近3。资产最少的20%的家庭还会更多使用民间借贷，风险更

---

[1]　中央财经大学张川川、国务院发展研究中心贾珅、北京大学杨汝岱研究了房价和空置率的正向关系，认为二者同时受到收入不平等扩大的影响（2016）。

[2]　即低收入群体通过借贷消费，可参考芝加哥大学贝特朗（Bertrand）和莫尔斯（Morse）的论文（2016）。

[3]　储蓄不平等的数据来自西南财经大学的甘犁、赵乃宝和孙永智等人的研究（2018）。

大。[1]2020年,随着蚂蚁金服上市被叫停,各种讨论年轻人"纵欲式消费"的文章在社交媒体上讨论热烈,都与消费类债务急升的大背景有关。这种依靠借债的消费无法持续,因为钱都被花掉了,没有形成未来更高的收入,债务负担只会越来越重。

居民债务居高不下,就很难抵御经济衰退,尤其是房产价格下跌所引发的经济衰退。低收入人群的财富几乎全部是房产,其中大部分是欠银行的按揭,负债率很高,很容易受到房价下跌的打击。在2008年美国的房贷危机中,每4套按揭贷款中就有1套资不抵债,很多穷人的资产一夜清零。2007年至2010年,美国最穷的20%的人,净资产从平均3万美元下降到几乎为零。而最富的20%的人,净资产只下跌了不到10%,从平均320万美元变成了290万美元,而且这种下跌非常短暂。2016年,随着股市和房市的反弹,最富的10%的人实际财富(扣除通货膨胀)比危机前还增长了16%。但收入底部的50%的人,实际财富被腰斩,回到了1971年的水平。40年的积累,在一场危机后荡然无存。[2]

我国房价和居民债务的上涨虽然也会引发很多问题,但不太可能突发美国式的房贷和金融危机。首先,我国住房按揭首付比例一般高达30%,而不像美国在金融危机前可以为零,所以银行风险小。除非

---

[1]　中国人民银行调查统计司的报告(2020)指出,资产最少的20%的负债家庭中,民间借贷占债务的比重将近10%。年收入6万元以下家庭的债务收入比数据来自中国人民银行金融稳定分析小组的报告(2019)。

[2]　此处数字来自普林斯顿大学迈恩和芝加哥大学苏非的著作(2015)以及德国波恩大学三位经济学家的论文(Kuhn, Schularick and Steins, 2020)。

房价暴跌幅度超过首付比例,否则居民不会违约按揭,损失掉自己的首付。2018年末,我国个人住房贷款的不良率仅为0.3%。[1]其次,住房按揭形成的信贷资产,没有被层层嵌套金融衍生品,在金融体系中来回翻滚,规模和风险被放大几十倍。2019年末,我国住房按揭资产证券(RMBS)总量占按揭贷款的总量约3%,而美国这个比率为63%,这还不算基于这种证券的各种衍生产品。[2]再次,由于资本账户管制,外国资金很少参与我国的住房市场。综上所述,像美国那样由房价下跌引发大量按揭违约,并触发衍生品连锁雪崩,再通过金融市场扩散至全球的危机,在我国不太可能会出现。

要化解居民债务风险,除了遏制房价上涨势头以外,根本的解决之道还在于提高收入,尤其是中低收入人群的收入,鼓励他们到能提供更多机会和更高收入的地方去工作。让地区间的经济发展和收入差距成为低收入人群谋求发展的机会,而不是变成人口流动的障碍。

第二节　不平衡与要素市场改革

2017年党的十九大报告指出:我国社会主要矛盾已经转化为人民日益增长的美好生活需要和不平衡不充分的发展之间的矛盾。这

---

[1]　数据来自中国人民银行金融稳定分析小组的报告(2019)。

[2]　我国住房按揭资产证券数据来自万得数据库。2019年末的美国数据也包含了商业地产,按揭总量数据来自美联储,住房按揭资产证券总量数据来自sifma网站。

是自1981年党的十一届六中全会提出"我国所要解决的主要矛盾"（即人民日益增长的物质文化需要同落后的社会生产之间的矛盾）以来，中央首次重新定义"主要矛盾"，说明经济政策的根本导向发生了变化。

过去40年间，我国居民收入差距有明显扩大，同期很多发达国家的收入差距也在扩大，与它们相比，我国的收入差距有两个特点：一是城乡差距，二是地区差距。2018年，城镇居民人均可支配收入是农村居民的2.7倍，而北京和上海的人均可支配收入是贵州、甘肃、西藏等地的3.5倍。这两项差距都与人口流动受限有关。

人口流动与收入平衡

低收入人群想要提高收入，最直接的方式就是到经济发达城市打工，这些城市能为低技能工作（如快递或家政）提供不错的收入。若人口不能自由流动，被限制在农村或经济落后地区，那人与人之间的收入差距就会拉大，地区和城乡间的收入差距也会拉大。目前，我国人口流动依然受限，以地方政府投资为主推动的城市化和经济发展模式是重要因素之一。重土地轻人，民生支出不足，相关公共服务（教育、医疗、养老等）供给不足，不利于外来人口在城市中真正安家落户，不利于农村转移劳动力在城市中谋求更好的发展。地方政府长期倚重投资，还会导致收入分配偏向资本，降低劳动收入占比，对中低收入人群尤其不利。第七章会讨论这种分配结构及其带来的各种问题，本节先聚焦人口流动问题。

　　在深入分析之前，我们先来看看如果人口可以自由流动，地区间平衡是个什么样子。图5-3（a）中的柱子代表美国各州GDP占美国全国的比重，折线则代表各州人口占比。美国各州GDP规模差别很大，仅加州就占了美国GDP的15%，而一些小州的占比连1%都不到。GDP衡量的是经济总量，人口越多的地方GDP自然越大，所以图中折线的高度和柱子高度差不多。假如一个州的GDP占比为3%，人口占比差不多也是3%。换句话说，州与州之间虽然规模差别很大，但人均GDP差别很小，无论生活在哪个州，平均生活水平都差不太多。

　　这种规模不平衡但人均平衡的情况，和我国的情况差别很大。图5-3（b）是我国各省份的情况，柱子与折线的高度差别很大，有高有

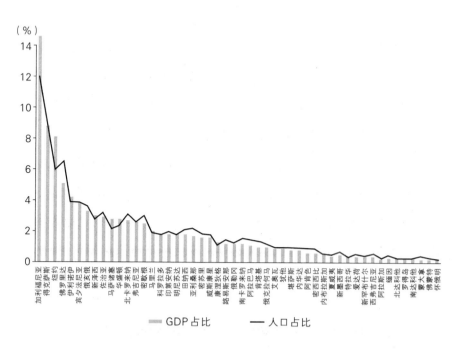

图 5-3（a）　2019 年美国各州占全国 GDP 和人口比重

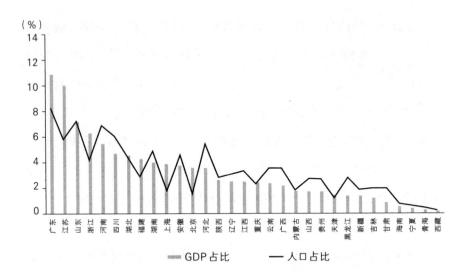

图5-3(b) 2019年中国各省、自治区、直辖市占全国GDP和人口的比重[1]

低,省省不同。在广东、江苏、浙江、上海和北京等发达地区,折线比柱子低很多,人口规模远小于经济规模,更少的人分更多的收入,自然相对富有。而在其他大多数省份,柱子比折线低很多,经济规模小于人口规模,更多的人分更少的收入,自然相对贫穷。

要想平衡地区间的发展差距,关键是要平衡人均差距而不是规模差距。想达到地区间规模的平均是不可能的。让每个城市都像上海和北京一样,或者在内地再造长三角和珠三角这样巨大的工业和物流网络(包括港口),既无可能也无必要。现代经济越来越集聚,即使在欧美和日本,经济在地理上的集聚程度也依然还在加强,没有减弱。[2]

---

[1] 本图设计来自上海交通大学陆铭的著作(2016),我更新了数据。

[2] 上海交通大学陆铭的著作(2016)指出,发达国家的经济集聚和城市化还在继续。

所以理想的状况是达到地区间人均意义上的平衡。而要实现这种均衡，关键是让劳动力自由流动。人的收入不仅受限于教育和技能，也受限于所处环境。目前城镇常住人口只占总人口的六成，还有四成人口在农村，但农业产出仅占GDP的一成。四成人口分一成收入，收入自然就相对低。就算部分农民也从事非农经济活动（这部分很难统计），收入也还是相对低。所以，要鼓励更多人进入城市，尤其是大城市。因为大城市市场规模大，分工细，哪怕低技能的人生产率和收入也更高。比如城市里一个早点摊儿可能就够养活一家人，甚至有机会发展成连锁生意。而在农村，早餐都在家里吃，市场需求小，可能都没有专门做早餐的生意。类似的例子还有家政、外卖、快递、代驾、餐厅服务员等。因为人口密度高和市场需求大所带来的分工细化，这些工作在大城市的收入都不低。

正是这些看上去低技能的服务业工作，支撑着大城市的繁华，也支撑着所谓"高端人才"的生活质量。若没有物美价廉的服务，生活成本会急升。我家门口有一片商业办公楼宇，离地铁站很近，有不少餐厅。前几年很多服务业人员离开，餐厅成本急升，一些餐厅倒闭了，剩下的也都涨了价，于是带饭上班的白领就多了起来。如果一个城市只想要高技能人才，结果多半会事与愿违：服务业价格会越来越高，收入会被生活成本侵蚀，各种不便利也会让生活质量下降，"高端人才"最终可能也不得不离开。靠行政规划来限制人口规模，成功例子不多。人口不断流入的城市，规划人口往往过少；而人口不断流出的城市，规划人口往往过多。

城市规模扩大和人口密度上升，不仅能提高本地分工程度和生产率，也能促进城市与城市之间、地区与地区之间的分工。有做高端制造的，也有做中低端制造的，有做大规模农场的，也有搞旅游的。各地区发展符合自身优势的经济模式，互通有无，整体效率和收入都会提高。就算是专搞农业的地方，人均收入也会提升，不仅因为规模化后的效率提升，也因为人口基数少了，流动到其他地方搞工商业去了。

让更多人进入城市，尤其是大城市，逻辑上的好处是清楚的，但在现实中尚有很多争议，主要是担心人口涌入会造成住房、教育、医疗、治安等资源紧张。这种担心可以理解，任何城市都不可能无限扩张。劳动力自由流动意味着有人来也有人走，若拥挤带来的代价超过收益，自会有人离开。至于教育、医疗等公共服务，缓解压力的根本之道是增加供给，而不是限制需求。涌入城市的人是来工作和谋生的，他们不仅分享资源，也会创造资源。举个例子来说，2019年末，上海60岁以上的老年人口共512万，占户籍总人口的35%，老龄化严重。若没有不断涌入的城市新血，社保怎么维持？养老服务由谁来做？但如果为这些新移民提供的公共服务覆盖有限，孩子上学难，看病报销难，他们便无法安居乐业。存在了很多年的"留守"问题，也还会持续下去。

土地流转与户籍改革

增加城市中的学校和医院数量，可能还相对容易些，增加住房很困难。大城市不仅土地面积有限，而且由于对建设用地指标的管制，就算有土地也盖不了房子。假如用地指标可以跟着人口流动，人口流出地的用地指标减少，人口流入地的指标增多，就可能缓解土地供需矛盾、提高土地利用效率。而要让建设用地指标流转起来，首先是让农村集体用地参与流转。我国的土地分为两类（见第二章）：城市土地归国家所有，可以在市场上流转；农村土地归集体所有，流转受很多限制。要想增加城市土地供应，最直接的办法是让市区和近郊的集体建设用地参与流转。比如在北京市域内，集体建设用地占建设用地总量的五成，但容积率平均只有0.3—0.4，建设密度远低于国有土地。上海的集体建设用地占总建设用地三成，开发建设强度也大大低于国有土地。[1]

关于集体土地入市，早在2008年党的十七届三中全会审议通过的《中共中央关于推进农村改革发展若干重大问题的决定》里就有了原则性条款："逐步建立**城乡统一的建设用地市场**，对依法取得的农村集体经营性建设用地，必须通过统一有形的土地市场、以公开规范的方式转让土地使用权，在符合规划的前提下**与国有土地享有平等权益**。"但地方有地方的利益，这些原则当时未能落到实处。2008年后的数年间，地方政府的主要精力还是在"土地财政／金融"的框架下征收集体用地，扩张城市。

自2015年起，全国33个试点县市开始试行俗称"三块地"的改革，即农村土地征收、集体经营性建设用地入市以及宅基地制度改革。在此之前也有一些零星的地方试点和创新，比较有名的是重庆的"地

---

[1] 数据来自国务院发展研究中心邵挺、清华大学田莉、中国人民大学陶然的论文（2018）。

票"制度。若一个农民进了城,家里闲置两亩宅基地,他可以将其还原成耕地,据此拿到两亩地"地票",在土地交易所里卖给重庆市域内需要建设指标的区县。按每亩"地票"均价20万元算,扣除两亩地的复耕成本约5万元,净所得为35万元。农户能分到其中85%(其余15%归村集体),差不多30万元,可以帮他在城里立足。每年国家给重庆主城区下达的房地产开发指标约2万亩,"地票"制度每年又多供应了2万亩,相当于土地供给翻了一番,所以房价一直比较稳定。[1]

2017年,中央政府提出,"在租赁住房供需矛盾突出的超大和特大城市,开展集体建设用地上建设租赁住房试点"。[2]这是一个体制上的突破,意味着城市政府对城市住宅用地的垄断将被逐渐打破。2019年,第一批13个试点城市选定,既包括北、上、广等一线城市,也包括沈阳、南京、武汉、成都等二线城市。[3]同年,《土地管理法》修正案通过,首次在法律上确认了集体经营性建设用地使用权可以直接向市场中的用地者出让、出租或作价出资入股,不再需要先行征收为国有土地。农村集体经营性用地与城市国有建设用地从此拥有了同等权能,可以同等入市,同权同价,城市政府对土地供应的垄断被打破了。

所谓"集体经营性建设用地",只是农村集体建设用地的一部分,

---

[1] "地票"价格和土地供应数据来自重庆市前市长黄奇帆的著作(2020)。

[2] 2017年发布的《住房城乡建设部 国土资源部关于加强近期住房及用地供应管理和调控有关工作的通知》。

[3] 2019年,国土资源部与住房和城乡建设部印发《利用集体建设用地建设租赁住房试点方案》,确定北京、上海、沈阳、南京、杭州、合肥、厦门、郑州、武汉、广州、佛山、肇庆、成都等13个城市为第一批试点。

并不包括宅基地,后者的面积占集体建设用地的一半。虽然宅基地改革的政策尚未落地,但在住房需求旺盛的地方,宅基地之上的小产权房乃至宅基地本身的"非法"转让,一直存在。2019年新的《土地管理法》对宅基地制度改革只做了些原则性规定:国家允许进城落户的村民依法自愿有偿退出宅基地,鼓励农村集体经济组织及其成员盘活利用闲置宅基地和闲置住宅。2020年,中央又启动了新一轮的宅基地制度改革试点,继续探索"三权分置",即保障宅基地农户资格权、农民房屋财产权、适度放活宅基地和农民房屋使用权。强调要守住"三条底线":土地公有制性质不改变、耕地红线不突破、农民利益不受损。在这些改革原则之下,具体的政策细则目前仍在探索阶段。

　　土地改革之外,在"人"的城镇化和户籍制度等方面也推出了一系列改革。2013年,首次中央城镇化会议召开,明确提出"以人为本,推进以人为核心的城镇化"。2014年,两会报告中首次把人口落户城镇作为政府工作目标,之后开始改革户籍制度。逐步取消了农业户口与非农业户口的差别,建立了城乡统一的"居民户口"登记制度,并逐步按照常住人口(而非户籍人口)规模来规划公共服务供给,包括义务教育、就业服务、基本养老、基本医疗卫生、住房保障等。[1] 2016年,中央政府要求地方改进用地计划安排,实施"人地挂钩",要依据土地利用总体规划和上一年度进城落户人口数量,合理安排城镇新增建设

---

[1]　在居民户口制度下,原城镇户口居民基本不受影响,原农业户居民可以继续保有和农村土地相关的权益(如土地承包经营权和宅基地使用权),且在社会保障方面同城镇居民接轨。

用地计划,保障进城落户人口用地需求。[1]

户籍制度改革近两年开始加速。2019年,发改委提出:"城区常住人口100万—300万的Ⅱ型大城市要全面取消落户限制;城区常住人口300万—500万的Ⅰ型大城市要全面放开放宽落户条件,并全面取消重点群体落户限制。超大特大城市要调整完善积分落户政策,大幅增加落户规模、精简积分项目,确保社保缴纳年限和居住年限分数占主要比例。……允许租赁房屋的常住人口在城市公共户口落户。"[2]目前,在最吸引人的特大和超大城市,落户门槛依然不低。虽然很多特大城市近年都加入了"抢人才大战",放开了包括本科生在内的高学历人才落户条件,甚至还提供生活和住房补贴等,但这些举措并未惠及农村转移人口。这种情况最近也开始改变。2020年4月以来,南昌、昆明、济南等省会城市先后宣布全面放开本市城镇落户限制,取消落户的参保年限、学历要求等限制,实行"零门槛"准入政策。

一国之内,产品的流动和市场化最终会带来生产要素的流动和市场化。农产品可以自由买卖,农民可以进城打工,农村土地的使用权最终也该自主转让。人为限定城市土地可以转让而集体土地不能转让,用户籍把人分为三六九等,除非走计划经济的回头路,否则难以持久。就算不谈权利和价值观,随着市场化改革的深入,这些限定性的制度所带来的扭曲也会越来越严重,代价会高到不可维持,比如与留

[1] 2016年,国土资源部联合五家中央部委印发《关于建立城镇建设用地增加规模同吸纳农业转移人口落户数量挂钩机制的实施意见》。

[2] 国家发展改革委《2019年新型城镇化建设重点任务》。

守儿童、留守妇女、留守老人所伴生的巨大社会问题。

城市化的核心不应该是土地，应该是人。要实现地区间人均收入均衡、缩小贫富差距，关键也在人。要真正帮助低收入群体，就要增加他们的流动性和选择权，帮他们离开穷地方，去往能为他的劳动提供更高报酬的地方，让他的人力资本更有价值。同时也要允许农民所拥有的土地流动，这些土地资产才会变得更有价值。

2020年4月发布的《中共中央 国务院关于构建更加完善的要素市场化配置体制机制的意见》（以下简称《意见》），全面阐述了包括土地、劳动力、资本、技术等生产要素的未来改革方向。针对土地，《意见》强调"建立健全**城乡统一的建设用地市场**……制定出台农村集体经营性建设用地入市指导意见"。针对劳动力，要求"**深化户籍制度改革**。推动超大、特大城市调整完善积分落户政策，探索推动在长三角、珠三角等城市群率先实现户籍准入年限同城化累计互认。放开放宽除个别超大城市外的城市落户限制，试行**以经常居住地登记户口制度**。建立城镇教育、就业创业、医疗卫生**等基本公共服务与常住人口挂钩机制，推动公共资源按常住人口规模配置**"。总的改革方向，就是让市场力量在各类要素分配中发挥更大作用，让资源更加自由流动，提高资源利用效率。

第三节　经济发展与贫富差距

在我国城市化和经济发展的过程中，贫富差距也在扩大。本节讨论这一问题的三个方面。第一,我国十几亿人在40年间摆脱了贫困,大大缩小了全世界70亿人之间的不平等。第二,在经济快速增长过程中,虽然收入差距在拉大,但低收入人群的收入水平也在快速上升,社会对贫富差距的敏感度在一段时间之内没有那么高。第三,在经济增长减速时,社会对不平等的容忍度会减弱,贫富差距更容易触发社会矛盾。

收入差距

中国的崛起极大地降低了全球不平等。按照世界银行对极端贫困人口的定义(每人每天的收入低于1.9美元),全世界贫困人口从1981年的19亿下降为2015年的7亿,减少了12亿(图5-4)。这是个了不起的成就,因为同期的世界总人口还增加了约30亿。但如果不算中国,全球同期贫困人口只减少了不到3亿人。而在1981年至2008年的近30年间,中国以外的世界贫困人口数量基本没有变化。可以说,全球的减贫成绩主要来自中国。[1]

中国的崛起也彻底改变了全球收入分布的格局。1990年,全球共有53亿人,其中最穷的一半人中约四成生活在我国,而最富的20%里几乎没有中国人,绝大多数是欧美人。到了2016年,全球人口将近74亿,其中最穷的一半人中只有约15%是中国人,而最富的另一半人中约22%是中国人。我国占全球人口的比重约为19%,因此在全球穷人

---

[1] 世界银行定义的每天1.9美元的极端贫困收入标准,按2011年购买力平价调整后相当于每年2 441元人民币。而我国2011年的农村最低贫困线标准是每年2 300元,城镇的贫困线标准则高于世行标准。

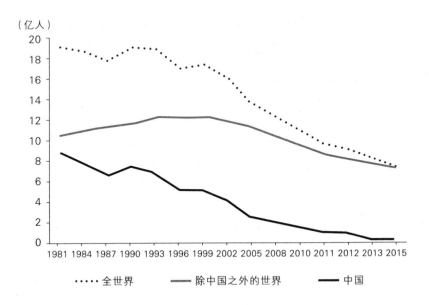

（亿人）

数据来源：世界银行。此处极端贫困人口的定义为每人每日收入少于1.9美元。

图 5-4 世界极端贫困人口数量变化

中中国人占比偏低，在中高收入组别中中国人占比偏高。[1]按国别分，全球中产阶级人口中我国所占的比重也最大。

我国的改革开放打破了计划经济时代的平均主义，收入差距随着市场经济改革而扩大。衡量收入差距的常用指标是"基尼系数"，这是一个0到1之间的数字，数值越高说明收入差距越大。20世纪80年代初，我国居民收入的基尼系数约为0.3，2017年上升到了0.47。[2]按

[1] 全球人口按不同收入组别在各国之间的分布，来自"全球不平等实验室"的报告（World Inequality Lab 2017）。

[2] 基尼系数的数字来自北京师范大学李实和朱梦冰的论文（2018）。

照国家统计局公布的居民收入数据，2019年收入最高的20%人群占有全部收入的48%，而收入最低的20%人群只占有全部收入的4%。

虽然收入差距在扩大，但因为经济整体在飞速增长，所以几乎所有人的绝对收入都在快速增加。经济增长的果实是普惠的。1988年至2018年，无论是在城镇还是在农村，人均实际可支配收入（扣除物价上涨因素）都增加了8—10倍。无论是低收入人群、中等收入人群还是高收入人群，收入都在快速增加。以城镇居民为例，虽然收入最高的20%其实际收入30年间增长了约13倍，但收入最低的40%和居中的40%的收入也分别增长了6倍和9倍。[1]

经济增长过程伴随着生产率的提高和各种新机会的不断涌现，虽然不一定会降低收入差距，但可以在一定程度上遏制贫富差距在代际间传递。如果每代人的收入都远远高于上一代人，那人们就会更看重自己的劳动收入，继承自父母的财富相对就不太重要。对大多数"70后"来说，生活主要靠自己打拼，因为父母当年收入很低，储蓄也不多。经济和社会的剧烈变化，也要求"70后"必须掌握新的技能、离开家乡在新的地方工作，父母的技能和在家乡的人脉关系，帮助有限。

但对"80后"和"90后"来说，父母的财富和资源对子女收入的影响就大了。[2]原因之一是财富差距在其父母一代中就扩大了，财产

---

[1]　城镇低收入人群的平均实际收入年均增长率为6.2%，中等收入人群为7.6%，高收入人群为8.9%。

[2]　新加坡国立大学樊潇、易君健和浙江大学张俊森的论文（Fan, Yi and Zhang, 2021）研究了父母收入对子女收入的影响。

性收入占收入的比重也扩大了，其中最重要的是房产。在一、二线城市，房价的涨幅远远超过了收入涨幅。[1]房产等有形财产与人力资本不同。人力资本无法在代与代之间不打折扣地传承，但房产和存款却可以。聪明人的孩子不见得更聪明，"学霸"的孩子也不见得就能成为"学霸"。即使不考虑后天教育中的不确定性，仅仅是从遗传角度讲，父母一代特别突出的特征（如身高和智商等）也可能在下一代中有所减弱。因为这种"均值回归"现象，人力资本很难百分之百地遗传。但有形资产的传承则不受这种限制，若没有遗产税，100万元传给下一代也还是100万元，100平方米的房子传给下一代也还是100平方米。

　　累积的财富差距一般远大于每年的收入差距，因为有财富的人往往更容易积累财富，资产回报更高，可选择的投资方式以及应对风险的手段也更多。如前文所述，按照国家统计局公布的城镇居民收入数据：2019年收入最高的20%的人占有全部收入的48%，而最低的20%的人只占4%。而按照中国人民银行对城镇居民的调查数据，2019年净资产最高的20%的家庭占有居民全部净资产的65%，而最低的20%只占有2%。[2]在经济发达、资产增值更快的沿海省份，父母累积的财产对子女收入的影响，比在内地省份更大。[3]当经济增速放缓、新创造的机会变少之后，年轻人间的竞争会更加激烈，而其父母的财富优势

---

[1]　房价和收入增长数据可参考宾夕法尼亚大学方汉明等人的研究（Fang et al., 2015）。

[2]　数据来自中国人民银行调查统计司的报告（2020）。

[3]　在沿海省份，"80后"收入与其父母收入的相关性，高于"70后"；但在内陆，这一相关性在"80后"与"70后"之间变化不大。这一发现来自新加坡国立大学樊潇、易君健以及浙江大学张俊森的论文（Fan, Yi and Zhang, 2021）。

会变得更加重要。如果"拼爹"现象越来越严重的话，社会对不平等的容忍程度便会下降，不安定因素会增加。

对收入差距的容忍度

收入差距不可能完全消除，但社会也无法承受过大的差距所带来的剧烈冲突，因此必须把不平等控制在可容忍的范围之内。影响不平等容忍程度的因素有很多，其中最重要的是经济增速，因为经济增速下降首先冲击的是穷人收入。不妨想象正在排队的两队人，富人队伍前进得比穷人快，但穷人队伍也在不停前进，所以排队的穷人相对来说比较有耐心。但如果穷人的队伍完全静止不动，哪怕富人队伍的前进速度也减慢了，困在原地的穷人也会很快失去耐心而骚动起来。这种现象被称为"隧道效应"（tunnel effect），形容隧道中两条车道一动一静时，静的那条的焦虑和难耐。[1]

上文提到，1988年以来，我国城镇居民中高收入群体的实际收入（扣除物价因素）增长了约13倍，低收入群体和中等收入群体的收入也分别增长了6倍和9倍。在"经济蛋糕"膨胀的过程中，虽然高收入群体切走了更大一块，但所有人分到的蛋糕都比以前大多了，因此暂时可以容忍贫富差距拉大。美国情况则不同，自20世纪70年代以来，穷人（收入最低的50%）的实际收入完全没有增长，中产（收入居中的

---

[1]　这一效应由已故的传奇经济学家赫希曼（Hirschman）提出，详见其文集（Hirschman, 2013）。他也讨论了影响不平等容忍的诸多因素，如人群相似性与家庭观念等。

40%）的收入近40年的累积增幅不过区区35%，而富人（收入最高的10%）的收入却增长了2.5倍。因此社会越来越无法容忍贫富差距。2008年的全球金融危机让穷人财富大幅缩水，贫富差距进一步扩大，引发了"占领华尔街运动"，之后特朗普当选，美国政治和社会的分裂越来越严重。

　　另一个影响不平等容忍度的因素是人群的相似性。改革开放前后，绝大多数中国人的生活经历都比较相似，或者在农村的集体生产队干活，或者在城镇的单位上班。在这种情况下，有些人先富起来可能会给另一些人带来希望："既然大家都差不多，那我也可以，也有机会。"20世纪90年代很多人"下海"发了财，而其他人在羡慕之余也有些不屑："他们哪里比我强？我要去的话我也行，只不过我不想罢了。"但如果贫富差距中参杂了人种、肤色、种姓等因素，那人们感受就不一样了。这些因素无法靠努力改变，所以穷人就更容易愤怒和绝望。最近这些年，美国种族冲突加剧，根本原因之一就是黑人的贫困。黑人家庭的收入中位数不及白人的六成，且这种差距可能一代代延续下去。一个出身贫困（父母家庭收入属于最低的20%）的白人，"逆袭"成为富人（同代家庭收入最高的20%）的概率是10.6%，而继续贫困下去的概率是29%。但对一个出身贫困的黑人来说，"逆袭"的概率只有区区2.5%，但继续贫困的概率却高达37%。[1]

　　家庭观念也会影响对不平等的容忍度。在家庭观念强的地方，如果子女发展得好、有出息，自己的生活就算是有了保障，对贫富差距容

---

[1]　数据来自哈佛大学切蒂（Chetty）等人的论文（2020）。

忍度也会比较高，毕竟下一代还能赶上。而影响子女收入最重要的因素就是经济增长的大环境。我国的"70后"和"80后"中绝大多数人的收入都超过父辈。若父母属于收入最低的40%人群，子女收入超过父母的概率接近九成；即便父母属于收入居中的40%人群，子女超越的概率也有七成。这种情况很像美国的"战后黄金一代"。美国的"40后"和"50后"收入超越父母的概率很接近我国的"70后"和"80后"。但到了美国的"80后"，这概率就低多了：如果父母是穷人（收入最低的40%），子女超越的概率还不到六成；若父母是中产（收入居中的40%），子女超越的概率仅四成。[1]

总的来说，经济增长与贫富差距之间的关系非常复杂。经济学中有一条非常有名的"库兹涅茨曲线"，宣称收入不平等程度会随着经济增长先上升而后下降，呈现出"倒U形"模式。这条在20世纪50年代声名大噪的曲线，其实不过是一些欧美国家在"二战"前后那段特殊时期中的特例。一旦把时间拉长、样本扩大，数据中呈现的往往不是"倒U形"，而是贫富差距不断起起伏伏的"波浪形"。[2]造成这些起落的因素很多，既有内部的也有外部的，既有经济的也有政治的。并没有什么神秘的经济力量会自动降低收入不平等，"先富带动后富"

---

[1]　子女收入超越父母的概率，称为"绝对流动性"。对我国绝对流动性的估计，来自新加坡国立大学樊潇、易君健以及浙江大学张俊森的论文（Fan, Yi and Zhang, 2021）；对美国的估计来自哈佛大学切蒂（Chetty）等人的论文（2017）。在本书写作之际（2020年），中国"90后"才刚刚进入劳动力市场，收入还未稳定下来，数据也有待收集。

[2]　法国经济学家皮凯蒂在著作（2014）中详细分析了"库兹涅茨曲线"理论的来龙去脉。世界银行的米兰诺维奇（Milanovic）在著作（2019）中描述了起起落落的"库兹涅茨波浪"。

也不会自然发生,而需要政策的干预。不断扩大的不平等会让社会付出沉重的代价,必须小心谨慎地对待。[1]

结　语

我国的城市化大概可以分为三个阶段。第一阶段是1994年之前,乡镇企业崛起,农民离土不离乡,城市化速度不快。第二阶段是1994年分税制改革后,乡镇企业式微,农民工进城大潮形成。这个阶段的主要特征是土地的城市化速度远远快于人的城市化速度,土地撬动的资金支撑了大规模城市建设,但并没有为大多数城市新移民提供应有的公共服务。第三个阶段是党的十八大以后,随着一系列改革的陆续推行,城市化的重心开始逐步从"土地"向"人"转移。

城市化和工业化互相作用。上述三个阶段背后的共同动力之一就是工业化。1994年之前,工业和基础设施比较薄弱,小规模的乡镇企业可以迅速切入本地市场,满足本地需求,而农村土地改革也解放了大量劳动力,可以从事非农工作,为乡镇企业崛起创造了条件。到了90年代中后期,工业品出口开始加速。2001年,中国加入WTO和国际竞争体系之后,工业企业必须扩大规模,充分利用规模效应来增强竞争力,同时需要靠近港口以降低出口运输成本。因此制造业开始

---

[1] 诺贝尔经济学奖得主斯蒂格利茨(Stiglitz)的著作(2013)讨论了不平等的种种代价。斯坦福大学历史学教授沙伊德尔(Scheidel)的著作(2019)指出,历史上不断扩大的不平等几乎都难以善终,最后往往以大规模的暴力和灾难重新洗牌。

加速向沿海地区集聚，大量农民工也随之迁徙。如今我国虽已成为"世界工厂"，但产业升级要求制造业企业不断转型，充分利用包括金融、科技、物流等要素在内的生产和销售网络，所以各项产业仍然集聚在沿海或一些中心大城市。这种集聚促进了当地服务业飞速发展，吸纳了从农村以及中小城市转移出来的新增劳动力。这些新一代移民已经适应了城市生活，很多"农二代"已经不具备从事农业生产所需的技能，更希望定居在城市。所以城市化需要转型，以人为本，为人们提供必要的住房、教育、医疗等公共资源。

在大规模城市化过程中，地方政府背上了沉重的债务。地价和房价飞涨，也让居民背上了沉重的债务。这些累积的债务为宏观经济和金融体系增加了很大风险。最近几年的供给侧结构性改革，首要任务之一就是"去杠杆"，而所谓"三大攻坚战"之首就是"防范化解重大风险"。那么这些风险究竟是什么？如何影响经济？又推行了哪些具体的改革措施？这是下一章的主题。

— 扩展阅读 —

地方政府以土地为杠杆撬动的飞速城市化,是历史上的一件大事。如今站在新一轮改革的起点上,上海交通大学陆铭的著作《大国大城:当代中国的统一、发展与平衡》(2016)值得阅读。该书聚焦城市化过程中的"人",主张扩大城市规模,让更多人定居在城市,在不断集聚中走向地区间人均意义上的平衡。北京大学周其仁的著作《城乡中国(修订版)》(2017)和东南大学华生的著作《城市化转型与土地陷阱》(2014)也是理解城市化的上佳读物。他们在很多问题上持不同观点。兼听则明,读者可自行判断。

经济学近年来最热门的研究课题就是不平等,优秀的论文和著作很多。对比较严肃的读者,我还是推荐法国经济学家皮凯蒂的著作《21世纪资本论》(2014)。这是本很多人知道但很少人读完的巨著,因为太厚了。但厚有厚的好处,这本大书里散落着很多有意思的内容,作者思考的深度和广度远非各类书评中的"中心思想"所能概括。即便只读该书前两部分,也能学到关于经济发展的很多内容。对非专业读者而言,本书中有些内容不太容易理解,而且没有多少关于中国的内容。我国收入分配研究领域的两位专家,北京师范大学的李实和中国人民大学的岳希明写了一本导读,《〈21世纪资本论〉到底发现了什么》(2015),解释了原作中一些概念,也对我国收入差距的情况做了简要说明和分析。

第六章 债务与风险

有一对年轻情侣，都在上海的金融行业工作，收入不错。研究生刚毕业没几年，算上年终奖，两人每月到手共5万元。他们对前途非常乐观，又到了谈婚论嫁的年龄，所以决定买房结婚。家里老人凑齐了首付，又贷了几百万元银行按揭，每月还款3万元。上海物价和生活费用不低，年轻人也少不了娱乐和应酬，还完房贷后存不下什么钱。但好在前途光明，再努力几年，收入如果翻一番，房贷压力也就轻了。何况房价一直在涨，就算把买房当投资，回报也不错。

天有不测风云。从2018年开始，金融行业日子开始不好过。一个人的公司倒闭了，暂时失业；另一个也没了年终奖，收入下降不少。每月到手的钱从5万变成了2万，可按揭3万还雷打不动。老人们手头也不宽裕，毕竟一辈子的积蓄大多已经交了首付，顶多也就能帮着再支撑几个月。于是年轻人找工作的时候也不敢太挑，总算找到了一份收入还过得去的，新冠肺炎疫情又来了……

人们在乐观时往往会低估负债的风险，过多借债。当风险出现时，又会因为债务负担沉重而缺乏腾挪空间，没办法应对。从上述故事中可以看到，就算房价不下跌，债务负担重的家庭也面临至少三大风险。一是债务缺乏弹性。若顺风顺水发了财，债务不会跟着水涨船高；可一旦倒了霉，债务也一分不会少。二是收入变化弹性很大。影响个人收入的因素数之不尽，宏观的、行业的、公司的、领导的、同事的、个人的……谁能保证自己未来几十年收入只涨不跌？就算不会失业，收入也不下降，但只要收入增长缓慢或不增长，对于高负债的家庭就已经构成了风险。既要还本又要付息，每个月紧巴巴的"月光"生活，能挺几年？第三个风险来自家庭支出的变动。突然有事要用钱怎么办？家里老人生病怎么办？要养孩子怎么办？

可见债务负担如果过重，会产生各种难以应对的风险。2018年末，我国的债务总量达到了GDP的258%（图6-1），已经和美国持

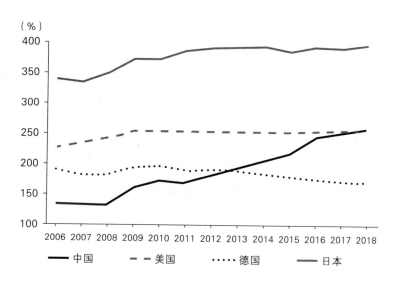

数据来源：IMF全球债务数据库。此处债务仅包括银行贷款和债券。

图 6-1　中、美、德、日四国债务占各自 GDP 比重

平（257%），超过了德国（173%），也远高于一些发展中大国，比如巴西（158%）和印度（123%）。而且我国债务增长的速度快于这些国家，债务总量在10年间增加了5.5倍。即便我国经济增长强劲，同期GDP还增加了2.8倍，但债务占GDP的比重在10年间还是翻了一番，引发了国内外的广泛关注和担忧。近几年供给侧结构性改革中的诸多举措，尤其是"去产能""去库存""去杠杆"，都与债务问题和风险有关。

债务占GDP的比重是否就能衡量真实的债务负担，目前尚有争议。当利率为零甚至是负的时候，只要名义GDP（内含物价）保持上涨，债务占GDP的比重可能不是个大问题，至少对政府的公共债务来说不是大问题，可以不断借新还旧。[1]但对居民和企业而言，债务总量快速上升，依然会带来很大风险。第五章已经分析了居民债务的风险，本章重点分析企业和银行的风险。

第一节和第二节解释债务的一般经济学原理。这部分介绍欧美情况多一点，希望读者明白我国债务问题虽有诸多特色，但与欧美也有不少相似之处，前车可鉴。第三节分析我国债务的成因、风险、后果。无论是居民、企业还是政府，负债都与地方政府推动经济发展的模式有关。第四节讨论如何偿还已有债务和遏制新增债务。

---

[1]　详见哈佛大学福尔曼（Furman）和萨默斯（Summers）的论文（2020）。

第一节 债务与经济衰退

经济的正常运行离不开债务。企业在卖出产品收到货款之前，需要先建设厂房，购买设备，支付工资，这些支出通常需要从银行贷款。个人买房也往往需要贷款，否则光靠一点点储蓄去全款买房，恐怕退休之前都买不起。政府也常需要借钱，否则无力建设周期长、投资大的基础设施。

债务关系让经济各部门之间的联系变得更加紧密，任何部门出问题都可能传导到其他部门，一石激起千层浪，形成系统风险。银行既贷款给个人，也贷款给企业。若有人不还房贷，银行就会出现坏账，需要压缩贷款；得不到贷款的企业就难以维持，需要减产裁员；于是更多人失去工作，还不上房贷；银行坏账进一步增加，不得不继续压缩贷款……如此，恶性循环便产生了。如果各部门负债都高，那应对冲击的资源和办法就不多，风吹草动就可能引发危机。这类危机往往来势汹汹，暴发和蔓延速度很快，原因有二。

第一，负债率高的经济中，资产价格的下跌往往迅猛。若债务太重，收入不够还本，甚至不够还息，就只能变卖资产，抛售的人多了，资产价格就会跳水。这种情况屡见不鲜。[1]2008—2009年的美国次

---

[1] 为了还债而低价变卖金融资产的行为，术语称为"fire sale"。读者可参考哈佛大学施莱弗（Shleifer）和芝加哥大学维什尼（Vishny）对这一现象的简明介绍（2011）。

贷危机中,美国家庭房贷负担很重,很多人不得不卖房,房价不到一年就跌了两成。2011—2012年,借钱炒房的"温州炒房团"和温州中小企业资金链断裂,导致房产纷纷被抛售,温州房价一年内跌了近三成。[1]2013—2014年,内蒙古和晋陕等地的煤炭企业崩盘。很多煤老板曾在煤价上涨时大肆借债扩张,煤价大跌后无力还债,大幅折价变卖豪车和房产。

第二,资产价格下跌会引起信贷收缩,导致资金链断裂。借债往往需要抵押物(如房产和煤矿),若抵押物价值跳水,债权人(通常是银行)坏账就会飙升,不得不大幅缩减甚至干脆中止新增信贷,导致债务人借不到钱,资金链断裂,业务难以为继。2004—2008年,爱尔兰经济过热,信贷供给年均增速为20%。2009年,美国次贷危机波及爱尔兰,银行业出现危机,2009—2013年信贷增速剧烈收缩至1.3%,导致大量企业资金链断裂。[2]在2011—2012年的温州民间借贷危机中,一些人跑路逃债,信任危机迅速发酵,所有人都捂紧钱包,信用良好的人也借不到钱。可见债务危机往往也会殃及那些债务水平健康的部门,形成连锁反应,造成地区性甚至全国范围的经济衰退。

一个部门的负债对应着另一个部门的资产。债务累积或"加杠杆"的过程,就是人与人之间商业往来增加的过程,会推动经济繁荣。而债务紧缩或"去杠杆"也就是商业活动减少的过程,会带来经济衰

---

[1] 衡量美国房价的常用指标是 Case-Shiller 指数,2008 年初大约为 180,2009 年跌穿 150。根据南京大学包尔泰(Paul Armstrong-Taylor)著作(2016)中的数据,温州二手房的价格指数从 2011 年 1 月的 120 跌到 2012 年 1 月的 85。

[2] 爱尔兰数据来自英国经济学家特纳(Turner)的著作(2016)。

退。举例来说，若房价下跌，老百姓感觉变穷了，就会勒紧裤腰带、压缩消费。东西卖不出去，企业收入减少，就难以还债，债务负担过高的企业就会破产，银行会出现坏账，压缩贷款，哪怕好企业的日子也更紧了。这个过程中物价和工资会下跌（通货紧缩），而欠的钱会因为物价下跌变得更值钱了，实际债务负担就更重了。[1]

发达国家经济中最重要的组成部分是消费，对经济影响很大。美国的消费约占GDP七成，2008年的全球金融危机中消费大幅下挫，成了经济衰退的主要推手。危机之前房价越高的州，老百姓债务负担越重，消费下降也越多，经济衰退越严重。在欧洲，2008年之前房价涨幅越大的国家，居民债务负担越重，危机中消费下降也越多。[2]

债务带来的经济衰退还会加剧不平等（第五章），因为债务危机对穷人和富人的打击高度不对称。这种不对称源于债的特性，即法律优先保护债权人的索赔权，而欠债的无论是公司还是个人，即使破产也要清算偿债。以按揭为例，穷人因为收入低，买房借债的负担也重，房价一旦下跌，需要先承担损失，直到承担不起破产了，损失才转到银

---

[1]　这种"债务—通货紧缩—经济萧条"螺旋式下行的逻辑，被美国经济学家费雪（Fisher）称为"债务—通缩循环"，可以解释1929—1933年的世界经济大萧条。这种理论后来被日本经济学家辜朝明发展成为"资产负债表衰退理论"，用来解释日本20世纪90年代初开始的长期衰退以及美国次贷危机后的衰退（辜朝明，2016）。布朗大学埃格特松（Eggertsson）和诺贝尔奖得主克鲁格曼（Krugman）的文章（2012）系统地阐述了这一思路。

[2]　普林斯顿大学迈恩和芝加哥大学苏非的著作（2015）详细介绍了美国居民的债务和消费情况。美联储旧金山分行的研究（Glick and Lansing, 2010）表明，欧美主要国家2008年之前10年的房价和居民负债高度正相关，而负债越多的国家，在危机中消费下降也越多。

行及其债主或股东,后者往往是更富的人。换句话说,债务常常把风险集中到承受能力最弱的穷人身上。一个比较极端的例子是西班牙。在大多数国家,还不起房贷的人可以宣布破产,银行把房子收走,也就两清了。但在西班牙,哪怕房主把房子给了银行并宣布破产,也只能免于偿还按揭利息,本金仍然要偿还,否则累计的罚金和负债将一直存在,会上失信名单,很难正常生活。在金融危机中,这项法律引起了社会的不满和动荡,开锁匠和警察拒绝配合银行驱逐房主。破产了也消不掉的债成了沉重的负担:全球金融危机爆发五年后,西班牙是全球经济衰退最严重的国家之一。[1]

第二节　债台为何高筑:欧美的教训

债务源于人性:总想尽早满足欲望,又对未来盲目乐观,借钱时总觉得将来能还上。但人性亘古不变,债务周期却有起有落,每一次起伏都由特定的外部因素推动,这些因素会引发乐观情绪、刺激人们借债,也会增加资金供给、为借债大开方便之门。

20世纪80年代以来欧美的政治经济环境,刺激了居民对房子的需求(第五章)。但买房的前提是银行愿意放贷,否则需求就无法转化为实际购买力。若只是借贷需求增加而资金供给不增加,那利息就会上涨,需求会被抑制,贷款数量和债务水平不一定会上升。居民和企

---

[1]　西班牙的例子来自普林斯顿大学迈恩和芝加哥大学苏非的著作(2015)。

业的债务规模,换个角度看也就是银行的信贷和资产规模。所以要理
解债务的增长,首先要理解银行为什么会大量放贷。

资金供给与银行管制

资金供给的增加源于金融管制的放松。一方面,银行越做越大,
创造的信贷越来越多;另一方面,金融创新和衍生品层出不穷,整个
金融部门的规模和风险也越滚越大。

全球金融自由化浪潮始于20世纪70年代布雷顿森林体系的解
体。在布雷顿森林体系下,各国货币以固定比例与美元挂钩,美元则
以固定比例与黄金挂钩。要维持这一固定汇率体系,各国都需要充足
的外汇储备去干预市场,防止汇率波动。所以国际资本流动的规模不
能太大,否则就可能冲破某些国家的外汇储备,威胁整个体系。而要
限制国际资本流动,就要限制国内银行放贷规模,否则借到钱的居民
或企业就会增加消费品或投资品的进出口,过量的国际贸易和结算会
引发过量的国际资本流动。

布雷顿森林体系解体后,发达国家之间实行了浮动汇率,放开了
跨境资本流动。企业和居民既可以从本国银行借钱,也可以从外国银
行借钱,所以单方面管控国内银行的信贷规模就没用了,于是各国纷
纷放松了对银行和金融机构的业务限制,自由化浪潮席卷全球。但银
行危机也随之而来。1980年至2010年,全球发生了153次银行危机,
平均每年5次。而在布雷顿森林体系下,1945年至1970年,全球总共
才发生了2次银行危机。纵观整个19世纪和"二战"之前,全球银行

危机的频率都与国际资本流动规模高度相关。[1]

金融风险的核心是银行，历次金融危机几乎都伴随着银行危机。简单说来原因有四。[2]第一，银行规模大、杠杆高。美国银行业资产规模在1950年只占GDP的六成，而到了2008年全球金融危机之前已经超过了GDP，且银行自有资本占资产规模的比重下降到了5%左右。换句话说，美国银行业在用5块钱的本钱做着100块钱的生意，平均杠杆率达到了20倍。理论上只要亏5%，银行就蚀光了本。欧洲银行的杠杆率甚至更高，风险可想而知。[3]

第二，银行借进来的钱很多是短期的（比如活期存款），但贷出去的钱却大都是长期的（比如企业贷款），这种负债和资产的期限不匹配会带来流动性风险。一旦储户集中提取存款，银行贷出去的钱又不能立刻收回来，手里钱不够，会出大乱子。后来银行业引入了存款保险制度，承诺对个人存款进行保险，才缓解了挤提风险，但并没有完全解除。现代银行业务复杂，早已不是简单的存贷款机构，很多负债并非来自个人存款，而是来自货币基金和对冲基金，并不受存款保险制度

---

[1] 哈佛大学莱因哈特（Reinhart）和罗格夫（Rogoff）在其著作（2012）中统计了过去200年全球主要国家的银行危机次数，发现危机频率和国际资本流动规模高度正相关。

[2] 关于银行风险，英国中央银行前行长默文·金（Mervyn King）的著作（2016）精彩而深刻。

[3] 根据英格兰银行的报告（Haldane, Brennan and Madouros, 2010），2007年美国主要商业银行的杠杆率（总资产/一级核心资本）在20倍左右（如美洲银行将近21倍），投资银行则在30倍左右（如雷曼兄弟将近28倍）。而欧洲的德意志银行是52倍，瑞银是58倍。

保护。[1]一旦机构客户信心不足或急需流动性，也会形成挤提。

第三，银行信贷大都和房地产有关，常常与土地和房产价值一同起落，放大经济波动。银行因为杠杆率高，所以要特别防范风险，贷款往往要求抵押物。土地和房子就是最好的抵押物，不会消失也不会跑掉，价值稳定，潜在用途广，就算砸手里也不难转让出去。因此银行喜欢贷款给房地产企业，也喜欢做居民按揭。2012年，英国的银行贷款中79%都和住房或商业地产有关，其中65%是按揭。美国的银行贷款中也有接近七成是按揭或其他房地产相关贷款。平均来看，欧美主要国家的银行信贷中将近六成都是按揭或不动产行业贷款。[2]所以房地产周期和银行信贷周期常常同步起伏，而这两个行业的杠杆率又都不低，也就进一步放大了经济波动。

土地价值顺着经济周期起落，繁荣时地价上涨，衰退时地价下跌。而以土地为抵押物的银行信贷也顺着土地价值起落：地价上涨，抵押物价值上行，银行利润上升，资本充足率也上升，更加愿意多放贷，为此不惜降低放贷标准，逐渐积累了风险。经济衰退时，上述过程逆转。所以银行很少雪中送炭，却常常晴天送伞，繁荣时慷慨解囊、助推经济过热，衰退时却捂紧口袋、加剧经济下行。举例来说，在21世纪初的

---

[1]　这类资金中数额最大的一类是"回购"（repo），可以理解为一种短期抵押借款。耶鲁大学戈顿（Gorton）的著作（2011）对这项重要业务做了简明而精彩的介绍。

[2]　数据来自英国经济学家特纳的著作（2016）以及旧金山美联储霍尔达（Jordà）、德国波恩大学舒拉里克（Schularick）和戴维斯加州大学泰勒（Taylor）的合作研究（2016）。此外，三位德国经济学家的研究（Knoll, Schularick and Steger, 2017）指出，房价在20世纪70年代布雷顿森林体系解体后开始加速上涨，比人均GDP增速快得多，这可能跟金融放松管制后大量资金进入房地产市场有关。

爱尔兰，大量银行资金涌入房地产行业，刺激房价飞涨。金融危机前，爱尔兰房地产建设投资占GDP比重由4%升至9%，建筑部门的就业人数也迅速增加。危机之后，房地产行业萎缩严重，急需周转资金，然而银行的信贷增速却从危机前的每年20%剧烈收缩至1.3%，很多企业因缺乏资金而倒闭，失业率居高不下。[1]

第四，银行风险会传导到其他金融部门。比如银行可以把各种按揭贷款打包成一个证券组合，卖给其他金融机构。这种业务挫伤了银行信贷分析的积极性。如果银行借出去的钱转手就能打包卖给下家，那银行就不会在乎借钱的人是不是真的有能力还钱。击鼓传花的游戏，传的是什么东西并不重要，只要有人接盘就行。在2008年金融危机中，美国很多按揭贷款的质量很差，借款人根本没能力还钱，有人甚至用宠物的名字都能申请到按揭，所以这次危机也被称为"次贷危机"。

随着银行和其他金融机构之间的交易越来越多，整个金融部门的规模也越滚越大，成了经济中最大的部门。金融危机前，金融部门的增加值已经占到美国GDP的8%。[2]频繁的金融活动并没有提高资本配置的效率，反而给经济带来了不必要的成本。过多的短期交易扩大了市场波动，挤压了实体经济的发展空间。资金和资源在金融体系内

---

[1] 爱尔兰的数据来自特纳的著作（2016）。银行信贷的顺周期特性也反映在利息变动中。一旦形势不好，利息也往往迅速升高。纽约大学的格特勒（Gertler）和吉尔克里斯特（Gilchrist）的论文（2018）描述了2008—2009年全球金融危机期间各种利息的变动和金融机构的行为。

[2] 数字来自英格兰银行的报告（Haldane, Simon and Madouros, 2010）。

部空转,但实体经济的蛋糕却没有做大。而且大量金融交易都是业内互相"薅羊毛",所以"军备竞赛"不断升级,大量投资硬件,高薪聘请人才,导致大量高学历人才放弃本专业而转投金融部门。[1]金融危机后,金融部门的过度繁荣引发了各界的反思和批评,也引发了"占领华尔街"之类的社会运动。

国际不平衡与国内不平等

金融自由化浪潮为借贷打开了方便之门,但如果没有大量资金涌入金融系统,借贷总量也难以增加。以美国为例,这些资金来源有二。其一,一些国家把钱借给了美国,比如我国就是美国最大的债主之一。其二,美国国内不平等急剧扩大,财富高度集中,富人有了更多花不完的钱可以借给穷人。

中国等东亚国家借钱给美国,与贸易不平衡有关。2018年,中美双边贸易逆差约4 000亿美元,也就是说美国需要从全世界借入4 000亿美元来为它从中国额外的进口买单,其中最主要的债主就是中国和其他东亚国家。后者在1997年东亚金融危机中吃过美元储备不足的大亏,所以之后大量增加美元储备,买入美国国债或其他证券,相当于把钱借给了美国。这种现象被美联储前主席本·伯南克(Ben Bernanke)称为"全球储蓄过剩"。他认为这些钱流入美国后压低了美

---

[1]　纽约大学菲利蓬(Philippon)和弗吉尼亚大学雷谢夫(Reshef)的论文(2012)研究了美国金融部门对高学历人才的挤占。

国利率,推动了房地产投机,是引发2008年全球金融危机的重要原因。

然而借钱给美国的还有欧洲,后者受美国金融危机冲击最大、损失也最大。美国各种金融"毒资产"的最大海外持有者并不在亚洲,而在欧洲。东亚借钱给美国与贸易不平衡有关,资金主要是单向流动。而欧洲和美国的贸易基本平衡,资金主要是双向流动:欧洲借钱给美国,美国也借钱给欧洲。这种资本流动总量虽巨大,但双向抵销后的净流量却不大。正是这种"净流量小"的假象掩盖了"总流量大"的风险。"你借我、我借你"的双向流动,让围绕"毒资产"的交易规模越滚越大,风险也越来越大。比如,一家德国银行可以在美国发行用美元计价的债券,借入美元,然后再用这些美元购买美国的房贷抵押证券,钱又流回了美国。这家银行的负债和资产业务都是美元业务,仿佛是一家美国银行,只不过总部设在德国罢了。类似的欧洲银行很多。金融危机前,跨大西洋的资本流动远多于跨太平洋资本流动。而在危机中,美联储为救市所发放的紧急贷款,实际上大部分给了欧洲银行。[1]

国际资本流入美国,也有美国自身的原因,否则为什么不流入其他国家?美元是全世界最重要的储备货币,以美元计价的金融资产也是最重要的投资标的,受到全球资金的追捧,所以美国可以用很低的利率从全球借钱。大量资本净流入美国,会加剧美国贸易逆差,因为外国人手里的美元也不是自己印出来的,而是把商品和服务卖给美国

---

[1] 国际清算行的研究人员分解了各大陆间的金融资本流动总量,而不是仅仅关注"净流量"(Avdjiev, McCauley and Shin, 2016)。跨大西洋金融机构间的紧密联系,有复杂的成因和后果,经济史专家图兹(Tooze)的著作(2018)对此有非常详尽和精彩的论述。

换来的。为保持美元的国际储备货币地位，美国的对外贸易可能需要常年保持逆差，以向世界提供更多美元。但持续的逆差会累积债务，最终威胁美元的储备货币地位，这个逻辑也被称为"特里芬悖论"。[1]所以如今的全球经济失衡，是贸易失衡和美元地位带来的资本流动失衡所共同造就的。

国际资本流入不是美国可贷资金增加的唯一原因，另一个重要原因是国内的贫富差距。如果全部财富集中在极少数人手中，富人就会有大量的闲置资金可以借贷，而大部分穷人则需要借钱生存，债务总量就会增加。假如一个国家只有两个人，每人需要消费50元才能活下去。若总产出100元被二人平分，那总消费就等于产出，既没有储蓄也没有负债。但若甲分得100元而乙分得0元，那甲就花50元存50元，乙就需要借50元，这个国家的储蓄率和负债率就都变成了50%。

在大多数发达国家，过去40年国内贫富差距的扩大都伴随着国内债务水平的上升。[2]以美国为例：2015年，最富有的10%的人占有将近一半的全部收入，而40年前只占35%。换句话说，40年前每生产100元，富人拿35元，其他人拿65元，但如今变成了对半分，富人从国民收入这块蛋糕里多切走了15%。与这个收入转移幅度相比，常被政客们说起的中美双边贸易"巨额"逆差，2018年只占美国GDP的2%不到。

---

[1]　这个理论是针对布雷顿森林体系以及之前的金本位所提出的，能否直接套用到如今美国的贸易赤字问题上，尚有争议。不能据此认为，人民币想要成为国际货币，我国现在的贸易顺差就必须变成逆差。

[2]　普林斯顿大学迈恩（Mian）、哈佛大学斯特劳布（Straub）、芝加哥大学苏非（Sufi）等人的论文详细阐述了发达国家中收入不平等和债务上升之间的关联（2020a）。

如果不看每年收入的差距而看累积的财富差距的话,不平等就更加惊人。2015年,美国最富有的10%的人占有了全部财富的78%。[1]富人的钱花不完,消费远低于收入,就产生了大量储蓄。过去40年,美国国内最富有的1%的人的过剩储蓄,与伯南克所谓的由海外涌入美国的全球过剩储蓄,体量相当。[2]理论上讲,这些富人的储蓄可以借给国内,也可以借给国外。但事实上,美国国内资金并没有流出,反而有大量国际资本流入了美国,因此富人的储蓄必然是借给了国内的企业、政府或居民。然而在全球金融危机前的几十年,美国国内企业的投资不增反降,政府每年的赤字和借债也相对稳定,所以富人的储蓄实际上就是借给了其他居民(穷人),变成了他们的债务。

穷人借债主要是买房,因此富人的余钱也就通过银行等金融中介流向了房地产。金融危机前,美国银行业将近七成的贷款是按揭或其他房地产相关贷款。所以大部分银行并没有把社会闲散资金导向实体企业,变成生产性投资,而是充当了富人借钱给穷人买房的中介。这种金融服务的扩张,降低了资金配置效率,加大了风险。

这种金融资源"脱实向虚"的现象,在我国也引发了广泛关注。在2019年的上海"陆家嘴论坛"上,中国银行保险监督管理委员会主

---

[1] 收入和财富不平等的数据来自德国波恩大学库恩(Kuhn)、舒拉里克(Schularick)和施泰因(Steins)的论文(2020)。

[2] 富人的钱借给了穷人,逻辑上很好理解,但实际上并不容易证实,需要拨开金融中介的重重迷雾,搞清楚资金的来龙去脉。美国最富有的1%的人储蓄增加,对应着最穷的90%的人债务增加,是普林斯顿大学迈恩(Mian)、哈佛大学斯特劳布(Straub)、芝加哥大学苏非(Sufi)等人最近的发现(2020b)。

席郭树清就强调要提高资金使用效率,解决好"脱实向虚"问题,下大力气清理金融体系内部的空转资金。而且特别强调了房地产金融化的问题:"一些房地产企业融资过度挤占了信贷资源,导致资金使用效率进一步降低,助长了房地产投资投机行为。"

实体企业投资需求不足

债务本身并不可怕,如果借来的钱能用好,投资形成的资产能增加未来收入,还债就不成问题。假如资金能被实体企业投资所吸纳,就不会流到房地产和金融行业去推升资产泡沫。然而在过去40年间,主要发达国家的投资占GDP的平均比重从20世纪70年代的28%下跌到了20%。[1]一个原因是大公司把投资转移到了发展中国家(包括中国),制造业整体外迁。而制造业又是重资产和重投资的行业,所以国内制造业占比下降就推动了投资下降。同时,随着通信技术的发展,机器变得越来越智能化,需要运用大量软件和服务,而设备本身的相对价值越来越低。所以大量投资进入了所谓的"无形资产"和服务业,而服务业更依赖于人的集聚,也就推升了对特定地段的住房和社交空间(即各类商业地产)的需求。[2]

---

[1] 数据同样来自迈恩(Mian)、斯特劳布(Straub)和苏非(Sufi)的论文(2020a)。

[2] 两位英国经济学家的著作(Haskel and Westlake, 2018)指出:1990年至2014年,资本设备相对于当期产品和服务的价格下降了33%。该书把发达国家称为"没有资本的资本主义"(capitalism without capital),即更重视无形资产和人才的资本主义,并深入探讨了这种经济中的生产率停滞和收入不平等。

实体投资下降的另一个原因是发达国家经济的整体竞争性在减弱：行业集中度越来越高，大企业越变越大。理论上说，这不一定是坏事，若明星企业通过竞争击败对手，占据市场后依然锐意进取、积极创新，那么投资和生产率还会继续上升。然而实际情况是，美国各行业集中度的提高与企业规模的扩张，往往伴随着投资下降和生产率降低。[1]

大量资金的涌入增加了资金供给，而企业投资需求不足又降低了资金需求，所以发达国家的长期实际利率（扣除物价因素）在过去40年间一直稳步下降，如今基本为零。[2]因为缺乏能获得长期稳定收益的资产，各种短期投机便大行其道，所谓"金融创新"层出不穷，"房地产泡沫"一个接一个。金融危机之后，美联储常年的宽松货币政策让短期利率也变得极低，大企业便借机利用融资优势大肆购并小企业，进一步增加了行业集中度，降低了竞争。这种低利率环境也把大量追逐回报的资金推入了股市，推高了股价。而美国最富的10%的人掌握着90%的股市资产，贫富差距进一步拉大。[3]

这种情况也引起了我国政策制定者的警惕。2019年，中国人民银行行长易纲指出："在缺乏增长点的情况下，央行给银行体系提供流动性，但商业银行资金贷不出去，容易流向资产市场。放松货币条件总

---

[1]　纽约大学菲利蓬（Philippon）写过一本精彩的小书（2019），分析美国经济越来越偏离自由市场，竞争力不断下降。

[2]　数据来自迈恩（Mian）、斯特劳布（Straub）和苏非（Sufi）的论文（2020a）。

[3]　数据来自库恩（Kuhn）、舒拉里克（Schularick）和施泰因（Steins）的论文（2020）。富人的九成资产都是股票，这一比例自1950年至今变化不大。

体上有利于资产持有者,超宽松的货币政策可能加剧财富分化,固化结构扭曲,使危机调整的过程更长。"[1]

第三节 中国的债务与风险

我国债务迅速上涨的势头始于2008年。当年金融危机从美国蔓延至全球,严重打击了我国的出口。为防止经济下滑,中央立即出台了财政刺激计划,同时放宽了许多金融管制以及对地方政府的投融资限制,带动了基础设施投资大潮,也推动了大量资金涌入房地产。在不断的投资扩张和房价上涨中,融资平台、房地产企业、贷款买房的居民,债务都迅速上升。其他企业(尤其是国有企业)也在宽松的金融环境中举债扩张,但投资回报率却在下降,积累了低效产能。债务(分子)比GDP(分母)增长速度快,因此债务负担越来越重。

与其他发展中国家相比,我国外债水平很低,债务基本都是以人民币计价的内债,所以不太可能出现国际上常见的外债危机,像希腊的主权债务危机和每过几年就要上演一次的阿根廷债务危机。根据国家外汇管理局的《中国国际收支报告》,我国2019年末外债余额占GDP的比重只有14%(国际公认安全线是20%),外汇储备是短期外债的2.6倍(国际公认安全线是1倍),足够应对短期偿付。而且即使在外债中也有35%是以人民币计价,违约风险很小。

---

[1] 见易纲的文章(2019)。

债务累积过程简述：2008—2018 年

图 6-2 描述了中国始于 2008 年的债务累积过程。

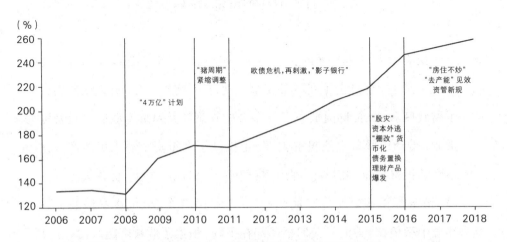

数据来源：IMF 全球债务数据库。此处债务仅包括银行贷款和债券。

图 6-2　中国的宏观债务占 GDP 比重

2008 年至 2009 年，为应对全球金融危机，我国迅速出台"4 万亿"计划，其中中央政府投资 1.18 万亿元（包括对汶川地震重建的拨款），地方政府投资 2.82 万亿元。为配合政策落地、帮助地方政府融资，中央放松了对地方融资平台的限制（第三章），同时不断降准降息，放宽银行信贷。这些资金找到了基建和房地产两大载体，相关投资迅猛增加。比如地方政府配合当时的铁道部，大量借债建设高铁：全国铁路固定资产投资从 2007 年的 2 500 亿元，猛增到 2009 年的 7 000 亿元和 2010 年的 8 300 亿元。

2010年至2011年，前期刺激下的经济出现过热迹象，再加上猪肉价格大涨的影响，通货膨胀抬头，所以货币政策开始收紧。到了2011年年中，欧债危机爆发，国内制造业陷入困境，于是央行在2012年又开始降准降息，并放松了对地方融资平台发债的限制，城投债于是激增，净融资额比上年翻了一番还多。也是从2012年开始，以信托贷款为主的"影子银行"[1]开始扩张，把大量资金引向融资平台，推动当年基建投资猛涨，债务负担从2012年起再次加速上涨。这一时期，中央开始加强了对房地产行业的控制和监管。

2015年遭遇"股灾"，前些年投资过度造成的产能过剩和房地产库存问题也开始凸显。2015年末，美联储退出量化宽松，美元开始加息，再加上一系列内外因素，导致2015—2016年连续两年的大量资本流出，人民币对美元汇率一路贬值，接近破七。央行于是连续降准降息，财政部开始置换地方债（第三章），中央也放松了对房地产的调控，全国棚户区改造从实物安置转变为货币化安置，带动房价进一步上涨。同时，"影子银行"开始"变形"：信托贷款在严监管下大幅萎缩，而银行理财产品规模开始爆发，流向融资平台和房地产行业的资金总量没有减少，总体债务负担在2015年又一次加速增长。

2016年，在货币化"棚改"的帮助下，三、四线城市房地产去库存告一段落，中央在年底首次提出"房住不炒"的定位，全面收紧房地产调控。也是在这一年，"去产能"改革开始见效，工业企业利润率开始回升，工业品出厂价格指数结束了长达五年的下跌，首次转正。

---

[1]　关于"影子银行"，详见本章后文"银行风险"小节。

　　2018年上半年,在连续两年相对宽松的外部条件下,央行等四部委联合出台"资管新规",严控"影子银行",试图降低累积多年的金融风险。信用和资金开始收缩,民营企业的融资困境全面暴露。下半年,"中美贸易战"开始,经济增长继续放缓。2018年末,我国债务总量占比达到GDP的258%:其中居民债务为54%,政府债务为51%,非金融企业为154%(图6-3)。在政府债务中,中央国债约为17%,地方政府债务为34%。[1]第三章和第五章已经分别讨论过地方政府债务和居民债务,此处不再赘述,本章重点介绍企业债务以及债主银行的风险。

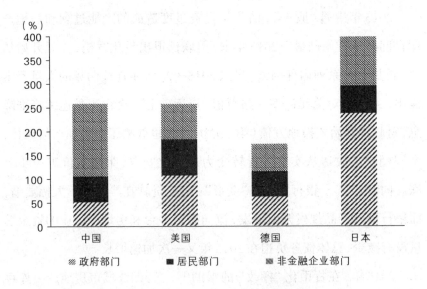

数据来源:IMF全球债务数据库。此处债务仅包括银行贷款和债券。

图 6-3　2018 年中、美、德、日四国各部门债务占 GDP 比重

---

[1]　很多人认为地方政府债务不仅应包括政府的显性债务,也应包括其关联企业的债务,所以债务负担不止34%。但如果把这些隐性债务算到政府头上的话,就不能再重复算到企业头上,因此这类争议并不影响对总体债务水平的估算。

企业债务

从图6-3中可以看出，我国居民债务负担接近发达国家，政府债务负担低于发达国家，但企业债务负担远高于发达国家。2018年，美国和德国企业债务占GDP的比重分别为75%和58%，但我国高达154%。原因之一是资本市场发展不充分，企业融资以债务尤其是银行贷款为主，股权融资占比很低。2018年末，企业债务总额约140万亿元，但在境内的股票融资余额不过区区7万亿元。[1]

企业债务中第一个广受关注的问题是地方政府融资平台企业的债务，约占GDP的40%，资金主要投向基础设施，项目回报率很低（平均1%左右）。第三章已详细讨论过这类债务，不再赘述。

第二个问题是所谓"国进民退"现象。2008年以后，国有企业规模快速扩张，但效率比私营企业低，多占用的资金没有转化为同比例的新增收入，推升了整体债务负担。按照财政部《中国财政年鉴》中的数据，1998—2007年的10年间，国企资产总额只增长了1.6倍，但2008—2017年这10年间却激增了4.4倍，负债总额也相应增长了

---

[1]　企业债务总额按图6-3中占GDP的比重推出。图中的企业不包括金融企业，这是计算宏观债务负担时的国际惯例。图中债务是指企业部门作为一个整体从外部（如银行）借债的总额，不包括企业间相互的债务债权关系（如业务往来产生的应收账款等）。我国非金融企业在境内股票融资的总额，来自中国人民银行发布的"社会融资规模存量统计表"。

4.7倍，占 GDP 的比重从78%变成144%。[1]但国企总利润占 GDP 的比重却从4.2%下降到了3.9%，营业收入占 GDP 比重从72%下降到了65%。[2]

上述国企数据被广泛使用，但这些数据及相关研究尚有诸多不明之处，很难确知国企的整体情况。[3]国有工业类企业中的数据更清楚一些，因为国家统计局一直记录详细的工企数据。2008—2017年，国有工业企业的资产和负债规模相对 GDP 来说并没有大幅扩张，只是略有上升，基本稳定，所以在工业领域并没有出现明显的"国进民退"现象。国企的资产负债率一直高于私营企业，但利润率却较低。2008年"4万亿"计划出台之后，国企与私企的利润率差距进一步扩大，2013年之后才开始缩小。这一变化的主要原因不在国企，而是私企利

---

[1] 这个比重与图6-3中企业债务占 GDP 的154%，不能直接相比。图中的企业债务是企业作为一个整体的对外债务总额，只包括贷款和债券；而此处的144% 也包含了企业间的应付账款等。企业间的相互债务在计算企业总体对外债务负担时会互相抵消。但如果只计算部分企业比如国企的债务规模时，这些企业间的债务也应该算上。关于国企的宏观数据有两套口径，一套是国资委的，一套是财政部的，后一套涵盖范围更广，因为很多国企不归国资委管。本节只讨论非金融类企业，因为图6-3中的企业债务统计仅包括非金融企业。

[2] 与 GDP 最可比的企业数据应该是增加值，但国企整体增加值很难估算，各种估计方法都有不小缺陷。按张春霖的估计（2019），国企增加值占 GDP 的比重最近10年变化不大。

[3] 比如，2017年的所有国企资产中有45%被归类为"社会服务业"和"机关社团及其他"，而这两类企业的营业收入几乎可以忽略不计。财政部没有详细解释这些究竟是什么企业。再比如，按资产规模算，2017年至少24%的国企应被归类为基础设施企业，其中也包括地方政府融资平台。这类企业对经济的贡献显然不能只看自身的资产回报，还应该考虑它们对其他经济部门的带动作用和贡献，但这些贡献很难估计。

润率在"4万亿"计划之后飙升，2012年以后回落。可能的一个原因是在信贷宽松的刺激之下，很多有资源、有关系的私营企业（比如上市公司）大肆扩张，偏离主营业务，去"炒地皮"和"炒房子"，虽然获得了短期收益，但最终造成资金使用效率的下降。[1]

低效率乃至亏损的国企或大中型私企，若不能破产重组，常年依靠外力"输血"，挤占有限的信贷资源，变成"僵尸企业"，就会拉低经济整体效率，推升宏观债务负担。针对这一情况，近年来的改革重点包括：推进国企混改，限制地方政府干预；加强金融监管，从源头上拧紧资金的水龙头；在要素市场上推行更加全面的改革，让市场力量在资金、土地、技术、劳动力等生产要素配置中发挥更大作用；改革和完善《企业破产法》，在债务重整过程中"去行政化"，避免地方官员主导企业破产重组，损害债权人利益（比如第四章中的江西赛维案）。

关于企业债务的第三个广受关注的问题是房地产企业的债务问题。房地产是支柱型产业，不仅本身规模巨大，而且直接带动钢铁、玻璃、家具、家电等众多行业。以2013年为例，房地产及其直接相关行业创造的增加值占GDP的比重超过15%，且增速极快，对GDP增长率的贡献接

---

[1]　关于私营企业包括工业企业在"4万亿"计划之后的扩张和效率下降，可以参考清华大学白重恩、芝加哥大学谢长泰、香港中文大学宋铮的研究（Bai, Hsieh and Song, 2016）。在房地产繁荣和房价高涨的刺激下，2007 年至 2015 年，A 股上市公司中的非房地产企业也大量购入了商业地产和住宅，总金额占其投资总额三成，这个数据来自香港浸会大学陈婷、北京大学周黎安和刘晓蕾、普林斯顿大学熊伟等人的研究（Chen et al., 2018）。

近30%。[1]由于房地产开发需要大量资金去购置土地,建设周期也很长,所以企业经营依赖负债,资产负债率接近80%,流动性风险很大。一旦举债渠道受阻,企业就难以为继。举个例子,在上市房企中,与"买地"有关的成本约占总成本的五六成。[2]在购置土地环节,发达国家一般要求企业使用自有资本金,而我国允许房企借钱"买地",这就刺激了房企竞相抬高地价和储备土地。储备的土地又可以作为抵押去撬动更多借贷资金,进而储备更多土地,所以房企规模和债务都越滚越大。

2018年,我国房企总债务占GDP的比重达到了75%,且大量债务来自"影子银行"或其他监管薄弱的渠道。[3]房企的现金流依赖房产预售款和个人按揭,这两项收入占2018年实际到位资金的将近一半。一旦由于疫情等外部冲击原因出现房产销售问题,房企就可能面临资金链断裂的风险。2020年,这类风险开始显现,无论是泰禾集团的违约还是恒大集团的"内部文件",都吸引了广泛关注。一旦房企出现债务危机,无疑会冲击金融系统和宏观经济。而且房价连着地价,地

---

[1] 这种估计比较复杂,涉及房地产相关各行业的投入产出模型。此处的估计结果来自国家统计局许宪春等人的论文(2015)。

[2] 对上市房企成本构成的估计,来自恒大经济研究院任泽平、夏磊和熊柴的著作(2017)。

[3] 这里的75%与图6-3中企业债务占GDP的154%,不能直接相比。图中的企业债务只包括了贷款和债券,而这里的债务还包括房企的应付账款等其他债务。在我国会计制度下,预售房产生的收入,也就是在房子交接前所形成的预收房款,记为房企的负债。A股上市房企中,这部分预收款约占总负债的1/3。我国严格限制商业银行给房企贷款,所以在房企的负债中,国内银行贷款的比重一直维持在10%—15%。然而这种对资金渠道的限制很难影响资金最终流向,大量资金通过各种渠道包括"影子银行"流入了房企。

价高低又直接影响地方政府收入,危及地方政府及融资平台的债务偿付能力。2020年8月,城乡住房建设部、中国人民银行出台了对重点房地产企业资金监测和融资管理规则,针对企业的关键债务指标画下"三道红线",也规定企业不得再挪用贷款购地或竞买炒作土地。[1]

还有一种房企债务是在海外发行的美元债,在外国发行,以外币计价,所以不计入外汇管理局的宏观外债统计口径。截至2019年7月末,这类海外债余额约1 739亿美元。其中可能有风险,因为大多数房企并没有海外收入。自2019年7月起,发改委收紧了房企在海外发债。2020年上半年,这类债务开始净减少。[2]

总体看来,我国企业债务负担较重,应对风险的能力受限。若遭遇重大外部冲击,就可能面临债务违约风险。而企业裁员甚至倒闭,会降低居民收入,加大居民的风险,也加大其债主银行的风险。

银行风险

无论是居民债务还是企业债务,都是从债务人角度看待风险,要想完整理解债务风险,还需要了解债权人的风险。中国的债权人主要是银行,不仅发放贷款,也持有大多数债券。上文讨论的欧美银行业的很多风险点,同样适用于我国。首先是对信贷放松管制,银行规

---

[1]　所谓"三道红线",是要求房企在剔除预收款后的资产负债率不得高于70%、净负债率不得高于100%、现金短债比不小于1倍。

[2]　关于房企海外债的数据和监管,可参考《财新周刊》2019年第29期的文章《房企境外发债为何收紧》及2020年第37期的文章《房企降杠杆开始》。

模迅速膨胀。2008年的"4万亿"计划，不仅是财政刺激，也是金融刺激，存款准备金率和基准贷款利率大幅下调。银行信贷总额占GDP的比重从2008年的1.2左右一路上升到2016年的2.14。

其次是银行偏爱以土地和房产为抵押物的贷款。我再用两个小例子来详细解释一下。先看住房按揭。银行借给张三100万元买房，实质不是房子值100万元，而是张三值100万元，因为他未来有几十年的收入。但未来很长，张三有可能还不了钱，所以银行要张三先抵押房子，才肯借钱。房子是个很好的抵押物，不会消失且容易转手，只要这房子还有人愿意买，银行风险就不大。若没有抵押物，张三的风险就是银行的风险，但有了抵押物，风险就由张三和银行共担。张三还要付30万元首付，相当于抵押了100万元的房子却只借到了70万元，银行的安全垫很厚。再来看企业贷款。银行贷给企业家李四500万元买设备，实质也不是因为设备值钱，而是用设备生产出的产品值钱，这500万元来源于李四公司未来数年的经营收入。但作为抵押物，设备的专用性太强，价值远不如住房或土地，万一出事，想找到人接盘并不容易。就算有人愿意接，价格恐怕也要大打折扣，所以银行风险不小。但若李四的企业有政府担保，甚至干脆就是国企，银行风险就小多了。

所以如果优良的抵押物（住房和土地）越来越多，或者有政府信用担保的企业越来越多，那银行就有动力不断扩大信贷规模。在我国这样一个银行主导的金融体系中，地方融资平台能抵押的土地增加、涌入城市买房的人增加、地方政府的隐性担保增加等，都会从需求端刺激信贷规模的扩张。所以商业银行的信贷扩张，固然离不开宽松的货币环境，但也同样离不开信贷需求的扩张，离不开地方政府的土地金融和房地产繁荣,此所谓"银根连着地根"。

再次是银行风险会传导到其他金融部门,这与"影子银行"的兴起有关。所谓"影子银行",就是类似银行的信贷业务,却不在银行的资产负债表中,不受银行监管规则的约束。银行是金融体系核心,规模大,杠杆高,又涉及千家万户的储蓄,牵一发动全身,所以受严格监管。若某房地产企业愿意用10%的利息借钱,银行想借,但我国严格限制银行给房企的贷款量,怎么办?银行可以卖给老百姓一个理财产品,利息5%,再把筹来的钱委托给信托公司,让信托公司把钱借给房企。在这笔"银信合作"业务中,发行的理财产品不算银行储蓄,委托给信托公司的投资不算银行贷款,所以这笔"表外业务"就绕开了对银行的监管,是一种"影子银行"业务。

有借钱需求的公司很多,愿意买银行理财产品的老百姓也很多,所以"影子银行"风生水起。相关的监管措施效果有限,往往是"按下葫芦起了瓢"。限制了"银信合作"业务,"银证信合作"业务又兴起:银行把钱委托给券商的资管计划,再让券商委托给信托公司把钱借给企业。管来管去,银行的钱到处跑,渠道越拉越长,滋润着中间各类资管行业欣欣向荣,整个金融业规模越滚越大。21世纪初,金融业增加值占GDP的比重大约在4%左右,而2015—2019年平均达到了8%,相当于美国在全球金融危机前的水平。但美国的资本市场是汇聚了全世界的资金后才达到这个规模,我国的资本市场尚未完全开放,金融业规模显然过大了。资金在金融系统内转来转去,多转一道就多一道费用,利息就又高了一点,等转到实体企业手中的时候,利息已经变得非常高,助推了各种投机行为和经济"脱实向虚"。此外,银行理财产品虽然表面上不在银行资产负债表中，银行既不保本也不保息，但老百姓认为银行要负责，而银行也确实为出问题的产品兜过底。这种刚性兑付的压力加大了银行和金融机构的风险。[1]

我国各种"影子银行"业务大都由银行主导，是银行链条的延伸，因此也被称为"银行的影子"。这与国外以非银金融机构主导的"影子银行"不同。中国的业务模式大多简单，无非多转了两道手而已，证券化程度不高，衍生品很少，参与的国际资本也很少，所以监管难度相对较低。2018年"资管新规"出台，就拧紧了"影子银行"的总闸，也打断了各种通道。但这波及的不仅是想借钱的房地产企业和政府融资平台，也挤压了既没有土地抵押也没有政府背书的中小私营企业，它们融资难和融资贵的问题在"资管新规"之后全面暴露。

第四节　化解债务风险

任何国家的债务问题，解决方案都可以分成两个部分：一是偿还已有债务；二是遏制新增债务，改革滋生债务的政治、经济环境。

偿还已有债务

对债务人来说，偿债是个算术问题：或提高收入，或压缩支出，或

---

[1] 上海高级金融学院朱宁的著作（2016）系统地阐释了这种所谓"刚性泡沫"现象。

变卖资产拆东补西。实在还不上，就只能违约，那债权人就要受损。最大的债权人是银行，若出现大规模坏账，金融系统会受到冲击。

如果借来的钱能用好，能变成优质资产、产生更高收入，那债务负担就不是问题。但如果投资失败或干脆借钱消费挥霍，那就没有新增收入，还债就得靠压缩支出：居民少吃少玩，企业裁员控费，政府削减开支。但甲的支出就是乙的收入，甲不花钱乙就不挣钱，乙也得压缩支出。大家一起勒紧裤腰带，整个经济就会收缩，大家的收入一起减少。若收入下降得比债务还快，债务负担就会不降反升。这个过程很痛苦，日子紧巴巴，东西没人买，物价普遍下跌，反而会加重实际债务负担，因为钱更值钱了。如果抛售资产去还债，资产价格就下跌，银行抵押物价值就下降，风险上升，可能引发连锁反应。

以地方政府为例。政府借债搞土地开发和城市化，既能招商引资提高税收，又能抬高地价增加收入，一举两得，债务负担似乎不是大问题。可一旦经济下行，税收减少，土地卖不上价钱，诸多公共支出又难以压缩，债务负担就会加重，就不得不转让和盘活手里的其他资产，比如国有企业。最近一两年经济压力大，中央又收紧了融资渠道，于是地方的国企混改就加速了。比如在2019年，珠海国资委转让了部分格力电器的股份，芜湖国资委也转让了部分奇瑞汽车的股份。

还债让债务人不好过，赖账让债权人不好过。所以偿债过程很痛苦，还有可能陷入经济衰退。相比之下，增发货币也能缓解债务负担，似乎还不那么痛苦，因为没有明显的利益受损方，实施起来阻力也小。增发货币的方式大概有三类。第一类是以增发货币来降低利率，这是2008年全球金融危机前的主流做法。低利率既能减少利息支出，也能刺激投资和消费,提振经济。若经济增长、实际收入增加,就可以减轻债务负担。就算实际收入不增加,增发货币也能维持稳定温和的通货膨胀,随着物价上涨和时间推移,债务负担也会减轻,因为欠的债慢慢也就不值钱了。

第二类方式是"量化宽松",即央行增发货币来买入各类资产,把货币注入经济,这是金融危机后发达国家的主流做法。在危机中,很多人变卖资产偿债,资产市价大跌,连锁反应后果严重。央行出手买入这些资产,可以托住资产价格,同时为经济注入流动性,让大家有钱还债,缓解债务压力。从记账角度看,增发的货币算央行负债,所以"量化宽松"不过是把其他部门的负债转移到了央行身上,央行自身的资产负债规模会迅速膨胀。但只要这些债务以本国货币计价,理论上央行可以无限印钱,想接手多少就接手多少。这种做法不一定会推高通货膨胀,因为其他经济部门受债务所困,有了钱都在还债,没有增加支出,也就没给物价造成压力。欧美日在2008年全球金融危机之后都搞了大规模"量化宽松",都没有出现通货膨胀。

"量化宽松"的主要问题是难以把增发的货币转到穷人手中,因此难以刺激消费支出,还会拉大贫富差距。央行"发钱"的方式是购买各种金融资产,所以会推高资产价格,受益的是资产所有者,也就是相对富裕的人。2008年全球金融危机之后,美国"零利率"和"量化宽松"维持了好些年,股市大涨,房价也反弹回危机前的水平,但底层百姓并没得到什么实惠,房子在危机中已经没了,手里也没多少股票,眼睁睁看着富人财富屡创新高,非常不满(第五章)。这种不满情绪的高涨对政局的影响也从选举上反映了出来。2020年新冠肺炎疫情在美国暴发后，美联储再次开闸放水，资产负债表规模在3个月内扩张了六成以上，而随后的经济反弹被戏称为"K形反弹"：富人往上，穷人向下。

第三类增加货币供给的做法是把债务货币化。政府加大财政支出去刺激经济，由财政部发债融资，央行直接印钱买过来，无需其他金融机构参与也无需支付利息，这便是所谓"赤字货币化"。2008年全球金融危机后，前两类增发货币的方式基本已经做到了尽头，而经济麻烦依然不断，新冠肺炎疫情雪上加霜，所以近两年对"赤字货币化"这种激进政策的讨论异常热烈，支持这种做法的所谓"现代货币理论"（Modern Monetary Theory, MMT）也进入了大众视野。

"赤字货币化"的核心，是用无利率的货币替代有利率的债务，以政府预算收支的数量代替金融市场的价格（即利率）来调节经济资源配置。从理论上说，若私人部门陷入困境，而政府治理能力和财政能力过硬，"赤字货币化"也不是不能做。但若政府能力如此过硬却还是陷入了需要货币化赤字的窘境，那也正说明外部环境相当恶劣莫测。在这种情况下，"赤字货币化"的效果不能仅从理论推断，要看历史经验。从历史上看，大搞"赤字货币化"的国家普遍没有好下场，会引发物价飞涨的恶性通货膨胀，损害货币和国家信用，陷经济于混乱。这种后果每本宏观经济学教科书里都有记录，"现代货币理论"的支持者当然也知道。但他们认为历史上那些恶性通货膨胀的根源不在货币，而在于当时恶劣的外部条件（如动荡和战争）摧毁了产能、削弱了政府，若产能和政府都正常，就可以通过货币化赤字来提振经济。可这又回到了根本问题：若产能和政府都正常，怎么会陷入需要货币化赤字的困境？背后的根本原因能否靠货币化赤字化解？财政花钱要花在哪里？谁该受益谁该受损？

国民党政府就曾经搞过赤字化，彻底搞垮了货币经济。抗日战争结束后，国民党政府大手花钱打内战。仅1948年上半年的财政赤字就已经是1945年全年赤字的780倍。央行新发行的货币（"法币"）几乎全部用来为政府垫款，仅1948年上半年新发行的纸币数量就是1945年全年新增发行量的194倍。物价完全失控。1948年8月的物价是1946年初的558**万倍**。很多老百姓放弃使用法币，宁可以物易物或使用黄金。1948年8月，国民党推行币制改革，用金圆券替换法币，但政府信用早已尽失。仅8个月后，以金圆券计价的物价就又上涨了112倍。据季羡林先生回忆，当时清华大学教授们领了工资以后要立刻跑步去买米，"跑快跑慢价格不一样！"[1]

我国目前的货币政策比较谨慎，国务院和央行都数次明确表态不搞"大水漫灌"，"不搞竞争性的零利率或量化宽松政策"。[2]主要原因可能有二：第一，政府不愿看到宽松的货币政策再次推高房价，"房住不炒"是个底线原则；第二，货币政策治标不治本，无法从根本上解决债务负担背后的经济增速放缓问题，因为这是结构性的问题，是地方政府推动经济发展的模式问题。

---

[1]　本段中的数字根据民国著名金融家张嘉璈书中（2018）的统计数据计算得出。关于季羡林先生的故事，来自北京大学周其仁的回忆（2012）。

[2]　2019年末，易纲在《求是》发表文章，阐述了货币政策的目标和理念（2019）。

遏制新增债务

理解了各类债务的成因之后，也就不难理解遏制新增债务的一些基本原则：限制房价上涨，限制"土地财政"和"土地金融"，限制政府担保和国有企业过度借贷，等等。但困难在于，就算搞清楚了原因，也不一定就能处理好后果，因为"因"毕竟是过去的"因"，但"果"却是现在的"果"，时过境迁，很多东西都变了。好比一个人胡吃海塞成了大胖子，要想重获健康，少吃虽然是必须的，但简单粗暴的节食可能会出大问题，必须小心处理肥胖引起的很多并发症。

反过来看，当年种下的"因"，也有当年的道理，或干脆就是不得已而为之。当下债务问题的直接起因是2008年的全球金融危机。当时金融海啸一浪高过一浪，出口订单锐减，若刺激力度不够，谁也不知道后果会如何。虽然现在回过头看，有不少声音认为"4万亿"计划用力过猛，但历史不能假设。

再比如，政府通过或明或暗的担保来帮助企业借款，不一定总是坏事。在经济发展早期，有很多潜在收益很高的项目，由于金融市场不发达、制度不规范，不确定性很强，很难吸引足够的投资。正是由于有了政府担保，这些项目才得以进行。但随着市场经济不断发展，粗放式投资就能带来高收益的项目减少，融资需求逐渐多元化，若此时政府仍过多干预，难免把资金导入低效率的企业，造成过剩产能，挤占其他企业的发展空间。投资效益越来越低，对经济的拉动效果也越来越弱，债务负担和偿债风险就越来越高。

　　总的说来,我国的债务问题是以出口和投资驱动的经济体系的产物。2008年之后,净出口对GDP的拉动作用减弱,所以国内投资就变得更加重要(见下一章的图7-4以及相关详细解释)。而无论是基建还是房地产投资,都由掌握土地和银行系统的政府所驱动,由此产生的诸多债务,抛开五花八门的"外衣",本质上都是对政府信用的回应。所形成的债务风险,虽然表现为债主银行的风险,但最终依然是政府风险。最近几年围绕供给侧结构性改革所推行的一系列重大经济金融改革,包括严控房价上涨、"资管新规"、限制土地融资、债务置换、"反腐"、国企混改等,确实有效遏制了新增债务的增长,但是高度依赖负债和投资的发展模式还没有完成转型,因此限制债务虽限制了这种模式的运转,但并不会自动转化为更有效率的模式,于是经济增速下滑。

　　限制债务增长的另一项根本性措施是资本市场改革,改变以银行贷款为主的间接融资体系,拓展直接融资渠道,既降低债务负担,也提高资金使用效率。与债权相比,股权的约束力更强。一来股东风险共担,共赚共赔;二来股权可以转让,股价可以约束公司行为。哪怕同样是借债,债券的约束力也比银行贷款强,因为债券也可以转让。

　　这些年资本市场的改革进展相对缓慢,根本原因并不难理解。融资体系和投资体系是一体两面:谁来做投资决策,谁就该承担投资风险,融资体系也就应该把资源和风险向谁集中。若投资由政府和国企主导,风险也自然该由它们承担。目前的融资体系正是让政府承担风险的体系,因为银行的风险最终是政府的风险。以2018年的固定资产投资为例,按照国家统计局的口径,"民间投资"占62%,政府和国企占38%。但这个比例大大低估了政府的影响，很多私人投资是在政府产业政策的扶持之下才上马的。在房地产开发中，投资总额的四到五成是用来从政府手里买地的。这种投资结构所对应的风险自然主要由政府及其控制的金融机构承担。根据中国人民银行行长易纲的测算，2018年，我国金融资产中72%的风险由金融机构和政府承担。1995年和2007年，这个比例分别是74%和70%，多年来变化并不大。[1]

因此政府和国企主导投资与国有银行主导融资相辅相成，符合经济逻辑。这一体系在过去的经济增长中发挥过很大作用，但如果投资主体不变，权力不下放给市场，那想要构建降低政府和银行风险的直接融资体系、想让分散的投资者去承担风险，就不符合"谁决策谁担风险"的逻辑，自然进展缓慢。当然以直接融资为主的资本市场也不是万灵药，华尔街的奇迹和灾祸都不少。在我国将来的金融体系中，究竟间接和直接融资各占多大比重，国有金融企业和机构（包括政策性银行和社保基金等）在其中该扮演何种角色，都还是未知数。

总的来看，我国债务风险的本质不是金融投机的风险，而是财政和资源分配机制的风险。这些机制不是新问题，但债务负担在这十年间迅速上升，主要是因为这一机制已经无法持续拉动GDP增长。无论是实际生产率的增长还是通货膨胀速度，都赶不上信贷或债务增长的速度，所以宏观上就造成了高投资挤压消费，部分工业产能过剩和部分地区房地产投资过剩，同时伴随着腐败和行政效率降低。这种经

---

[1]　数据来源于易纲的论文（2020）。

济增长方式无法持续。最近几年的改革力图扭转这种局面,让市场在资源配置中,尤其是在土地和资本等要素配置中起更大作用。

结　　语

本章分析了我国债务的情况,聚焦企业和银行风险,结合前几章讨论过的政府和居民债务风险,希望能帮助读者理解债务风险的大概。债务问题不是简单的货币和金融问题,其根源在于我国经济发展的模式和结构,所以在降债务的过程中伴随着一系列深层次的结构性改革。然而导致目前债务问题的直接起因,却是2008年的全球金融危机和几年后的欧债危机。这两次危机对世界格局的影响,远超"9·11"事件。为应对巨大的外部冲击,我国迅速出台了"4万亿"计划,稳定了我国和世界经济,但同时也加剧了债务负担和产能过剩。

产能过剩可以从三个角度去理解。第一是生产效率下降。宏观上表现为GDP增速放缓,低于债务增速,所以宏观债务负担加重。微观上表现为地方政府过度投资、不断为一些"僵尸企业"输血,扭曲了资源配置,加重了政府和企业的债务负担。而且地方政府的"土地财政"和"土地金融"模式过度依赖地价上涨和房地产繁荣,推升了房价和居民债务负担,也加大了银行风险。

第二个角度是国际失衡。地方政府重视投资、生产和企业税收,相对忽视消费、民生和居民收入,造成经济结构失衡,分配体制偏向资本,劳动收入偏低,所以消费不足,必须向国外输出剩余产能。我国和韩国、日本等东亚邻居不同,体量巨大,所以对国际经济体系冲击巨大,贸易冲突由此而来。

第三个角度是产业升级。因为产能过剩,我国制造业竞争激烈,价格和成本不断降低,不仅冲击了外国的中低端制造业,也冲击了本国同行。要想在国内市场上存活和保持优势,头部企业必须不断创新,进入附加值更高的环节。所以我国制造业的质量和技术含量在竞争中不断上升,在全球价值链上不断攀升,也带动了技术创新和基础科学的进步,进一步冲击了发达国家主导的国际分工体系。

从第三章开始一直到本章结束,本书已经详细分析了第一个角度,也为理解第二和第三个角度打下了微观基础。下一章将展开讨论我国对国际经济体系的冲击,并且从国际冲突的角度出发,由外向内再度审视国内经济结构的失衡问题。

── 扩展阅读 ──

最近10年，从债务角度反思2008年全球金融危机的好书很多。普林斯顿大学迈恩和芝加哥大学苏非的著作《房债：为什么会出现大衰退，如何避免重蹈覆辙》(2015)是一本关于美国房地产及债务的通俗作品。对一般读者来说，该书可能关注面有些狭窄，细节也过于详尽；但对于经济学专业的学生，该书值得细读，可以学习如何从微观数据中清楚地解答重要的宏观问题。英国经济学家特纳的著作《债务和魔鬼：货币、信贷和全球金融体系重建》(2016)是针对债务问题更加全面的通俗作品，思路清楚，文笔流畅，可以结合英国央行前行长金关于银行和金融系统的杰作《金融炼金术的终结：货币、银行与全球经济的未来》(2016)一起阅读，会大有收获。经济史专家图兹的著作 *Crashed: How a Decade of Financial Crises Changed the World* (2018)全面而细致地记录了2008年全球金融危机之后的10年间世界政治、经济格局的深刻变化，非常精彩。著名对冲基金——桥水基金的创始人达利欧(Dalio)对债务问题有多年的思考和实践，其著作《债务危机：我的应对原则》(2019)不受经济学理论框框的限制，更加简练直接。

关于中国债务问题有很多讨论和研究，但大多是学术文献或行业报告，全面系统的普及性读物较少。南京大学-约翰斯·霍普金斯大学中美文化研究中心研究员包尔泰(Armstrong-Taylor)就中国的金融体制和债务写过一本简明通俗的书 *Debt and Distortion: Risks and Reforms in the Chinese Financial System* (2016)，是很好的入门读物。彭博的经济学家欧乐鹰(Orlik)最近出版了一本小书 *China: the Bubble that Never Pops*(2020),标题很有趣,"中国,永不破裂的泡沫"。该书回顾了改革开放以来历次债务危机的前因后果和化解办法。作者坦言,中国经济发展史也是各种"中国崩溃论"的失败史。在别人忙着讥讽"水多加面,面多加水"的手忙脚乱时,作者问:馒头为什么越蒸越大?

银行是金融系统的核心,也是金融危机的风暴眼。理解银行的风险需要深入了解其具体业务,这是近些年关于金融危机的研究中最有意思的部分。虽然从宏观角度分析危机也很有意思,但只有深入了解具体业务细节,才能真正对现实的复杂性和吊诡之处产生敬畏之心,避免夸夸其谈。虽然业务内容比较专业,但有两本书写的相对简明,是很好的入门读物。一本是耶鲁大学戈顿的《银行的秘密:现代金融生存启示录》(2011),另一本是英国经济学家米尔恩(Milne)的 *The Fall of the House of Credit: What Went Wrong in Banking and What Can be Done to Repair the Damage?*(2009)。获过奥斯卡奖的电影《大空头》中也有很多金融业务细节,很精彩。本片虽然取材自真人真事,但主人公们其实不是真正从做空金融危机中赚到大钱的人,还差得远。如果想听听这次危机中"大钱"交易的故事,祖克曼的《史上最伟大的交易》(2018)是一部可以当小说看的杰作。

关于我国银行系统的风险和改革,两位参与其中的投行经济学家沃尔特和豪伊写了一本很专业但不难理解的书,《红色资本:中国的非凡崛起和脆弱的金融基础》(2013),值得一读。高盛前总裁、美国前财政部长保尔森也参与和见证了我国金融改革,他的回忆录《与中国打交道：亲历一个新经济大国的崛起》（2016）中有很多轶事。人民银行副行长潘功胜的著作《大行蝶变：中国大型商业银行复兴之路》（2012）则从中国银行家的角度回顾和分析了大型商业银行的改革历程，也值得一读。

第七章 国内国际失衡

十多年前，我去过一次开曼群岛，那是当时我去过的最远的地方。我在一个岛上看到了一家中餐馆，印象很深，觉得不管哪里都有中国人在做生意。又过了两年，我在波多黎各的一家旅游纪念品商店门上看到一块告示："本店不卖中国货"。我特地进去看了看，除了当地人的一些手工品之外，义乌货其实不少。

早在2007年，美国就出了一本畅销书，叫《离开中国制造的一年》（*A Year Without "Made in China"*），讲美国一家人试着不用中国货的生活实验。书本身乏善可陈，但其中的一些情绪在美国普通百姓中颇具代表性。这些情绪在之后的十多年间慢慢发酵，民间反全球化倾向越来越明显。2018年6月，世界银行前首席经济学家巴苏（Basu）教授来复旦大学经济学院演讲，谈到中美贸易战时说："我来自印度，过去的大半辈子，一直都是发达国家用各种手段打开发展中国家市场，要求贸易。没想到世界有一天会倒过来。"

我国经济的崛起直接得益于全球化，但因为自身体量大，也给全

247

球体系带来了巨大冲击。2001年加入WTO之后，我国迅速成为"世界工厂"。2010年，制造业增加值超过美国，成为全球第一。2019年，制造业增加值已占到全球的28%（图7-1）。我国出口的产品不仅数量巨大，技术含量也在不断提升。2019年出口产品中的三成可以归类为"高技术产品"，而在这类高技术产品的全球总出口中，我国约占四分之一。由于本土制造业体量巨大，全球产业链在向我国集聚，也带动了本土供应商越来越壮大。因此我国出口模式早已不是简单的"来料加工"，绝大部分出口价值均由本土创造。2005年，我国每出口100美元就有26美元是从海外进口的零部件价值，只有74美元的价值来

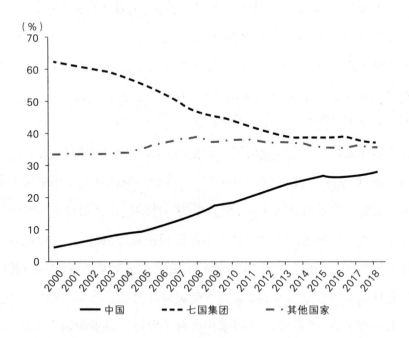

数据来源：世界银行。七国集团即英、美、日、德、法、意、加。

图 7-1　各国制造业增加值占全球比重

自国内（包括在国内设厂的外资企业生产的价值）。2015年，来自海外供应链的价值从26%下降到了17%。[1]

这些巨大的成功背后，也隐藏着两重问题。第一是内部经济结构失衡：重生产、重投资，相对轻民生、轻消费，导致与巨大的产能相比，国内消费不足，而消化不了的产品只能对外输出。这就带来了第二个问题：国外需求的不稳定和贸易冲突。过去20年，世界制造业中我国的占比从5%上升到28%，对应的是"七国集团"占比从62%下降到37%，而所有其他国家占比几乎没有变化（图7-1）。这背后不仅是中国经济面貌翻天覆地的变化，也是发达国家经济结构的巨大变化。面对剧烈调整，出现贸易冲突甚至贸易战，一点也不奇怪。

本章第一节分析国内经济结构的失衡问题，这与地方政府发展经济的模式直接相关，也影响了对外贸易失衡。第二节以中美贸易战为例，讨论中国经济对外国形成的冲击和反弹。在这些大背景下，2020年中央提出"推动形成以国内大循环为主体、国内国际双循环相互促进的新发展格局"。第三节分析这一格局所需要的条件和相关改革。

第一节　低消费与产能过剩

我国经济结构失衡的最突出特征是消费不足。在2018年GDP

---

[1]　制造业和出口总量数据来自世界银行。出口品中来自海外的增加值占比，来自经济合作与发展组织（OECD）的TiVA（trade in value-added）数据库。

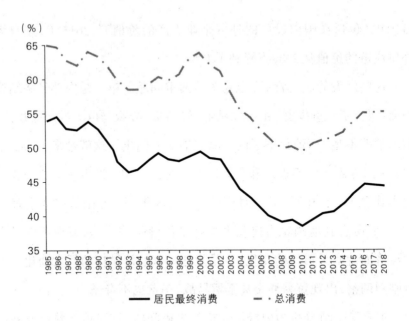

数据来源:《中国统计年鉴2020》。

图 7-2　中国消费占 GDP 比重

中,居民最终消费占比只有44%,而美国这一比率将近70%,欧盟和日本也在55%左右。[1] 从20世纪80年代到2010年,我国总消费(居民消费+政府消费)占GDP的比重从65%下降到了50%,下降了足足15个百分点,之后逐步反弹到了55%(图7-2)。居民消费占GDP的比重从80年代的54%一直下降到2010年的39%,下降了15个百分点。图中总消费和居民最终消费间的差距就是政府消费,一直比较稳定,占GDP的11%左右。

---

[1]　此处使用"实际最终消费支出",即考虑了各种转移支付之后的实际支出,要高于按GDP支出法直接计算的消费支出。

居民消费等于收入减去储蓄，下面这个简单的等式更加清楚地说明了这几个变量间的关系：

$$\frac{消费}{GDP}=\frac{可支配收入-储蓄}{GDP}=\frac{可支配收入}{GDP}\left(1-\frac{储蓄}{可支配收入}\right)$$

所以当我们观察到消费占GDP的比重下降时，无非就是两种情况：或者GDP中可供老百姓支配的收入份额下降了，或者老百姓把更大一部分收入存了起来，储蓄率上升了。实际上这两种情况都发生了。在图7-3中可以看到，从20世纪90年代到2010年，居民可支配收入占GDP的比重从70%下降到了60%，下降了10个百分点，之后逐

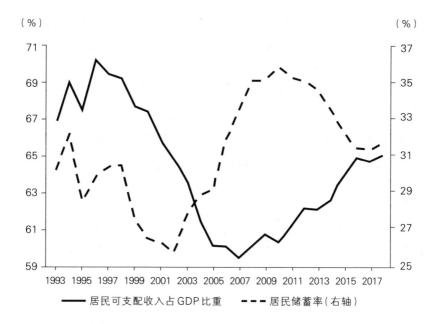

数据来源：《中国统计年鉴2020》。

图7-3　居民可支配收入占GDP比重及储蓄占可支配收入比重

步反弹回65%。而居民储蓄率则从21世纪初的25%上升了10个百分点，最近几年才有所回落。这一降一升，都与地方政府推动经济发展的模式密切相关，对宏观经济影响很大。

居民高储蓄

我国居民储蓄率很高，20世纪90年代就达到了25%—30%。同期美国的储蓄率仅为6%—7%，欧洲主要国家比如德、法就是9%—10%。日本算是储蓄率高的，也不过12%—13%。国家之间储蓄率的差异，可以用文化、习惯甚至语言和潜意识来解释。可能中国人历来就是特别勤俭，舍不得花钱。前些年有一个很吸引眼球的研究，讲世界各地的语言与储蓄率之间的关系。很多语言（如英语）是有时态的，因此在讲到"过去""现在""未来"时，语法要改变，会让人产生一种"疏离感"，未来跟现在不是一回事，何必担心未来，活在当下就好。因此说这种语言的人储蓄率较低。很多语言（如汉语）没有时态，"往日之我""今日之我""明日之我"绵延不断，因此说这类语言的人储蓄率也较高。[1]

天马行空的理论还有不少，但语言、文化、习惯等因素长期不变，解释不了我国储蓄率近些年的起起落落，所以还得从分析经济环境的变化入手。目前主流的解释是计划生育、政府民生支出不足、房

---

[1] 参见洛杉矶加州大学行为经济学家陈（Chen）的论文（2013）。

价上涨三者的共同作用。[1]计划生育后,人口中的小孩占比迅速下降,工作年龄人口(14—65岁)占比上升,他们是储蓄主力,所以整体储蓄率从20世纪80年代就开始上升。孩子数量减少后,"养儿防老"的功效大打折扣,父母必须增加储蓄来养老。虽然父母会对仅有的一个孩子加大培养力度,增加相关支出尤其是教育支出,但从整体来看,孩子数量的减少还是降低了育儿支出,增加了居民储蓄。21世纪初,独生子女们开始陆续走上工作岗位,而随着城市化大潮、商品房改革和房价上涨,他们不仅要攒钱买房、结婚、培养下一代,还要开始分担多位父母甚至祖父母的养老和医疗支出,储蓄率于是再次攀升。[2]

这一过程中的几个要素,都与地方政府有关。首先是房价上涨,这与地方政府以"土地财政"和"土地金融"推动城市化的模式密切相关(第二章和第五章)。在那些土地供应受限和房价上涨快的地区,居民要存钱付首付、还按揭,储蓄率自然上升,消费下降。虽然房价上涨会增加有房者的财富,理论上可能刺激消费,降低储蓄,但大多数房主只有一套房,变现能力有限,消费水平主要还是受制于收入,房价上升的"财富效应"并不明显。所以整体上看,房价上升拉低了消费,提

---

[1]　IMF 的张龙梅等人的论文(Zhang et al., 2018)总结了解释中国储蓄率变化的各种研究。

[2]　南加州大学伊莫若霍罗格鲁(Imrohoroglu)和康涅狄格大学赵开的论文(2018)及伦敦政治经济学院金刻羽等人的论文(Choukhmane, Coeurdacier and Jin, 2019)讨论了"养儿防老"和计划生育等因素对储蓄率的综合影响。

高了储蓄。[1]

其次,地方政府"重土地、轻人"的发展模式将大量资源用在了基础设施建设和招商引资上,民生支出比如公立教育和卫生支出相对不足(第五章)。而且教育和医疗等领域由于体制原因,市场化供给受限,市场化服务价格偏高,所以家庭需要提高储蓄以应对相关支出。这也造成了一个比较独特的现象:我国老年人的储蓄率偏高。一般来讲,人在年轻时储蓄,年老时花钱,因此老年人储蓄率一般偏低。但我国老人的储蓄率也很高,因为要补贴儿女的住房支出和第三代的教育费用,还有自身的医疗费用等。此外,地方政府常年按照户籍人口规模来规划公共服务供给,满足不了没有户籍的常住人口的需要。这些人难以把妻儿老小接到身边安心生活,因此在耐用品消费、住房和教育消费等方面都偏低。他们提高了储蓄,把钱寄回了外地家里。这些外来人口数量庞大,也推高了整体储蓄率。[2]

居民收入份额低

居民消费不足不仅是因为储蓄率高,能省,也是因为确实没钱。

---

[1] 中央财经大学陈斌开和北京大学杨汝岱的论文(2013)分析了各地土地供给和住房价格对城镇居民储蓄的影响,认为房价是储蓄上升的主要推手。西南财经大学万晓莉和严予若以及北京师范大学方芳的论文(2017)估计了房价上涨对消费影响的"财富效应"非常小,影响消费的主因还是收入。

[2] IMF 的张龙梅等人(Zhang et al., 2018)对比了我国和其他国家在公共教育、医疗、养老等方面的支出差异。IMF 的夏蒙(Chamon)和康奈尔大学的普拉萨德(Prasad)在一份研究中(2010)描绘了我国老年人的高储蓄率,认为城镇居民在教育和医疗上的高支出是推高储蓄率的主因。中央财经大学陈斌开、上海交通大学陆铭、同济大学钟宁桦(2010)分析了我国城市移民消费不足的问题。

从21世纪初开始,在整个经济蛋糕的分配中,居民收入的份额就一直在下降,最多时下降了10个百分点,之后又反弹回来5个百分点(图7-3)。在经济发展过程中,这种先降后升的变化并不奇怪。在发展初期,工业化进程要求密集的资本投入,资本所得份额自然比在农业社会中高。与一把锄头一头牛的农业相比,一堆机器设备的工业更能提高劳动生产率和劳动收入水平,但劳动所得在总产出中的占比也会相对资本而下降。20世纪90年代中后期,我国工业化进程开始加速,大量农业劳动力转移到工业,因此劳动相对于资本的所得份额降低了。此外,在工业部门内部,与民营企业相比,国有企业有稳定就业和工资的任务,雇工人数更多,工资占比更大,因此90年代中后期的大规模国企改革也降低了经济中劳动收入所占的份额。[1]随着经济的发展,服务业逐渐兴起,劳动密集程度高于工业,又推动了劳动收入占比的回升。

在这一结构转型过程中,地方政府推动工业化的方式加速了资本份额的上升和劳动份额的下降。第二至第四章介绍了地方招商引资和投融资模式,这是一个"重企业、重生产、重规模、重资产"的模式。地方政府愿意扶持"大项目",会提供各种补贴,包括廉价土地、贷款贴息、税收优惠等,这都会刺激企业加大资本投入,相对压缩人力需求。虽然相对发达国家而言,我国工业整体上还是劳动密集型的,但相对我国庞大的劳动力规模而言,工业确实存在资本投入过度的扭曲

---

[1]　经济发展会导致产业结构变化,推动劳动收入份额起伏,可参考复旦大学罗长远、张军的论文(2009)与清华大学白重恩、钱震杰的论文(2009),后者也估计了国企改革的影响。

现象。加入WTO之后，一方面，进口资本品关税下降，增加了企业的资本投入；另一方面，工业在东南沿海集聚引发大规模人口迁移，而与户籍和土地有关的政策抬高了房价和用工成本，不利于外来人口安居乐业，"用工荒"现象屡有发生，企业于是更加偏向资本投入。[1]

当然，资本相对劳动价格下降后，企业是否会使用更多资本，还取决于生产过程中资本和劳动的可替代性。如今各种信息技术让机器变得越来越"聪明"，能做的事越来越多，对劳动的替代性比较高，所以机器相对劳动的价格下降后，的确挤出了劳动。[2]举个例子，我国是世界上最大的工业机器人使用国，2016年就已占到了世界工业机器人市场的三成，一个重要原因就是用工成本上升。[3]

从收入角度看，国民经济分配中居民占比下降，政府和企业的占比就必然上升。同理，从支出角度看，居民消费占比下降，政府和企业支出占比就会上升，这些支出绝大多数用于了投资。也就是说，居民收入转移到了政府和企业手中，变成了公路和高铁等基础设施、厂

---

[1]　上海交通大学陆铭的著作（2016）分析了这种"过度资本化"的制度成因。北京大学余淼杰和梁中华的论文（2014）指出，加入 WTO 后，企业引进资本品和技术的成本下降，刺激了企业用资本替换劳动。

[2]　有个经济学概念叫"资本对劳动的替代弹性"。该弹性若大于 1，资本相对价格下降后，企业就会使用更多资本、更少劳动，导致收入分配中劳动的份额下降。复旦大学陈登科和陈诗一的论文（2018）指出上述替代弹性在我国工业企业中大于 1。明尼苏达大学卡拉巴布尼斯（Karabarbounis）和芝加哥大学奈曼（Neiman）的论文（2014）指出，资本品价格相对下降引起的劳动份额占比下降，是个全球性的现象。

[3]　武汉大学陈虹和李丹丹，以及圣地亚哥加州大学贾瑞雪和斯坦福大学李宏斌等人的论文（Chen et al., 2019）介绍了我国工业机器人的应用情况。

房和机器设备等，而老百姓汽车和家电等消费品占比则相对降低。此外，总支出中还有一块是外国人的支出，也就是我国的出口。居民消费支出占比下降，不仅对应着投资占比上升，也对应着出口占比上升。因此在很长一段时间里，拉动我国GDP增长的主力是投资和出口，而国内消费则相对不振。

该如何评价这种经济发展模式？首先要注意上文讲的都是相对份额，不是绝对数量。整个经济规模在急速膨胀，老百姓的收入占比虽然相对下降了，但水平在迅速上升。消费和投资水平也都在迅速上涨，只不过速度快慢有别罢了。

从经济增长角度看，资本占比上升意味着人均资本数量增加，这是提高生产率和实现工业化的必经阶段。我国几十年内走完了西方几百年的工业化进程，必然要经历资本积累阶段。欧美和日韩也是如此。英国的"圈地运动"和马克思描述的"原始资本"积累过程，读者们想必耳熟能详。近些年兴起的"新资本主义史"，核心议题之一正是欧美资本积累过程中的"强制性"，比如欧洲列强对殖民地的压榨和美国的奴隶制等。[1] 而在"东亚奇迹"中，人民的勤奋、高储蓄、高投资和资本积累举世闻名。我国也不例外。除了人民吃苦耐劳之外，各种制度也在加快资本积累。比如计划经济时期的粮食"统购统销"、工农业产品价格"剪刀差"等，都是把剩余资源从农业向工业转移。而在城镇，为了降低企业使用资金的成本，刺激投资和工业化，银行压

---

[1]　哈佛大学史学家贝克特的著作（2019）是"新资本主义史"代表作之一，是一部杰作。但其中一些失实和夸大之处，也招致了经济史学家的批评，比如戴维斯加州大学奥姆斯特德（Olmstead）和密歇根大学罗德（Rhode）的精彩论文（2018）。

低了给企业的贷款利息。为了保证银行的运转和利差收入,银行给居民储蓄的利率就被压低了。这种"金融抑制"降低了居民的收入。而居民在低利率下为了攒足够的钱,也提高了储蓄率,降低了消费。[1]

若单纯从经济增长的逻辑出发,穷国底子薄,增长速度应该更快,而像美国这样的巨无霸,每年即便只增长1%—2%,从绝对数量上看也非常惊人,很不容易。假如穷国增长快而富国增长慢的话,久而久之,各国的经济发展水平应该趋同。但实际上并非如此——除了一个部门,那就是制造业。制造业生产率低的国家,生产率进步确实快,而制造业生产率高的国家,进步也的确慢。[2]可见制造业的学习效应极强,是后发国家赶超的基石。久而久之,后发国家的制造业生产率就有机会与先进国家"趋同"。那为什么经济整体却没有"趋同"呢?最关键的原因,是很多国家无法组织和动员更多资源投入制造业,无法有效启动和持续推进工业化进程。

因此,在经济发展初期,将更多资源从居民消费转为资本积累,变成基础设施和工厂,可以有效推动经济起飞和产业转型,提高生产率和收入。而且起步时百废待兴,基础设施和工业水平非常落后,绝大多数投资都有用,都有回报,关键是要加大投资,加速资本积累。而在资本市场和法律机制还不健全的情况下,以信用等级高的政府和国企

---

[1] 关于"亚洲奇迹"和"中国奇迹"这种"重积累、重投资"的模式(其实相当程度上是工业化的一般模式),有两本书做了系统、深入且生动通俗的描述和分析。一本来自史塔威尔(2014),另一本来自中国社会科学院的蔡昉、李周与北京大学的林毅夫(2014)。

[2] 哈佛大学罗德里克(Rodrik)的论文(2013)描述和分析了全球制造业生产率的"趋同"现象。

来调动资源，主导基础设施和工业投资，是有效的方式。

但当经济发展到一定阶段后，这种方式就不可持续了，会导致四个问题。第一，基础设施和工业体系已经比较完善，投资什么都有用的时代过去了，投资难度加大，因此投资决策和调配资源的体制需要改变，地方政府主导投资的局面需要改变。这方面前文已说过多次（第三章和第六章），不再赘述。第二，由于老百姓收入和消费不足，无法消化投资形成的产能，很多投资不能变成有效的收入，都浪费掉了，所以债务负担越积越重，带来了一系列风险（第六章），这种局面也必须改变。第三，劳动收入份额下降和资本收入份额上升，会扩大贫富差距。因为与劳动相比，资本掌握在少数人手中。贫富差距持续扩大会带来很多问题，社会对此的容忍度是有限的（第五章）。第四，由于消费不足和投资过剩，过剩产能必须向国外输出，而由于我国体量巨大，输出产能会加重全球贸易失衡，引发贸易冲突（见下节）。

在这个大背景下，党的十九大报告将我国社会的主要矛盾修改为"人民日益增长的美好生活需要和不平衡不充分的发展之间的矛盾"。所谓"不平衡"，既包括城乡间和地区间不平衡以及贫富差距（第五章），也包括投资和消费等经济结构不平衡。而"不充分"的一个重要方面，就是指老百姓收入占比不高，"获得感"不够。

针对居民收入占比过低的问题，党的十九大提出要"提高就业质量和人民收入水平"，并明确了如下原则："破除妨碍劳动力、人才**社会性流动**的体制机制弊端，使人人都有通过辛勤劳动实现自身发展的机会。**完善政府、工会、企业共同参与的协商协调机制**，构建和谐劳动关系。坚持按劳分配原则，完善按要素分配的体制机制，促进收入分配更合理、更有序。鼓励勤劳守法致富，**扩大中等收入群体，增加低收入者收入，调节过高收入，取缔非法收入**。坚持在经济增长的同时实现居民收入**同步**增长、在劳动生产率提高的同时实现劳动报酬**同步**提高。拓宽居民劳动收入和**财产性收入**渠道。履行好政府再分配调节职能，加快推进**基本公共服务均等化，缩小收入分配差距**。"

如果人们把收入中的固定比例用于消费，那要想提高消费占GDP的比重，只让居民收入增长与经济增长"同步"是不够的，必须让居民收入增长快于经济增长，居民收入份额才能提高，居民消费占GDP的比重也才能提高。2020年11月，国务院副总理刘鹤在《人民日报》发表题为"加快构建以国内大循环为主、国内国际双循环相互促进的新发展格局"的文章，其中就提到"要坚持共同富裕方向，改善收入分配格局，扩大中等收入群体，努力使居民收入增长**快于**经济增长"。

要落实十九大提出的这些原则，需要很多具体改革。第二章介绍了公共支出方面的改革，要求地方政府加大民生支出。第三章介绍了官员评价体系的改革，要求地方官员重视民生支出和解决不平衡不充分的问题。第五章介绍了要素市场改革，试图提高劳动力收入，降低房价和居民债务负担，以增加消费。这里再举一例，即国有企业资本划转社保基金的改革。

在国民收入分配中，居民收入份额的下降很大程度上对应着企业留存收入份额（即"企业储蓄"）的上升。要想增加居民收入，就要把这些企业留存资源转给居民。民营企业整体利润率比国企高，所以留存收入或"总储蓄"较多，但这些钱都用作了投资，还不够，所以"净储蓄"是负的,还要融资。而国企整体盈利和"总储蓄"比民营企业少,但"净储蓄"却是正的。"净储蓄"虽是正的,国企的平均分红率比民营企业要低。[1]2017年,国务院提出将国有企业(中央和地方)包括金融机构的股权划归社保基金,划转比例统一为10%。2019年改革提速,要求央企在2019年完成划转,地方国企在2020年底基本完成划转。[2]这项改革涉及数万亿元资金和盘根错节的利益,难度很大,但必须下决心完成。毕竟,在当初的社保改革中,国企退休老职工视同已经缴费,造成的社保基金收支缺口也理应由国企资产来填补。2019年底,央企1.3万亿元的划转已经完成。本章写作时的2020年初,地方国企的划转还在推进过程中。

产能过剩、债务风险、外部失衡

在一个开放的世界中,内部失衡必然伴随着外部失衡。本国生产的东西若不能在本国消化,就只能对外输出。GDP由三大部分组成:消费、投资、净出口(出口减进口)。我国加入WTO之后,投资和

---

[1] IMF的张龙梅等人(Zhang et al., 2018)估计了国企和民企的储蓄率和分红率。公司储蓄率或留存利润的上升,也是个全球性的现象,比如美国苹果公司账上的天量现金。这方面的研究很多,可参考明尼苏达大学卡拉巴布尼斯(Karabarbounis)和芝加哥大学奈曼(Neiman)近几年的论文(Chen, Karabarbounis and Neiman, 2017; Karabarbounis and Neiman, 2019)。

[2] 2017年,国务院印发《划转部分国有资本充实社保基金实施方案》。2019年,财政部、人力资源社会保障部、国资委、国家税务总局、证监会等五部门联合印发《关于全面推开划转部分国有资本充实社保基金工作的通知》。

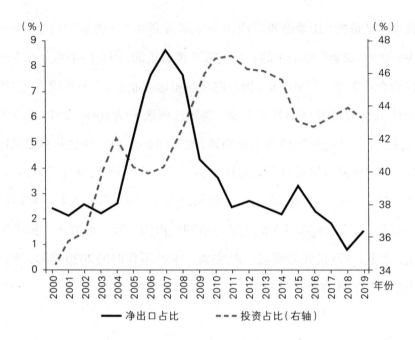

图例：—— 净出口占比　---- 投资占比（右轴）

数据来源：《中国统计年鉴2020》。"净出口"按支出法GDP计算。

图 7-4　净出口与投资占 GDP 比重

净出口占比猛增（图7-4），消费占比自然锐减（图7-2）。这种经济结构比较脆弱，不可持续。一来外国需求受国外政治、经济变化影响很大，难以掌控；二来投资占比不可能一直保持在40%以上的高位。超出消费能力的投资会变成过剩产能，浪费严重。欧美发达国家投资占GDP的比重只有20%—23%。

虽然从会计核算角度讲，投资确实可以提升当下的GDP数字，但若投资形成的资产不能提高生产率、带来更高的收入，不能成为未来更高的消费，这种投资就没有形成实质性的财富，就是浪费。假如政府借钱修了一条路，很多人都用，降低了通勤和物流成本，提高了生产率，那就是很好的投资。但若政府不断挖了修、修了再挖，或干脆把路修到人迹罕至之处，经济账就算不回来了。这些工程所带来的收入远远抵不上成本，结果就是债务越积越高。虽然修路时的 GDP 上升了，但实际资源是被浪费掉了。这种例子并不罕见。当下尚未将这些损失入账，但未来迟早会出现在账上。

　　投资和消费失衡不是新问题。早在 2005—2007 年，我国家庭收入和消费占 GDP 的比重就已经下降到了低点（图 7-2 和图 7-3）。当时政府已经意识到了这个问题，时任国务院总理温家宝在 2007 年就曾提出："中国经济存在着巨大问题，依然是不稳定、不平衡、不协调、不可持续的结构性的问题"，比如"投资与消费者之间不协调，经济增长过多地依赖于投资和外贸出口"。[1] 但 2008 年全球金融危机爆发，我国出口锐减，不得已出台"4 万亿"计划，加大投资力度，导致投资占 GDP 的比重从已然很高的 40% 进一步上升到 47%（图 7-4），虽然弥补了净出口下降造成的 GDP 缺口，稳定了经济增长，但也强化了结构失衡问题。2011 年又逢欧债危机，所以始终没有机会切实调整经济结构。2007—2012 年，消费占比、居民收入占比、居民储蓄率几乎没有变化（图 7-2 和图 7-3）。由于国内居民收入和消费不足，国外需求也不足，所以企业投资实体产业的动力自然也就不足，导致大量投资流入了基础设施投资和房地产，带动了房价和地价飙升，提升了债务负担和风险（第三章到第六章）。直到 2012 年党的十八大之后，才开始逐步推行系统的"供给侧结构性改革"。

---

[1]　参见十届全国人大五次会议闭幕后温家宝答中外记者问（2007 年 3 月）。

因为我国消费占比过低,纵然极高的投资率也还是无法完全消纳所有产出,剩余必须对外出口。我国出口常年大于进口,也就意味着必然有其他国家的进口常年大于出口,其中主要是美国。由于我国体量巨大,对国际贸易的冲击也巨大,所带来的经济调整并不轻松。

当然,国内和国际是一体两面,国内失衡会导致国际失衡,而国际失衡反过来也可以导致国内失衡。我国国内失衡,生产多消费少,必须向外输出剩余。但反过来看,美国人大手支出,高价向我国购买,我国的相应资源也会从本国消费者向出口生产企业转移,以满足外国需求,这就加剧了国内的消费和生产失衡。2001年"9·11"事件之后到全球金融危机之前,美国发动全球反恐战争,消耗了大量资源,同时国内房地产持续升温,老百姓财富升值,也加大了消费,这些需求中很大一部分都要靠从中国进口来满足。美国由此累积了巨大的对外债务,最大的债主之一就是中国,同时也加剧了我国内部的经济失衡。全球金融危机之后,中美两国都开始了艰难的调整和再平衡。我国的调整包括"供给侧结构性改革"、要素市场改革,以及提出"国内大循环为主、国际国内双循环相互促进"的发展战略,等等。在美国,这种调整伴随着政治极化、贸易保护主义兴起等现象。

因此,贸易问题从来不是单纯的贸易问题,贸易冲突的根源也往往不在贸易本身。在一个开放的世界中,国内经济结构的重大调整,会直接影响到贸易总量。资源在居民、企业、政府间的不同分配格局,也会造成生产和投资相对消费的比重变化,进而影响经济的内外平衡。人们常说"外交是内政的延续",从宏观角度看,对外贸易失衡也是内部结构失衡的延续。

第二节　中美贸易冲突

各国内部经济结构的平衡程度,会反映到其国际收支状况中。我国国内产出没有被国内消费和投资完全消耗掉,因此出口大于进口,经常账户(可以简单理解为货物和服务进出口情况的总结)是顺差,对外净输出。美国的国内产出满足不了本国消费和投资需求,因此进口大于出口,经常账户是逆差,对外净输入。图7-5描绘了从20世纪90

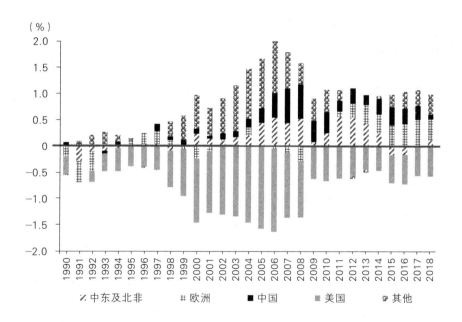

数据来源:万得数据库。

图 7-5　经常账户差额占全球 GDP 比重

年代至今的国际收支失衡情况,有的国家顺差(黑线之上,大于零),有的国家逆差(黑线之下,小于零)。逻辑上,全球经常账户总差额在各国互相抵消后应该为零。但在现实统计数据中,由于运输时滞或因逃税而虚报等原因,这个差额约占全球GDP的0.3%。

图7-5有两个显著的特点。第一,20世纪90年代的失衡情况不严重,约占全球GDP的0.5%以内。从21世纪初开始失衡加剧,在全球金融危机前达到顶峰,约占全球GDP的1.5%—2%。危机后,失衡情况有所缓解,下降到全球GDP的1%以内。第二,全球经常账户的逆差基本全部由美国构成,而顺差大都由中国、欧洲和中东构成。我国在加入WTO之后飞速发展,占全球顺差的份额扩大了不少,也带动了石油等大宗商品的"超级周期",油价飞涨,中东地区顺差因此大增。金融危机后,美国消费支出降低,同时美国国内的页岩油气革命彻底改变了其天然气和石油依赖进口的局面,而转为世界上最重要的油气生产国和出口国,油气的国际价格因此大跌,既降低了美国国际收支的逆差,也降低了中东地区国际收支的顺差。2017年,中国超过加拿大,成为美国原油最大的进口国。[1]

美国可以吸纳其他国家的对外净输出,当然离不开美国的经济实力和美元的国际储备货币地位。美国每年进口都大于出口,相当于不断从国外"借入"资源,是世界最大的债务国。但这些外债几乎都以美元计价,原则上美国总可以"印美元还债",不会违约。换句话说,

---

[1] 国际石油市场的变化总是引人遐想,充斥着各种阴谋论和地缘政治分析。但这些起伏背后最重要的因素依然是市场供求。中化集团王能全的著作(2018)分析了最近几十年的石油市场起伏,事实清楚,数据翔实,是很好的参考读物。

只要全世界还信任美元的价值，美国就可以源源不断地用美元去换取他国实际的产品和资源，这是一种其他国家所没有的、实实在在的"挥霍的特权"（exorbitant privilege）。[1]在美国的所有贸易逆差中，与中国的双边逆差所占比重不断加大，从21世纪头几年的四分之一上升到了最近五年的五成到六成。因此美国虽和多国都有贸易冲突，但一直视中国为最主要对手。[2]

就业与政治冲击

在中美贸易冲突中，美国政客和媒体最常提起的话题之一就是"中国制造抢走了美国工人的工作"。主要论据如下：20世纪90年代美国制造业就业占劳动人口的比重一直比较稳定，但在中国加入WTO之后，中国货冲击美国各地，工厂纷纷转移至海外，制造业就业占比大幅下滑。受中国货冲击越严重的地区，制造业就业下滑越多。[3]

从数据上看，似乎确实有这个现象。图7-6中两条黑线中间的部分显示：20世纪90年代，美国制造业就业占劳动人口的比重稳定在15%左右，从2001年开始加速下滑，2008年全球金融危机前下降到了11%。

---

[1]　美元特权的源起和影响，著述很多，可参考伯克利加州大学艾肯格林（Eichengreen）的通俗介绍（2019）。

[2]　美国贸易逆差和中美双边贸易差额的数据，来自美国的BEA和人口普查局（Census Bureau）。

[3]　麻省理工学院的奥托尔（Autor）等人的论文影响很大（Autor, Dorn and Hanson, 2013）。

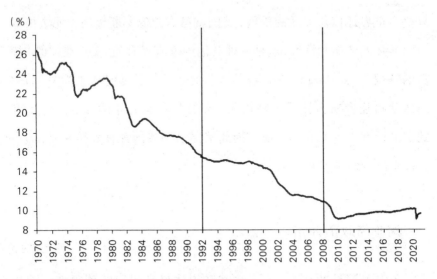

数据来源：FRED数据库，美联储圣路易斯分行。

注：横轴刻度为当年1月1日。

图 7-6　美国制造业就业占工作年龄人数比重

然而在两条黑线之外，更明显的现象是制造业就业从70年代开始就一直在下降，从26%一直下降到个位数。就算把21世纪初下滑的4个百分点全赖在和中国的贸易头上，美国学界和媒体所谓的"中国综合征"在这个大趋势里也无足轻重。此外，虽然制造业就业一直在下跌，但是从1970年到2013年，制造业创造的增加值占美国GDP的比重一直稳定在13%左右。[1] 人虽少了，但产出并没有减少，这是典型的技术进步和生产率提高的表现。机器替代了人工而已，并没什么特别之处。农

_____

[1] 这是在调整完价格因素之后的比重，数据来自哈佛大学罗德里克（Rodrik）的论文（2016）。

业技术进步也曾让农民越来越少，但农业产出并没有降低。另一方面，从中国进口的产品价格低廉，降低了使用这些产品的部门的成本，刺激了其规模和就业扩张，其中既有制造业也有服务业。虽然确有部分工人因工厂关闭而失业，但美国整体就业情况并未因中美贸易而降低。[1]

然而在民粹主义和反全球化情绪爆发的年代，讲道理没人听。失业的原因有很多，技术进步、公司管理不善、市场需求变化等。但如今不少美国人，似乎普遍认为"全球化"才是祸根，"贸易保护"才是良方。最近的一个基于大规模网络民调的实验很能说明问题。实验人员给被试者看一则新闻，说一家美国公司做出了一些经营调整，既不说调整原因，也没说要裁员，但特朗普的支持者中就有接近两成的人建议"贸易保护"。如果调整一下这则新闻的内容，提到裁员，但明确说原因不是因为贸易冲击，而是因为经营不善或市场变化等其他因素，特朗普支持者中建议"贸易保护"的人会上升到将近三成。如果再调整一下，明确说裁员是因为贸易冲击，特朗普支持者中建议"贸易保护"的人将达到半数。而此时就算政治倾向偏中间，甚至偏克林顿的人，建议"贸易保护"的倾向也会大幅上升。这些倾向不只是说说而已，会直接影响投票结果。[2]

---

[1]　从中国的进口刺激了很多部门的就业，尤其是使用中国货作为投入的部门。详细分析和证据来自乔治梅森大学王直和哥伦比亚大学魏尚进等人的研究（Wang et al., 2018）以及斯坦福大学布鲁姆（Bloom）等人的研究（2019）。

[2]　实验结果来自哈佛大学迪泰拉（Di Tella）和罗德里克（Rodrik）的研究（2020）。麻省理工学院的奥托尔（Autor）等人的论文（2020）指出，那些受贸易冲击较大的地区，投票中的政治倾向两极分化更为严重。

技术冲击

中国制造业崛起和中美贸易对美国的就业冲击其实不重要。相比之下，对美国的技术冲击和挑战更加实实在在，这也是中美贸易冲突和美国技术遏制可能会长期化的根本原因。虽然制造业占美国就业的比重已是个位数，但制造业依旧是科技创新之本，美国研发支出和公司专利数量的六七成均来自制造业企业。[1]

图7-7描绘了我国各项指标相对美国的变化。首先是制造业增加值。1997年，我国制造业增加值只相当于美国的0.14，但2010年就超过了美国，2018年已经相当于美国的1.76倍。其次是技术，衡量指标是国际专利的申请数量，数据来自世界知识产权组织（WIPO）的"专利合作条约"（PCT）系统。自1978年该系统运作以来，美国在2019年首次失去了世界第一的位置，被中国超越。再次是更加基础的科学，衡量指标是国际高水平论文的发表数量，即"自然指数"（Nature Index）。这项指数只包括各学科中国际公认的82本高质量学报上发表的论文，从中计算各国作者所占比例。2012年，我国的数量只相当于美国的0.24，略高于德国和日本，但2019年已经达到了美国的0.66，相当于德国的3倍，日本的4.4倍。

---

[1] 数据来自麻省理工学院的奥托尔及乔治亚理工学院舒翻等人的研究（Autor et al., 2019）。

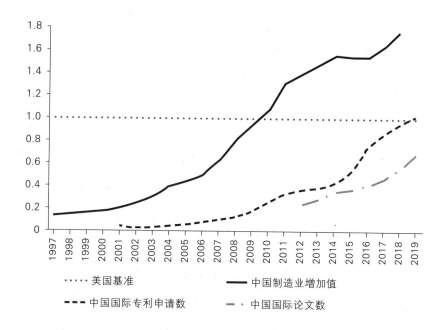

数据来源：制造业增加值数据来自世界银行；国际专利申请数量来自世界知识产权组织；国际论文发表数量来自"自然指数"。

图 7-7　中美科技相对变化（美国各项指标设为 1）

　　这些数量指标当然不能完全代表质量。但在工业和科技领域，没有数量做基础，也就谈不上质量。此外，这些数据都是每年新增的流量，不是累积的存量。若论累积的科技家底，比如专利保有量和科研水平，中国还远远赶不上美国。这就好比一个年轻人，多年努力后年薪终于突破百万，赶上了公司高管的水平，但老资格的高管们早已年薪百万了几十年，累积的财富和家底自然要比年轻人厚实得多。但这个年薪百万的流量确实传递了一个强烈的信号：年轻人已非昔日吴下阿蒙,已经具备了挣钱的能力,势头很猛,未来可期,累积家底大约只是时间问题。如今人们对"中国制造"的产品质量的认可度远高于10年前,这个认知有个滞后的过程。对技术和科学,也是同样的道理。

对站在科技前沿的国家来说,新技术的发明和应用一般从科学研究和实验室开始,再到技术应用和专利阶段,然后再到大规模工业量产。但对一个后起的发展中国家来说,很多时候顺序是反过来的:先从制造环节入手,边干边学,积累技术和经验,然后再慢慢根据自身需要改进技术,创造一些专利。产品销量逐步扩大、技术逐步向前沿靠拢之后,就有了更多资源投入研发,推进更基础、应用范围更广的科研项目。2010年,我国制造业增加值超过美国。又过了10年,2019年中国的国际专利申请数量超过美国。而按照目前的科学论文增长率,2025年左右中国就可能超过美国(图7-7)。

所以对后发国家来说,工业制造是科技进步的基础。世界上没有哪个技术创新大国不是制造业大国(至少曾经是)。而从制造业环节切入全球产业链分工,也是非常正确的方式,因为制造业不仅有学习效应,还有很强的集聚效应和规模效应。最近十几年,我国制造业产业链的优势一直在自我强化,不断吸引供应链上的外国企业来中国设厂,而本国的上下游厂商也发展迅猛,产业链协同创新的效应也很强。我国出口产品中最大的一类是通信技术设备和相关电子产品(比如手机)。2005年,这类出口品中海外进口部件价值的占比高达43%,本土创造的价值只有57%。但到了2015年,来自海外的价值下降到了

30%。[1]

　　我用苹果公司生产的iPhone来举个例子。多年前，媒体和分析家中流传一种说法：一台"中国制造"的iPhone，卖大几百美元，但中国大陆贡献的价值只不过是富士康区区二三美元的组装费。最近两年，仍然时不时还会看到有人引用这个数据，但这与事实相差太远。苹果公司每年都会公布前200家供应商名单，这些公司占了苹果公司原材料、制造和组装金额的98%。在2019年版的名单中，中国大陆和香港的企业一共有40家，其中大陆企业30家，包括多家上市公司。[2]在A股市场上，早有所谓的"果链概念"，包括制造iPhone后盖的蓝思科技、摄像头模组的欧菲光、发声单元的歌尔股份、电池的德赛电池等上市公司。虽然很难估计在一台iPhone中，中国（含香港）产业链贡献的精确增加值，但从国内外一些"拆机报告"中估计的各种零部件价格看，中国（含香港）企业应该贡献了iPhone硬件价值的两成左右。

　　从理论上说，中美贸易不一定会损害美国的科技创新。虽然一些实力较弱的企业在和中国的竞争中会丧失优势，利润减少，不得不压缩研发支出和创新活动，最终可能倒闭。但对于很多大公司来说，把制造环节搬到中国，靠近全球最大也是增长最快的市场，会多赚很多钱，再将这些利润投入位于美国的研发部门，不断创新和提升竞争优

---

[1]　数据来自经济合作与发展组织（OECD）的TiVA数据库。

[2]　公司的具体名单和简要介绍，可参考宁南山发表在其公众号的文章《从2019年苹果全球200大供应商看全球电子产业链变化》。

势，最终美国的整体创新能力不一定会受负面影响。[1]但在美国政坛和媒体中，这些年保守心态占了上风，对华技术高压政策可能会持续下去。假如世界上最大的市场和最强的科创中心渐行渐远的话，对双方乃至全世界都会是很大的损失。毕竟我国在基础科研质量、科技成果转化效率等方面，还有很长的路要走，而美国要想在全球再找一个巨大的市场，也是天方夜谭。没有了市场，美国公司持续不断的高额研发支出很难持续，也就难以长久维持技术优势。同时，技术高压虽然可能让我国企业在短期内受挫，但很多相对落后的国产技术也因此获得了市场机会，可能提高市场份额和收入，进而增大研发力度，进入"市场—研发—迭代—更大市场"的良性循环，最终实现国产替代。但这一切的前提，是我国国内市场确实能继续壮大，国民消费能继续提升，能真正支撑起"国内大循环为主体"的"双循环"模式。

第三节　再平衡与国内大循环

我国的经济发展很大程度得益于全球化，借助巨大的投资和出口，几十年内就成长为工业强国和世界第二大经济体。2019年，我国GDP相当于1960年全球GDP的总量（扣除物价因素后）。但过去的发展模式无法持续，经济结构内外失衡严重，而国际局势也日趋复杂，中央于是在2020年提出了"加快构建以国内大循环为主体、国内国际

---

[1]　这方面的理论可参考哈佛大学阿吉翁（Aghion）等人的论文（2018）。

双循环相互促进的新发展格局"。这是一个发展战略上的转型。

从本章的分析角度看，这一战略转型的关键是提高居民收入和消费。虽然政府目前仍然强调"供给侧结构性改革"，但所谓"供给"和"需求"，不是两件不同的事，只是看待同一件事的不同角度。比如从供给角度看是调节产能，从需求角度看就是调整投资支出；从供给角度看是产业升级，从需求角度看也就是收入水平和消费结构的升级。2020年12月的中央经济工作会议提出，"要紧紧扭住供给侧结构性改革这条主线，**注重需求侧管理**，打通堵点，补齐短板，贯通生产、分配、流通、消费各环节，**形成需求牵引供给、供给创造需求的更高水平动态平衡**"。

要提高居民收入，就要继续推进城市化，让人口向城市尤其是大城市集聚。虽然制造业是生产率和科技进步的主要载体，但从目前的技术发展和发达国家的经验看，制造业的进一步发展吸纳不了更多就业。产业链全球化之后，标准化程度越来越高，大多数操作工序都由机器完成。比较高端的制造业，资本密集度极高，自动化车间里没有几个工人。美国制造业虽然一直很强大，但吸纳的就业越来越少（图7-6），这个过程不会逆转。所以解决就业和提高收入必须依靠服务业的大发展，而这只能发生在人口密集的城市中。不仅传统的商铺和餐馆需要人流支撑，新兴的网约车、快递、外卖等都离不开密集的人口。要继续推进城市化，必须为常住人口提供相应的公共服务，让他们在城市中安居乐业。这方面涉及的要素市场改革，包括户籍制度和土地制度的改革，第五章已经详细阐释过。

要提高居民收入和消费，就要把更多资源从政府和企业手中转移出来,分配给居民。改革的关键是转变地方政府在经济中扮演的角色,遏制其投资冲动,降低其生产性支出,加大民生支出。这会带来四个方面的重要影响。其一,加大民生支出,能改变"重土地、轻人"的城市化模式,让城市"以人为本",让居民安居乐业,才能降低储蓄和扩大消费。其二,加大民生支出,可以限制地方政府用于投资的生产性支出。在目前的经济发展阶段,实业投资已经变得非常复杂,以往的盲目投资所带来的浪费日趋严重,降低了居民部门可使用的实际资源。而且实业投资过程大多不可逆,所以地方政府一旦参与,就不容易退出(第三章)。即便本地企业没有竞争力,政府也可能不得不持续为其输血,挤占了资源,降低了全国统一市场的效率(第四章)。其三,推进国内大循环要求提升技术,攻克各类"卡脖子"的关键环节。而科技进步最核心的要素是"人"。因此地方政府加大教育、医疗等方面的民生支出,正是对"人力资本"的投资,长远看有利于科技进步和经济发展。其四,加大民生支出,遏制投资冲动,还可能降低地方政府对"土地财政"和"土地金融"发展模式的依赖,限制其利用土地加大杠杆,撬动信贷资源,降低对土地价格的依赖,有利于稳定房价,防止居民债务负担进一步加重而侵蚀消费(第五章)。

要提高居民收入,还要扩宽居民的财产性收入,发展各种直接融资渠道,让更多人有机会分享经济增长的果实,这就涉及金融体系和资本市场的改革。但正如第六章所言,融资和投资是一体两面,如果投资决策的主体不改变,依然以地方政府和国企为主导,那融资体系也必然会把资源和风险向它们集中,难以实质性地推进有更广泛主体参与的直接融资体系。

"双循环"战略在强调"再平衡"和扩大国内大市场的同时,也强调了要扩大对外开放。如果说出口创造了更多制造业就业和收入的话,那进口也可以创造更多服务业就业和收入,包括商贸、仓储、物流、运输、金融、售后服务等。随着我国生产率的提高,人民币从长期看还会继续升值,扩大进口可以增加老百姓的实际购买力,扩大消费选择,提升生活水平,也能继续增强我国市场在国际上的吸引力。

世上从来没有抽象的、畅通无阻的市场。市场从建立到完善,其规模和效率都需要逐步提升,完善的市场本就是经济发展的结果,而不是前提。我国疆域广阔、人口众多,建立和打通全国统一的商品和要素市场,实现货物和人的互联互通,难度不亚于一次小型全球化,需要多年的建设和制度磨合。过去几十年,从铁路到互联网,我国各类基础设施发展极快,为全国统一大市场的发展打下了坚实基础,也冲击着一些旧有制度的藩篱。未来,只有继续推进各类要素的市场化改革,继续扩大开放,真正转变地方政府角色,从生产型政府转型为服务型政府,才能实现国内市场的巨大潜力,推动我国迈入中高收入国家行列。

结　　语

本书介绍了我国地方政府推动经济发展的模式,从微观机制开始,到宏观现象结束。总结一下,这一模式有三大特点。第一个特点是城市化过程中"重土地、轻人"。第二个特点是招商引资竞争中

"重规模、重扩张"。第三个特点是经济结构上"重投资、重生产、轻消费"。第五章和第六章分析了前两个特点的得失,并介绍了相关改革。本章则分析了第三个特点。其优点是能快速扩大投资和对外贸易,利用全球化的契机拉动经济快速增长,但缺点是经济结构失衡。对内,资源向企业和政府转移,居民收入和消费占比偏低,不利于经济长期发展;对外,国内无法消纳的产能向国外输出,加剧了贸易冲突。

经济结构再平衡,从来不是一件容易的事,往往伴随着国内的痛苦调整和国际冲突。2008年全球金融危机之后,全球经济进入大调整期,而我国作为全球经济增长的火车头和第二大经济体,百年来首次成为世界经济的主角,对欧美主导的经济和技术体系造成了巨大冲击,也面临巨大反弹和调整。其实对于常年关注我国经济改革的人来说,过去的40年中没有几年是容易的,经历过几次大的挑战和危机。所以我常跟学生调侃说经济增长不是请客吃饭,是玩儿命的买卖。站在岸边只看到波澜壮阔,看不见暗潮汹涌。

至于说落后的工业国在崛起过程中与先进国之间的种种冲突,历史上是常态。盖因落后国家的崛起,必然带有两大特征:一是对先进国的高效模仿和学习;二是结合本土实际,带有本国特色,发展路径与先进国有诸多不同之处。虽然第一个特征也常被先进国斥为"抄袭",但第二个特征中所蕴含的不同体制以及与之伴生的不同思想和意识,先进国恐怕更难接受。[1]

---

[1]　哈佛大学历史学家格申克龙（Gerschenkron）的杰作（2012）详细阐述了这两大特征所带来的冲突。

　　未来不可知，对中国经济的观察者而言，真正重要的是培养出一种"发展"的观念。一方面，理解发展目的不等于发展过程，发达国家目前的做法不一定能解决我们发展中面临的问题；另一方面，情况在不断变化，我们过去的一些成功经验和发展模式也不可能一直有效。若不能继续改革，过去的成功经验就可能成为负担甚至陷阱。要始终坚持实事求是，坚持具体问题具体分析，抛开意识形态，不断去解决实践中所面临的问题，走一条适合自己的发展道路。下一章会展开讨论这些观点。

— 扩展阅读 —

国际经济的力量深刻影响着国际关系和新闻中的天下大事,热闹而精彩。但国际经济学分析绕不开经常账户和汇率等基础知识,因此下文中的推荐阅读,可能需要些知识背景才能完全理解,但我尽量挑通俗而准确的读物,相信关心这些现象的读者能够读懂。

国际经济现象一环扣一环,冲击和调整一波接一波。今天回看2008年全球金融危机后的10年,世界经济政治格局已经发生了深刻的变化,其背后的经济因素和逻辑,第六章曾推荐过的经济史专家图兹的杰作 *Crashed: How a Decade of Financial Crises Changed the World*(2018)值得再次推荐。站在全球的角度再往前看,2008年的危机又是怎么来的呢? 这就不得不说到另一件影响深远的大事:1997—1998年的亚洲金融危机。香港证监会原主席沈联涛的著作《十年轮回:从亚洲到全球的金融危机》(2015)阐述了1997—2008年间的全球经济金融变迁,是一本杰作。那从1997年再往前呢? 回到风云变幻、自由市场思潮席卷全球的20世纪七八十年代,美联储前主席沃尔克和日本大藏省前副相行天丰雄合著的《时运变迁》(2016)也是一本杰作。他们亲历了石油危机、布雷顿森林体系解体、拉美债务危机、广场协议等一系列历史事件,思考深度和叙事细节,别人当然比不了。从更宏观的角度和更长的历史视角切入,伯克利加州大学埃森格林的杰作《资本全球化:一部国际货币体系史(原书第3版)》(2020)解释了国际货币和金融体系在过去百年间的演变,以及相关的各种政经大事。

北京大学光华管理学院佩蒂斯的两本书从多个角度解释了国际

不平衡的前因后果，通俗易懂：《大失衡：贸易、冲突和世界经济的危险前路》(2014)及 *Trade Wars are Class Wars: How Rising Inequality Distorts the Global Economy and Threatens International Peace* (Klein and Pettis, 2020)。虽然我并不认同其中的不少分析，但大多数是对"量"和"度"的分歧，我认为一些事情没有他强调的那么重要，但我很赞成他从多个角度解读国际收支失衡。2008年全球金融危机前，国际失衡程度到达顶峰，中国社会科学院余永定的文集《见证失衡：双顺差、人民币汇率和美元陷阱》(2010)正收录了他从1996年至2009年发表的各类评论和分析文章。这本书很好，但需要一定的知识储备才能看懂。与事后回顾类的文章相比，看事件发生当时的分析，情境感更强；而读者借助事后诸葛的帮助，也更能学习和领会到面对不可知的未来时，每个人思考和推理的局限性。

日内瓦高级国际关系及发展学院鲍德温的著作《大合流：信息技术和新全球化》(2020)是一本关于全球化的好书，简明通俗。他把全球化分为三个阶段：货物的全球化、信息的全球化、人的全球化。其中对"全球价值链"的现状和发展有很多精彩的分析。全球化当然也冲击了各国的政治体系，哈佛大学罗德里克的《全球化的悖论》(2011)阐述了一个"三元悖论"：深度全球化、政策自主性、民主政治，三者之间不可兼得。其中不少论述对我很有启发。2019年获奥斯卡最佳纪录片奖的《美国工厂》，讲述了中国企业福耀玻璃在美国开工厂的故事，从中可以看到中国制造对美国的冲击，也能体会到制造业回流美国的难度。

至于中国崛起对世界和美国的冲击，光是最近几年出版的著作都可以说是汗牛充栋了。从"中国统治世界"到"修昔底德陷阱"再到各种版本的"中国崩溃论"，各种身份的作者、各种角度的理论、各种可能的预测，眼花缭乱。这里谨推荐一本历史学家王赓武的杰作 *China Reconnects: Joining a Deep-rooted Past to a New World Order*（Wang, 2019）。王教授的人生经历是不可复制的。他是出生在海外的华裔，解放战争时在南京读书，"二战"后辗转东南亚、英国、澳大利亚等地工作居住，又在风云际会的20世纪八九十年代做了10年香港大学校长，最后回到新加坡。其一生不仅精研中国史，还在数个独特的岗位上亲历了各种政经大事。他能在2019年89岁高龄时出版这样一本小书，谈谈他的思考和观察，非常珍贵。其中见识，胜过无数东拼西凑的见闻。

第八章　总结：政府与经济发展

关于经济学家的笑话特别多，每个经济学学生都知道起码十个八个，编一本笑话集应该没问题。经济学家们也经常自嘲。有一段时间，美国经济学会年会还专门设置了脱口秀环节，供本专业人士吐槽。有个笑话是这么讲的。一个物理学家、一个化学家和一个经济学家漂流到孤岛上，饥肠辘辘。这时海面上漂来一个罐头。物理学家说："我们可以用岩石对罐头施以动量，使其表层疲劳而断裂。"化学家说："我们可以生火，然后把罐头加热，使它膨胀以至破裂。"经济学家则说："假设我们有一个开罐头的起子……"

任何理论当然都需要假设，否则说不清楚。有些假设不符合现实，但是否会削弱甚至推翻其理论，还要依据理论整体来评判。但一旦走出书斋，从理论思考走到现实应用和政策建议，就必须要符合实际，要考虑方案的可行性。所以在经济学理论研究与现实应用之间，常常存在着鸿沟。做过美联储副主席的普林斯顿大学经济学家艾伦·布林德（Alan Blinder）曾发明过一条"经济政策的墨菲定律"：

在经济学家理解最透、共识最大的问题上，他们对政策的影响力最小；在经济学家理解最浅、分歧最大的问题上，他们对政策的影响力最大。

依托市场经济的理论来研究中国经济，有个很大的好处，就是容易发现问题，觉察到各种各样的"扭曲"和"错配"。但从发现问题到提出解决方案之间，还有很长的路要走。不仅要摸清产生问题的历史和现实根源，还要深入了解各种可行方案的得失。现实世界中往往既没有皆大欢喜的改革，也没有一无是处的扭曲。得失利弊，各个不同。以假想的完善市场经济为思考和判断基准，不过是无数可能的基准之一，换一套"假想"和"标准"，思路可能完全不同。正如在本书开篇引用的哈佛大学经济史家格申克龙的话："一套严格的概念框架无疑有助于厘清问题，但也经常让人错把问题当成答案。社会科学总渴望发现一套'放之四海而皆准'的方法和规律，但这种心态需要成熟起来。不要低估经济现实的复杂性，也不要高估科学工具的质量。"

经济落后的国家之所以落后，正是因为它缺乏发达国家的很多硬件或软件资源，缺乏完善的市场机制。所以在推进工业化和现代化的过程中，落后国家所采用的组织和动员资源的方式，注定与发达国家不同。落后国家能否赶超，关键在于能否找到一套适合国情的组织和动员资源的方式，持续不断地推动经济发展。所谓"使市场在资源配置中起决定性作用"，站在今天的角度向前看，是未来改革和发展的方向，但回过头往后看，市场经济今天的发展状况也是几十年来经济、政府、社会协同发展和建设的结果。毫无疑问，我国的经济发展和市场化改革是由政府强力推动的。但就算是最坚定的市场改革派，1980年的时候恐怕也想象不到今天我国市场经济的深度和广度。本书的主题就是介绍我国发展经济的一些具体做法，这显然不是一套照搬照抄欧美国家的模式。利弊得失，相信读者可以判断。

作为一名发展经济学家，我理解市场和发展的复杂互动过程，不相信单向因果关系。有效的市场机制本身就是不断建设的结果，这一机制是否构成经济发展的前提条件，取决于发展阶段。在经济发展早期，市场机制缺失，政府在推动经济起飞和培育各项市场经济制度方面，发挥了主导作用。但随着经济的发展和市场经济体系的不断完善，政府的角色也需要继续调整。

强调政府的作用，当然不是鼓吹计划经济。过去苏联式的计划经济有两大特征。第一是只有计划，否认市场和价格机制，也不允许其他非公有制成分存在。第二是封闭，很少参与国际贸易和全球化。如今这两个特点早已不复存在，硬谈中国为计划经济，离题万里。

本章第一节总结和提炼本书的主题之一，即地方政府间招商引资的竞争。第二节讨论政府能力的建设和角色的转变，总结本书介绍的"生产型政府"的历史作用和局限，也解释向"服务型政府"转型的必要性。第三节总结本书的关键视角：要区分经济发展过程和发展目标。既不要高估发达国家经验的普适性，也不要高估自己过去的成功经验在未来的适用性。老话说回来，还是要坚持"实事求是"，坚持"具体问题具体分析"，在实践中不断探索和解决问题，一步一个脚印，继续推进改革。

第一节 地区间竞争

经济发展的核心原则,就是优化资源配置,提高使用效率,尽量做到"人尽其才,物尽其用"。实现这一目标要依靠竞争。我国改革的起点是计划经济,政府不仅直接掌控大量资源,还能通过政策间接影响资源分配,这种状况在渐进性的市场化改革中会长期存在。所以要想提高整体经济的效率,就要将竞争机制引入政府。理论上有两种做法。第一种是以中央政府为主,按功能划分许多部委,以部委为基本单位在全国范围内调动资源。竞争主要体现在中央设定目标和规划过程中部委之间的博弈。比如在计划经济时期,中央主管工业的就有七八个部委(一机部、二机部等)。这种自上而下的"条条"式竞争模式源自苏联。第二种是以地方政府为主,在设定经济发展目标之后,放权给地方政府,让它们发挥积极性,因地制宜,在实际工作中去竞争资源。这是一种自下而上的"块块"式的竞争模式。[1]

即使在计划经济时期,这两种模式也一直并存,中央集权和地方分权之间的平衡一直在变动和调整。毛泽东主席也并不信奉苏联模

---

[1] 第一种竞争模式被称为"U型"(unitary),第二种被称为"M型"(multi-division),都是公司治理中常用的结构模式。"U型"公司按功能划分部门,比如生产、销售、采购等。而"M型"公司则分成几个子品牌或事业部,各成系统,彼此独立性很强。哈佛大学诺贝尔奖得主马斯金(Maskin)、清华大学钱颖一、香港大学许成钢的论文(Maskin, Qian and Xu, 2000)将这种公司治理结构的理论用于研究我国中央和地方政府关系。

式,1956年在著名的《论十大关系》中他就说过:"我们的国家这样大,人口这样多,情况这样复杂,有中央和地方两个积极性,比只有一个积极性好得多。我们不能像苏联那样,把什么都集中到中央,把地方卡得死死的,一点机动权也没有。"

改革开放以后,地方政府权力扩大,"属地管理"和"地方竞争"就构成了政府间竞争的基本模式。第一章到第四章详细介绍了这一模式。这种竞争不仅是资源的竞争,也是地方政策、营商环境、发展模式之间的竞争。"属地管理"有利于地区性的政策实验和创新,因为毕竟是地方性实验,成功了可以总结和推广经验,失败了也可以将代价和风险限制在当地,不至于影响大局。比如1980年设立第一批四个"经济特区"(深圳、珠海、汕头和厦门)时,政治阻力不小,所以才特意强调叫"经济特区"而不是"特区",以确保只搞经济实验。当时邓小平对习仲勋说:"中央没有钱,可以给些政策,你们自己去搞,杀出一条血路来。"[1]

在工业化进程中搞地方竞争,前提是大多数地区的工业基础不能相差太远,否则资源会迅速向占绝对优势的地区集聚,劣势地区很难发展起来。计划经济时期,中国的工业体系在地理分布上比较分散,为改革开放之初各地的工业发展和竞争奠定了基础。而导致这种分散分布的重要原因,是1964年开始的"三线建设"。当时国际局势紧张,为了备战,中央决定改变当时工业过于集中、资源都集中在大城市

---

[1]　经济特区的故事详见傅高义的杰作（2013）。香港大学许成钢的论文（Xu, 2011）解释了地区竞争有利于地方性的政策创新和实验。

的局面,要求"一切新的建设项目应摆在三线,并按照分散、靠山、隐蔽的方针布点,不要集中在某几个城市,一线的重要工厂和重点高等院校、科研机构,要有计划地全部或部分搬迁到三线"。[1] 在接下来的10年中,我国将所有工业投资中的四成投向了三线地区,即云贵川渝、宁夏、甘肃、陕南、赣西北、鄂西和湖南等地区。到了20世纪70年代末,三线地区的工业固定资产增加了4.3倍,职工人数增加了2.5倍,工业总产值增加了3.9倍。[2]

"三线建设"既建设了工厂和研究机构,也建设了基础设施,在中西部省份建立了虽不发达但比较全面的工业生产体系,彻底改变了工业布局。这种分散在各地的工业知识和体系,为改革后当地乡镇企业和私营企业的发展创造了条件。乡镇企业不仅生产满足当地消费需求的轻工业品,而且借助与国企"联营"等各种方式进入了很多生产资料的制造环节,为整个工业体系配套生产,获取了更复杂的生产技术和知识。电视剧《大江大河》中,小雷家村的乡镇企业就通过与附近的国营企业合作,开办了铜厂和电缆厂等,这在当时是普遍现象。90年代中后期乡镇企业改制以后,各地区各行业中都涌现出了一大批民营工业企业,其技术基础很多都源于三线建设时期建设的国营工厂。[3]

---

[1] 1964年8月19日,李富春、罗瑞卿、薄一波向毛泽东、党中央提交的报告。

[2] 见薄一波的著作(2008)以及华中师范大学严鹏的著作(2018)。

[3] 宾夕法尼亚州立大学樊静霆和密歇根州立大学邹奔的论文(Fan and Zou, 2019)分析了"三线建设"对当地工业企业尤其是民营企业长期发展的积极影响。

第四章曾解释过这种分散化的乡镇工业企业的另一个重要功能，即培训农民成为工人。"工业化"最核心的一环就是把农民变成工人。这不仅仅是工作的转变，也是思想观念和生活习惯的彻底转变。要让农民斩断和土地的联系，成为可靠的、守纪律的、能操作机械的工人，并不容易。不是说人多就能成为促进工业化的人口红利，一支合格的产业工人大军，在很多人口众多的落后国家，实际上非常稀缺。[1]正是因为有了在分散的工业体系和知识环境下孕育的乡镇企业，正是因为其工厂"离土不离乡"，才成了培训农民成为工人的绝佳场所。而且在销售本地工业品的过程中，农民不仅积累了商业经验，也扩大了与外界的接触。于是在20世纪90年代后期和21世纪初开始的工业加速发展中，我国才有了既熟悉工厂又愿意外出闯荡打工的大量劳动力。

这种分散的体系，以一个全国整合的、运行良好的市场经济体系为标准来评价，是低效率的。但从发展的角度看，这个评价标准并不合适。我国疆域广阔、各地风俗文化差异很大。改革开放之初，基础设施不发达，经济落后而分散，只能走各地区独自发展再逐步整合的道路。在社会改革和变化过程中，人们需要时间调整和适应。变化速度的快慢，对身处其中的人而言，感受天差地别。一个稳定和持续的改革过程，必须为缓冲和适应留足时间和资源。若单纯从理论模型出发来认识经济效率，那么这些缓冲机制，无论是社会自发建立还是政府有意设计，都会被解读为"扭曲"或"资源错配"，因其未能实现提

---

[1] 哈佛大学历史学家格申克龙在著作（2012）中指出，很多落后国家虽人口众多，却极度缺乏合格的产业工人，"创造一支名副其实的产业工人大军，是最困难和耗时的过程"。

高效率所要求的"最优资源配置"。但这种"最优"往往不过是空中楼阁。虽然人人都知道工业比农业生产效率高得多，但要让几亿农民离开土地进入工厂，是个漫长的过程，需要几代人的磨合和冲突。激进改革多半欲速不达，以社会动乱收场。

地方政府竞争中的关键一环，是"以经济建设为中心"来评价地方主官，并将这种评价纳入升迁考核。各地政府不仅要在市场上竞争，还要在官场上竞争。这种"官场＋市场"体制，有三个特点。[1] 第一，将官员晋升的政治激励和地区经济表现挂钩。虽然经济建设或GDP目标在官员升迁中的具体机制尚有争议（第三章），但无人否认经济发展是地方主官的工作重点和主要政绩。第二，以市场竞争约束官员行为。虽然地方主官和政府对企业影响极大，但企业的成败，最终还是由其在全国市场乃至全球市场中的竞争表现来决定。这些外部因素超出了当地政府的掌控范围。因此，要想在竞争中取胜，地方政府的决策和资源调配，也要考虑市场竞争，考虑效益和成本。此外，资本、技术、人才等生产要素可以在地区之间流动（虽然仍有障碍），如果地方政府恣意妄为，破坏营商环境，资源就可能流出，导致地方经济衰败。第三，当地的经济表现能为地方官员和政府工作提供及时的反馈。一方面，在"属地管理"体制中，更熟悉地方环境的当地政府在处理当地信息和反馈时，比上级政府或中央政府更有优势（第一章）。另一方面，当地发展经济的经验和教训也会随着地方官员的升迁而产生

---

[1] 北京大学周黎安的论文（2018）详细阐述了"官场＋市场"机制及其优缺点。下文内容取材于该文。

超越本地的影响。由于常年以经济建设作为政府主要工作目标，各级政府的主官在经济工作方面都积累了相当的经验。中央的主要领导绝大多数也都曾做过多地的主官，也有丰富的经济工作经验。这对一个政府掌控大量资源调配的经济体系而言，不无益处。

"官场＋市场"的竞争体制，可以帮助理解我国经济的整体增长，但这种体制的运行效果，各地差异很大。官员或政府间的竞争，毕竟不是市场竞争，核心差别有三。第一，缺乏真正的淘汰机制。地方政府就算不思进取，也不会像企业一样倒闭。政绩不佳的官员虽然晋升机会可能较少，但只要不违法乱纪，并不会因投资失败或经济低迷而承担个人损失。第二，绝大多数市场竞争是"正和博弈"，有合作共赢、共同做大蛋糕的可能。而官员升迁则是"零和博弈"，晋升位置有限，甲上去了，乙就上不去。所以在地区经济竞争中会产生地方保护主义，甚至出现"以邻为壑"的恶性竞争现象。第三，市场和公司间的竞争一般是长期竞争，延续性很强。但地方官员任期有限，必须在任期内干出政绩，且新官往往不理旧账，因此会刺激大干快上的投资冲动，拉动地区GDP数字快速上涨，不惜忽视长期风险和债务负担。

这三大差别增加了地区间竞争所产生的代价，也可能滋生腐败（第三章）。此外，政府不是企业，不能以经济效益为单一目标，还要承担多重民生和社会服务职能。在工业化和城市化发展初期，经济增长是地方政府最重要的目标，与企业目标大体一致，可以共同推进经济发展。但在目前的发展阶段，政府需要承担起更加多元的职能，将更多资源投入教育、医疗、社会保障等民生领域，改变与市场和企业的互动方式，由"生产型政府"向"服务型政府"转型。

第二节　政府的发展与转型

社会发展是个整体，不仅包括企业和市场的发展，也包括政府的发展，相辅相成。国家越富裕，政府在国民经济中所占的比重也往往越大，而不是越小，这一现象也被称为"瓦格纳法则"。因为随着国家越来越富裕，民众对政府服务的需求会越来越多，政府在公立教育、医疗、退休金、失业保险等方面的支出都会随之增加。而随着全球化的深入，各种外来冲击也大，所以政府要加强各种"保险"功能。[1]另一方面，当今很多贫穷落后国家的共同点之一就是政府太弱小，可能连社会治安都维持不了，更无法为经济发展创造稳定环境。经济富裕、社会安定、政府得力是国家繁荣的三大支柱，缺一不可。[2]

就拿法治能力来说，虽然经济理论和所谓"华盛顿共识"都将产权保护视作发展市场经济的前提，但在现实中，保护产权的能力只能在经济和政府发展的过程中逐步提升。换句话说，对发达国家而言，保护好产权是经济进一步发展的前提；但对发展中国家而言，有效的产权保护更可能是发展的结果。把产权保护写成法律条文很容易，但

---

[1]　哈佛大学罗德里克（Rodrik）的论文（1998）探讨了全球化与"大政府"之间的正向关系。

[2]　伦敦政治经济学院贝斯利（Besley）和斯德哥尔摩大学佩尔松（Persson）的著作（2011）详细阐述了这三大支柱的理论联系，下文中关于税收能力和法制能力的内容受该书启发。

假如社会上偷盗猖獗，政府抓捕和审判的能力都很弱，法条不过是一纸空文。再比如，处理商业纠纷需要大量专业的律师和法官，需要能追查或冻结财产的专业金融人士和基础设施，否则既难以审判，更难以执行。但这些软件和硬件资源都需要长期的投入和积累。第四章中讲过，复杂的产品和产业链涉及诸多交易主体和复杂商业关系，投资和交易金额往往巨大，所以对合同制订和执行的法制环境以及更广义的营商环境都有很高要求。2000年至2018年，我国出口商品的复杂程度从世界第39位上升到了第18位[1]，背后是我国营商环境的逐步改善。正如前述按照世界银行公布的"营商环境便利度"排名，我国已从2010年的世界第89位上升至2020年的第31位。

对发展中国家而言，市场和政府的关系，不是简单的一进一退的问题，而是政府能否为市场运行打造出一个基本框架和空间的问题。这需要投入很多资源，一步一步建设。如果政府不去做这些事，市场经济和所谓"企业家精神"，不会像变戏法一样自动出现。

在任何国家，正式法律体系之外还存在大量政府管制。"打官司"毕竟是一件费时费钱的事儿，不仅诉讼成本高昂，败诉方还可以不断上诉，可能旷日持久。不仅如此，修订法律也不是小事，需要很长时间。相比之下，政府的管制和规定有时更加灵活有效，可以作为法制的补充。比如19世纪末的美国，工业化和铁路建设突飞猛进，但也发生了大量工伤事故，死亡率高，官司不断。但败诉公司有权有势，不断

---

[1]　产品复杂度的度量来自哈佛大学国际发展中心的"The Atlas of Economic Complexity"项目。

上诉,最终约四成的案子干脆没有赔偿。就算有赔付,数额也不大,平均不超过8个月的工资。这种不公正刺激了政府管制的兴起。在事故造成伤害之前,在打官司之前,就可以依据政府管制和规定来进行各种安全检查,防范风险。[1]

有效的政府管制同样需要政府有足够的能力和资源。随着经济和社会的发展,管制和法制之间的相对重要性也会不断发展变化。一方面,全社会投入法治建设的资源不断增加,法治的基础设施不断完善,效率不断提高。另一方面,民众和公司也变得更加富有,可以承担更高的诉讼成本,对法治的有效需求也会增加。因此法制相对于管制会变得更重要。这是经济和政治整体发展的结果,不可能一蹴而就。

从国防到社会治安,从基础设施到基本社会保障,都要花钱,所以有效的政府必须要有足够的收入。可收税从来都不容易,征税和稽查能力也需要长期建设,不断完善。就拿征收个人所得税来说,政府要有能力追踪每个人的各种收入,能核实可以抵扣的支出,能追查和惩处偷税漏税行为。这需要强大的信息追踪和处理能力。即便在以个人所得税为最主要税种的欧美发达国家,足额收税也是个难题。富人会利用各种手段避税。比如在2016年和2017年,身为富豪并入主白宫的特朗普,连续两年都只缴了750美元的联邦所得税。2018年特朗普税收改革之后,美国最富有的400个亿万富翁实际缴纳的所得税率只有约20%,甚至低于收入排在50%以后的美国人。就拿扎克伯格来

---

[1] 关于美国政府管制的兴起和现状,以及与法制之间关系的研究,参见哈佛大学格莱泽(Glaser)和施莱弗(Shleifer)的论文(2003),以及芝加哥大学莫里根(Mulligan)和哈佛大学施莱弗(Shleifer)的论文(2005)。

说，坐拥脸书公司的两成股份，2018年脸书的利润是200亿美元，那扎氏的收入是否就是40亿美元呢？不是的。因为脸书不分红，只要扎氏不卖股权，他的"收入"几乎是零。公司还将利润大都转到了"避税天堂"开曼群岛，再加上种种财务运作，也避掉了很多公司所得税。[1]

正因为个人所得税不易征收，所以发展中国家的税制大都与发达国家不同。我国第一大税种是增值税，2019年占全国税入的40%；第二大是公司所得税，占24%。相比之下，个人所得税只占不到7%。与个人所得税相比，增值税的征收难度要小很多。一来有发票作为凭证，二来买家和卖家利益不一致，可以互相监督。理论上，卖家希望开票金额少一点甚至不开票，可以少缴税；而买家希望开票金额越大越好，可以多抵税。因此两套票据可以互相比对，降低造假风险。但在现实中，国人对虚开发票和假发票都不陌生。尤其是20世纪末和21世纪初，违规发票泛滥。2001年初，在全部参与稽核的进项发票中，涉嫌违规的发票比例高达8.5%。[2]随着2003年"金税工程二期"的建设完成，增值税发票的防伪、认证、稽核、协查等系统全面电子化，才逐渐消除了假发票问题，之后的增值税收入大幅增长。[3]目前，"金税工程三期"也已完成。2020年在手机上用"个人所得税App"进行过"综

---

[1]　美国富人税率数据和扎克伯格的例子，来自伯克利加州大学塞兹（Saez）和祖克曼（Zucman）的著作（2019）。

[2]　数据来自2002年国家税务总局局长金人庆在全国税务系统信息化建设工作会议上的讲话《统一思想 做好准备 大力推进税收信息化建设》。

[3]　关于"金税工程二期"对增值税收入影响的估计，来自复旦大学樊海潮、刘宇及美国西北大学钱楠筠等人的论文（Fan et al., 2020）。

合所得年度汇算清缴"的读者,应该记得其中信息的详细和准确程度,也就不难理解这种"征税能力"需要长期建设。

从以上例子可以看出,无论是政府服务的质量,还是政府收入的数量,都在不断发展和变化。"有为政府"和"有效市场"一样,都不是天然就存在的,需要不断建设和完善。市场经济的形式和表现,要受到政府资源和能力的制约,而政府的作用和角色,也需要不断变化,以适应不同发展阶段的不同要求。

在经济发展早期,市场不完善甚至缺失,政府能力于是成了市场能力的补充或替代。经济落后的国家之所以落后,正是因为它缺乏先进国家完善的市场和高效的资源配置方式。这些本就是经济发展所需要达到的目标,而很难说是经济发展的前提。对落后国家而言,经济发展的关键在于能否在市场机制不完善的情况下,找到其他可行的动员和调配资源的方式,推动经济增长,在增长过程中获得更多资源和时间去建设和完善市场经济。比如说,发达国家有完善的资本市场和法律体系,可以把民间积累的大量财富引导到相对可靠的企业家手中,创造出更多财富。而在改革开放之初,我国资本市场和法律体系远远谈不上健全,民间财富也极为有限,社会风气也不信任甚至鄙视民营企业和个体户。这些条件都限制了当时推动经济发展的可行方式。

因此落后国家在推进工业化和现代化的过程中,所采用的组织和动员资源的方式,必定与先进国家不同。所谓"举国体制"也好,"集中力量办大事"也罢,在很多方面并不是中国特色。今日的很多发达国家在历史上也曾是落后国家,大多也经历过政府主导资源调配的阶段。但各国由于历史、社会、政治情况不同，政府调配资源的方式、与市场互动和协调的方式也都不同。本书阐述的"地方分权竞争＋中央协调"或"官场＋市场"的模式，属于中国特色。

当然，并不是所有的政府干预都能成功。以工业化进程中对"幼稚产业"的贸易保护为例。有的国家比如韩国，在抬高关税、保护本国工业企业的同时，积极提倡出口，以国际市场竞争来约束本国企业，迫使其提高效率，并且随着工业发展逐步降低乃至取消保护，最终培育出一批世界级的企业。但也有很多国家，比如拉美和东南亚的一些国家，对"幼稚产业"的保护难以"断奶"，形成了寻租的利益集团和低效的垄断，拖累了经济发展。在更加复杂的大国比如中国，两种状况都存在。既有在国际竞争中脱颖而出的杰出企业，也有各种骗补和寻租的低效企业。这种结果上的差异，源于各国和各地政商关系的差异。所谓强力政府，不仅在于它有能力和资源支持企业发展，也在于它有能力拒绝对企业提供帮助。[1]

经济发展，需要不断动员土地、劳动、资本等资源并将其投入生产，满足社会需要。计划经济体制下可以动员资源，但难以满足社会需要，无法形成供需良性互动的循环，生产率水平也很低。因此我国的市场化改革始于满足社会需要。1981年党的十一届六中全会提出"我国所要解决的主要矛盾"，就是"人民日益增长的物质文化需要同落后的社会生产之间的矛盾"。在改革过程中，由于各种市场都不完

---

[1] 伯克利加州大学巴尔丹（Bardhan）的论文（2016）总结和讨论了各国保护政策和产业政策的得失成败。他特别强调了"幼稚产业"保护承诺的"时间不一致"问题，也就是起初设计好了将来要"断奶"的保护，最终却迟迟无法"断奶"的问题。

善,法制也不健全,私人部门很难克服各种协调困难和不确定性,政府和国企于是主导投资,深度介入了工业化和城市化的进程。这一模式的成就有目共睹,也推动了市场机制的建立和完善。

但这种模式不能一成不变,过去的成功经验不见得能适应当下和未来的需要。所谓"政府能力",不仅包括获取资源的能力,也包括政府随着经济发展而不断调整自身角色和作用方式的能力。当经济发展到一定阶段后,市场机制已经相对成熟,法治的基础设施也已经建立,民间的各种市场主体已经积累了大量资源,市场经济的观念也已经深入人心,此时若仍将资源继续向政府和国企集中,效率就会大打折扣。投资、融资、生产都需要更加分散化的决策。市场化改革要想更进一步,"生产型政府"就需要逐步向"服务型政府"转型。

第七章讲过,要调整经济结构失衡,关键是将更多资源从政府和国企转到居民手中,在降低政府投资支出的同时加大其民生支出。经济发达国家,政府支出占GDP的比重往往也高,其中大部分是保障民生的支出。就拿经济合作与发展组织国家来说,在教育、医疗、社会保障、养老方面的政府平均支出占到GDP的24%,而我国只有13%。[1]一方面,随着国家变富裕,民众对这类服务的需求会增加;另一方面,市场经济内在的不稳定和波动会产生失业和贫富差距等问题,需要政府和社会的力量去做缓冲。就拿贫富差距扩大来说,政府的再分配政策不仅包括对富人多征税,还包括为穷人多花钱,把支出真正花在民生上。

---

[1] 数据来自 IMF 的张龙梅等人的论文(Zhang et al., 2018)。

城市化是一个不可逆的过程，目前的土地和户籍改革都承认了这种不可逆性。在发展过程中遭遇冲击，回到乡村可能是权宜之计，但不是真正有效的长期缓冲机制。还是要在城市中建立缓冲机制，加大教育、医疗、住房等支出，让人在城市中安居乐业。

加大民生支出，也是顺应经济发展阶段的要求。随着工业升级和技术进步，工业会越来越多地使用机器，创造就业的能力会减弱，这个过程很难逆转。所以大多数就业都要依靠服务业的发展，而后者离不开城市化和人口密度。[1]如果服务业占比越来越高，"生产投资型政府"就要向"服务型政府"转型，原因有二。其一，与重规模、标准化的工业生产相比，服务业规模通常较小，且更加灵活多变，要满足各种非标准化、本地化的需求。在这种行业中，政府"集中力量办大事"的投资和决策机制，没有多大优势。其二，"投资型"和"服务型"的区别并非泾渭分明。"服务型"政府实质上就是投资于"人"的政府。服务业（包括科技创新）的核心是人力资本，政府加大教育、医疗等民生支出，也就是在加大"人力资本"投资。但因为服务业更加灵活和市场化，政府在这个领域的投入是间接的、辅助性的，要投资和培育更一般化的人力资本，而非直接主导具体的项目。

扩大民生支出的瓶颈是地方政府的收入。第一章分析了事权划分的逻辑，这些逻辑决定了民生支出的主力必然是地方政府而不是中央政府。2019年，政府在教育、医疗、社会保障的总支出中，地方占

---

[1] 服务业发展离不开人口密度，主要原因在于大多数服务（比如餐馆或理发店）都不能跨地区贸易，需要面对面交易。上海交通大学钟粤俊和陆铭以及复旦大学奚锡灿的论文（2020）分析了我国各地区人口密度和服务业发展之间的正相关关系。

96%，中央只占4%。中央通过转移支付机制，有效地推动了地区间基本公共服务支出的均等化（第二章），但这并没有改变地方民生支出主要依靠地方政府的事实。在分税制改革、公司所得税改革、营改增改革之后（第二章），中国目前缺乏属于地方的主体税种。以往依托税收之外的"土地财政"和"土地金融"模式已经无法再持续下去，因此要想扩大民生支出，可能需要改革税制，将税入向地方倾斜。目前讨论的热点方向是开征房产税。虽然这肯定是个地方税种，但改革牵一发动全身，已经热议了多年，也做了试点，但仍未实质推进。

第三节　发展目标与发展过程

主流的新古典经济学是一套研究市场和价格机制运行的理论。在很多核心议题上，这套理论并不考虑"国别"，抽象掉了政治、社会、历史等重要因素。但对于发展中国家而言，核心议题并不是良好的市场机制如何运行，而是如何逐步建立和完善市场经济体制。因此，发展中国家所采用的资源动员和配置方式，肯定与发达国家不同。诸多发展中国家所采用的具体方式和路径，当然也各不相同。

经济发展的核心是提高生产率。对处于技术前沿的发达国家来说，提高生产率的关键是不断探索和创新。其相对完善的市场经济是一套分散化的决策体系，其中的竞争和价格机制有利于不断"试错"和筛选胜者。但对发展中国家来说，提高生产率的关键不是探索未知和创新，而是学习已知的技术和管理模式，将更多资源尽快组织和投入到学习过程中，以提高学习效率。这种"组织学习模式"与"探索创新模式"所需要的资源配置方式，并不一样。我国的经济学者早在20年前就已经讨论过这两种模式的不同。问题的核心在于：后进国家虽然有模仿和学习先进国家技术的"后发优势"，但其"组织学习模式"不可能一直持续下去。当技术和生产率提高到一定水平之后，旧有的模式若不能成功转型为"探索创新模式"，就可能会阻碍经济进一步发展，"后发优势"可能变成"后发劣势"。[1]

本书一直强调发展过程与发展目标不同。照搬发达国家的经验，解决不了我们发展中所面临的很多问题。但我们自己走过的路和过去的成功经验，也不一定就适用于未来，所以本书不仅介绍了过往模式的成就，也花了大量篇幅来介绍隐忧和改革。我个人相信，如果"组织学习模式"不止一种，"探索创新模式"自然也不止一种，欧美模式不一定就是最优的模式。

不仅发展中国家和发达国家不同，发展中国家各自的发展模式也不同。[2]从宏观角度看，很多成功的发展中国家有诸多相似之处，比如资本积累的方式、出口导向的发展战略、产业政策和汇率操控、金融抑制等。但在不同国家，贯彻和执行这些战略或政策的具体方式并不相

---

[1] 关于"后发优势"和"后发劣势"的讨论，详见哥伦比亚萨克斯（Sachs）、戴维斯加州大学胡永泰、莫纳什大学杨小凯的研究以及林毅夫的论文（2003）。诺贝尔奖得主斯蒂格利茨和哥伦比亚大学格林沃尔德的著作（2017）系统地阐释了学习和经济发展的关系，在这个框架下讨论了一系列主流经济学中视为"扭曲"的政策的积极意义，包括产业政策和贸易保护等，是一部杰作。

[2] 哈佛大学罗德里克的著作（2009）系统地阐述了这一点。

同。行之有效的发展战略和政策，必须符合本国国情，受本国特殊历史和社会条件的制约。哪个国家也不是一张白纸，可以随便画美丽的图画。什么可以做，什么不可以做，每个国家不一样。本书阐述的我国政治经济体制，有三大必要组件：掌握大量资源并可以自主行动的地方政府，协调和控制能力强的中央政府，以及人力资本雄厚和组织完善的官僚体系。这三大"制度禀赋"源自我国特殊的历史，不是每个国家都有的。

不仅国与国之间国情和发展路径有别，在中国这样一个大国内部，各个省的发展方式和路径也不尽相同。第一章开篇就提到，若单独计算经济体量，广东、浙江、江苏、山东、河南都是世界前20的经济体，都相当于一个中等欧洲国家的规模。如果这些欧洲国家的经济发展故事可以写很多本书和论文，我国各省独特的发展路径当然也值得单独研究和记录。[1]可惜目前的经济学术潮流是追求"放之四海而皆准"的理论，国别和案例研究式微，被称为"轶事证据"（anecdotal evidence），听起来就很不"科学"，低人一等。我对这种风气不以为然。虽然我从抽象和一般化的发展经济学理论中学到了很多，但对具体的做法和模式更感兴趣，所以本书介绍了很多具体案例和政策。

各国的政治和社会现实，决定了可行的经济发展政策的边界。就

---

[1]　其实何止是省，我国很多市的发展故事和模式也各具特色。这方面深入的研究并不多，感兴趣的读者可以参考如下著作，很有意思。复旦大学章奇和北京大学刘明兴关于浙江模式的著作（2016）；复旦大学张军主编的关于深圳模式的论文集（2019）。再早一点，还有国家发展改革委张燕生团队关于佛山模式的研究报告（2001），浙江大学史晋川团队关于温州模式的研究报告（2002）。

拿工业化和城市化来说，无疑是经济发展的关键。从表面看，这是个工业生产技术和基础设施建设的问题，各国看起来都差不多。但看深一层，这是个农民转变为工人和市民的问题，这个演变过程，各国差别就大了。在我国，可行的政策空间和演变路径受三大制度约束：农村集体所有制、城市土地公有制、户籍制度。所以中国的工业化才离不开乡镇企业的发展，城市化才离不开"土地财政"和"土地金融"。这些特殊的路径，我认为才是研究经济发展历程中最有意思的东西。

可行的政策不仅受既有制度的约束，也受既有利益的约束。政策方案的设计，必须考虑到利益相关人和权力持有者的利益。既要提高经济效率，也要保证做决策的人或权力主体的利益不受巨大损害，否则政策就难以推行。[1]可行的经济政策是各种利益妥协的结果，背后是各国特殊的政治体制和议程。在这个过程中，不仅激励相容的机制重要，文化的制约也重要。比如政治经济学中有个重要概念叫"精英俘获"（elite capture），一个例子就是地方政治精英被地方利益集团俘获，损害民众利益。在我国历史上，这一"山高皇帝远"的问题就长期存在，应对之道不仅有各类制度建设，也从来没离开过对官僚群体统一的意识形态和道德教化（第一章）。

另一个例子是自由贸易和保护主义的冲突。支持自由贸易的概念和理论，几乎算是经济学中最强有力的逻辑，但往往也突破不了现实利益的枷锁。只要学过经济学，都知道比较优势和自由贸易能让国家整体得益。但整体得益不等于让每个人都得益。从理论上讲，

---

[1]　清华大学钱颖一的论文集（Qian, 2017）详细阐述了这一点。

即便有人受损，也该支持自由贸易，因为整体得益远大于部分损失，只要从受益方那里拿一点利益出来，就足够补偿受损方且有余。但在现实中，补偿多少？怎么补偿？往往涉及复杂的政治博弈。补偿可能迟迟落实不到位，最终是受益者得益越来越多，而受损者却屡遭打击。虽说平均值是变好了，但那些受损的人的生活不是理论上的平均数字，他们会为了自己的利益而反抗和行动，这是保护主义的根源。[1]

最后，与主要研究成熟市场的新古典经济学相比，研究发展过程的经济学还包括两大特殊议题，一是发展顺序，二是发展节奏。在现实中，这两个问题常常重合。但对研究者而言，第一个问题的重点是"结构"，第二个问题的重点是"稳定"或"渐进性"。

改革方向和改革过程是两回事。就算每个人都对改革方向和目的有共识（事实上不可能），但对改革路径和步骤也会有分歧。什么事先办，什么事后办，不容易决定。每一步都有人受益、有人受损，拼命争取和拼命抵制的都大有人在。就算能看清对岸的风景，也不见得就能摸着石头成功过河，绊脚石或深坑比比皆是。20世纪中叶，"二战"刚刚结束，出现了大批新兴国家，推动了发展经济学的兴起。当时研究的重点就是发展顺序或结构转型问题。后来这一研究范式逐渐式微。最近10年，北京大学林毅夫教授领衔的研究中心开始重新重视结构转型问题，其理论称为"新结构经济学"，依托"比较优势"的基本逻辑来解释发展次序和结构转型，也称为"第三代发

---

[1] 哈佛大学罗德里克的著作（2018）阐述了贸易理论和现实利益之间的冲突。

展经济学"。这一思路目前尚有很多争议，但无疑是非常重要的探索方向。[1]

经济发展必然要改变旧有的生活方式，重新分配利益，所以必然伴随着矛盾和冲突。政府的关键作用之一，就是调控改变速度的快慢。社会变化过程快慢之间，对身处其中的人而言，感受天差地别。对于环境的变化，人们需要时间去适应。人不是机器部件，不可能瞬间调整，也没有人能一直紧跟时代，所以稳定的改革过程要留下足够的时间和资源去缓冲。这种"渐进性改革"中的各种缓冲机制，往往会拖低效率，所以常常被解读为"扭曲"和"资源错配"。但任何成功的转型过程都离不开缓冲机制。

经济发展是个连续的过程。当下最重要的问题不是我国的GDP总量哪年能超过美国，而是探讨我国是否具备了下一步发展的基础和条件：产业升级和科技进步还能继续齐头并进吗？还有几亿的农民能继续城市（镇）化吗？贫富差距能控制在社会可承受的范围内吗？在现有的基础上，下一步改革的重点和具体政策是什么？因此本书在每个重要议题之后，都尽量介绍了当下正在实施的政策和改革，以便读者了解政策制定者对现实的把握和施政思路。有经济史学家在研究美国崛起的过程时曾言："在成功的经济体中，经济政策一定是务实的，不是意识形态化的。是具体的，不是抽象的。"[2]

---

[1] 关于这一学说的基本框架，参见林毅夫的著作（2014），其中也包括了很多学者对这一理论的讨论以及林教授的回应。

[2] 参见伯克利加州大学科恩（Cohen）和德隆（DeLong）的著作（2016）。

结　语

经济学是对经济现象的解读。现象复杂多变，偶然因素非常重要，过往并非必然，未来也不能确定。但经济学研究依然是有意义的。它能从过往事件的来龙去脉中提取一些因素，思考这些因素的不同组合，形成对事件的多种解读，给人启发。但什么是相关因素？怎么组合？又如何解读？这些都与所研究事件的所在环境密不可分。任何合格的理论当然都能自圆其说，但应用理论要跳出理论本身，才能审视其适用性和实用性，这种应用因时、因地、因人而异。

对相关因素的提取和组合，本质上是对"何谓重要"这一问题的反复考量，其判断标准只能在比较中产生。这一"比较"的视野，要在空间和时间两个维度展开，既包括跨地区、跨国家的比较，也包括跨时期的比较。研究者不仅要深入了解本国现状和历史，也要了解所比较国家的现状和历史。比较数据和表面现象容易，但要比较数据产生的过程和现象发生的机制就难了，而这些往往更加有用。发展经济学的核心就是理解发展过程，因此必须理解初始条件和路径依赖，对"历史"的延续性和强大力量心存敬畏，对简单套用外来理论心存疑虑。

无论如何，经济学的主要作用仍是发现和提出问题，而解决问题的具体方案只能在实践中摸索和产生。学术的这一"提问"作用不应被夸大，也不应被贬低。世事复杂，逻辑和理论之外的不可控因素太多，所以具体问题的解决方案，只能在实践中不断权衡、取舍、调整、改进。但发现和提出好的问题，是解决问题的第一步，且"提问"本身，往往已蕴含了对解决思路的探索。切中要害的问题，必然基于对现实情况的深刻理解。因此，无论是理论家还是实践者，"实事求是"和"具体问题具体分析"都是不会过时的精神。

── 扩展阅读 ──

培养"比较"视野需要大量阅读,这也是本书设立"扩展阅读"部分的初衷。我个人偏爱经济史,所以把最后这部分留给经济史。这个领域的大作很多,以下三本入门读物的共同点是简明通俗,篇幅虽不长,但介绍了很多重要现象,提出了不少重要问题:英国史学家艾伦的《全球经济史》(2015),乔治梅森大学戈德斯通的《为什么是欧洲?世界史视角下的西方崛起》(2010),哈佛大学弗里登的《20世纪全球资本主义的兴衰》(2017)。希望这些书能激发读者兴趣,之后去做深入了解。我个人也经常翻阅卡尔·波兰尼、亚历山大·格申克龙、艾瑞克·霍布斯鲍姆、乔尔·莫基尔等人的杰作,大都有中译本。都是些老书,常读常新。熟悉这些著作的读者应该能在本书的很多地方看到《经济落后的历史透视》(格申克龙,2012)和《大转型:我们时代的政治与经济起源》(波兰尼,2020)的影子。

国内的经济学学生很了解美国的经济学理论,但不太了解美国经济发展的历史过程。我推荐两种读物。第一本是西北大学戈登的《美国增长的起落》(2018)。经济发展和科技进步会给生活带来翻天覆地的变化,本书从很长的时间线上对此做了生动细致的描述和分析,是本大部头,细节丰富,读者的印象和感受会很深。另一本是伯克利加州大学科恩(Cohen)和德隆(DeLong)合著的 *Concrete Economics: the Hamilton Approach to Economic Growth and Policy*(2016),这本书着重强调政府在美国经济发展中的作用。该实行产业政策就实行产业政策、该保护贸易就保护贸易、该操控汇率就操控汇率,坚持务实精神，具体问题具体分析，才有美国的今天。借回顾历史之机，作者们批评了20世纪80年代之后席卷美国和全球的自由市场思潮。

　　在写作本章的过程中，在东亚研究领域负有盛名的哈佛大学教授傅高义辞世。他的杰作《邓小平时代》清晰易懂，细致流畅，影响很大。改革开放是个伟大的时代，这本书记录了这个伟大开端，放在这里推荐，再合适不过。

结　束　语

　　写书是需要幻觉的，我必须坚信这本书很重要，很有意义，我才能坚持写完它。但写完了，也就不再需要这种幻觉支撑了。中国经济这台热闹炫目的大戏，说不尽，这本书只是我的一点模糊认识，一鳞半爪都谈不上，盲人摸象更贴切些。凯恩斯在《论概率》中说过一段话，概括了我在写作本书过程中的心理状态：

　　　　写这样一本书，若想说清观点，作者有时必须装得成竹在胸一点。想让自己的论述站得稳，便不能甫一下笔就顾虑重重。论述这些问题实非易事，我有时轻描淡写，斩钉截铁，但其实心中始终有所疑虑，也许读者能够体谅。

　　过去40年，我国的名义GDP增长了242倍，大家从每个月挣二三十元变成了挣四五千元，动作稍微慢一点，就被时代甩在了后面。身在其中的风风火火、慌慌张张、大起大落、大喜大悲，其他国家的人无论有多少知识和理论,都没有切身感受。

我出生于1980年,长在内蒙古的边陲小镇,在北京、大连、上海、深圳、武汉都长期待过,除了在美国读书和生活的六七年,没离开过这片滚滚红尘。虽然见过的问题和麻烦可以再写几本书,但经历和见闻让我对中国悲观不起来。我可以用很多理论来分析和阐述这种乐观,但从根本上讲,我的乐观并不需要这些头头是道的逻辑支撑,它就是一种朴素的信念:相信中国会更好。这种信念不是源于学术训练,而是源于司马迁、杜甫、苏轼,源于"一条大河波浪宽",源于对中国人勤奋实干的钦佩。它影响了我看待问题的角度和处理信息的方式,我接受这种局限性,没有改变的打算。

没人知道未来会怎样。哪怕只是五六十年,也是一个远超认知的时间跨度,信念因此重要。1912年,溥仪退位,旧制度天崩地裂,新时代风起云涌,直到改革开放,仿佛已经历了几个世纪,但实际不过66年。

所以这本书没什么宏大的构思和框架,也没有预测,就是介绍些当下的情况,如果能帮助读者理解身边的一些事情,从热闹的政经新闻中看出些门道,从严肃的政府文件中觉察出些机会,争取改善一下生活,哪怕只是增加些谈资,也足够了。我是个经济学家,基于专业训练的朴素信念也有一个:生活过得好一点,比大多数宏伟更宏伟。

参考文献

艾肯格林,巴里(2019),《嚣张的特权:美元的国际化之路及对中国的启示》,
　　陈召强译,中信出版社。

艾伦,罗伯特(2015),《全球经济史》,陆赟译,译林出版社。

埃森格林,巴里(2020),《资本全球化:一部国际货币体系史(原书第3版)》,
　　麻勇爱译,机械工业出版社。

白重恩、钱震杰(2009),《国民收入的要素分配:统计数据背后的故事》,载
　　《经济研究》第3期。

鲍德温,理查德(2020),《大合流:信息技术和新全球化》,李志远、刘晓捷、罗
　　长远译,格致出版社。

保尔森,亨利(2016),《与中国打交道:亲历一个新经济大国的崛起》,王宇光
　　等译,香港中文大学出版社。

贝克特,斯文(2019),《棉花帝国:一部资本主义全球史》,徐轶杰、杨燕译,民
　　主与建设出版社。

编委会(2013),《国家开发银行史:1994—2012》,中国金融出版社。

波兰尼,卡尔(2020),《大转型:我们时代的政治与经济起源》,冯钢、刘阳译,
　　当代世界出版社。

薄一波(2008),《若干重大决策与事件的回顾》,中共党史出版社。

蔡昉、李周、林毅夫(2014),《中国的奇迹:发展战略与经济改革(增订版)》,格致出版社。

陈斌开、李银银(2020),《再分配政策对农村收入分配的影响——基于税费体制改革的经验研究》,载《中国社会科学》第2期。

陈斌开、陆铭、钟宁桦(2010),《户籍制约下的居民消费》,载《经济研究》增刊。

陈斌开、杨汝岱(2013),《土地供给、住房价格与中国城镇居民储蓄》,载《经济研究》第1期。

陈登科、陈诗一(2018),《资本劳动相对价格、替代弹性与劳动收入份额》,载《世界经济》第12期。

陈硕、朱琳(2020),《市场转型与腐败治理:基于官员个体证据》,复旦大学经济学院工作论文。

陈晓红、朱蕾、汪阳洁(2019),《驻地效应——来自国家土地督察的经验证据》,载《经济学(季刊)》第1期。

达利欧,瑞(2019),《债务危机:我的应对原则》,赵灿等译,中信出版社。

党均章、王庆华(2010),《地方政府融资平台贷款风险分析与思考》,载《银行家》第4期。

德·索托,赫尔南多(2007),《资本的秘密》,于海生译,华夏出版社。

范子英、李欣(2014),《部长的政治关联效应与财政转移支付分配》,载《经济研究》第6期。

方红生、张军(2013),《攫取之手、援助之手与中国税收超GDP增长》,载《经济研究》第3期。

冯军旗(2010),《中县干部》,北京大学博士学位论文。

傅高义(2013),《邓小平时代》,冯克利译,生活·读书·新知三联书店。

弗里登,杰弗里(2017),《20世纪全球资本主义的兴衰》,杨宇光译,上海人民出版社。

福山,弗朗西斯(2014),《政治秩序的起源:从前人类时代到法国大革命》,毛俊杰译,广西师范大学出版社。

傅勇、张晏(2007),《中国式分权与财政支出结构偏向:为增长而竞争的代价》,载《管理世界》第3期。

甘犁、赵乃宝、孙永智(2018),《收入不平等、流动性约束与中国家庭储蓄率》,载《经济研究》第12期。

高翔、龙小宁(2016),《省级行政区划造成的文化分割会影响区域经济么?》,载《经济学(季刊)》第2期。

戈德斯通,杰克(2010),《为什么是欧洲?世界史视角下的西方崛起》,关永强译,浙江大学出版社。

戈登,罗伯特(2018),《美国增长的起落》,张林山等译,中信出版集团。

戈顿,加里(2011),《银行的秘密:现代金融生存启示录》,陈曦译,中信出版社。

葛剑雄(2013),《统一与分裂:中国历史的启示》,商务印书馆。

格申克龙,亚历山大(2012),《经济落后的历史透视》,张凤林译,商务印书馆。

弓永峰、林劼(2020),《"逆全球化"难撼中国光伏产业链优势地位》,中信证券研报。

辜朝明(2016),《大衰退:宏观经济学的圣杯》,喻海翔译,东方出版社。

韩立彬、陆铭(2018),《供需错配:解开中国房价分化之谜》,载《世界经济》第10期。

韩茂莉(2015),《中国历史地理十五讲》,北京大学出版社。

洪正、张硕楠、张琳(2017),《经济结构、财政禀赋与地方政府控股城商行模式选择》,载《金融研究》第10期。

华生(2014),《城市化转型与土地陷阱》,东方出版社。

黄奇帆(2020),《分析与思考:黄奇帆的复旦经济课》,上海人民出版社。

姜超、朱征星、杜佳(2018),《地方政府隐性债务规模有多大?》,海通证券研报。

金,默文(2016),《金融炼金术的终结:货币、银行与全球经济的未来》,束宇译,中信出版社。

金观涛、刘青峰(2010),《兴盛与危机:论中国社会超稳定结构》,法律出版社。

景跃进、陈明明、肖滨(2016),《当代中国政府与政治》,中国人民大学出版社。

克鲁格曼,保罗(2002),《地理和贸易》,张兆杰译,北京大学出版社。

孔飞力(2014),《叫魂:1768年中国妖术大恐慌》,陈兼、刘昶译,生活·读书·新知三联书店。

拉詹,拉古拉迈(2015),《断层线:全球经济潜在的危机》,李念等译,中信出版社。

莱因哈特,卡门、肯尼斯·罗格夫(2012),《这次不一样:八百年金融危机史》,綦相译,机械工业出版社。

李侃如(2010),《治理中国:从革命到改革》,胡国成、赵梅译,中国社会科学出版社。

李萍(主编)(2010),《财政体制简明图解》,中国财政经济出版社。

李实、岳希明(2015),《〈21世纪资本论〉到底发现了什么》,中国财政经济出版社。

李实、朱梦冰(2018),《中国经济转型40年中居民收入差距的变动》,载《管理世界》第12期。

李学文、卢新海、张蔚文(2012),《地方政府与预算外收入:中国经济增长模式问题》,载《世界经济》第8期。

林毅夫(2003),《后发优势与后发劣势——与杨小凯教授商榷》,载《经济学(季刊)》第4期。

林毅夫(2014),《新结构经济学:反思经济发展与政策的理论框架(增订版)》,北京大学出版社。

林毅夫、巫和懋、邢亦青(2010),《"潮涌现象"与产能过剩的形成机制》,载《经济研究》第10期。

刘克崮、贾康主编(2008),《中国财税改革三十年:亲历与回顾》,经济科学出版社。

刘守英(2018),《土地制度与中国发展》,中国人民大学出版社。

刘守英,杨继东(2019),《中国产业升级的演进与政策选择——基于产品空间的视角》,载《管理世界》第6期。

楼继伟(2013),《中国政府间财政关系再思考》,中国财政经济出版社。

楼继伟(2018),《事权与支出责任划分改革的有关问题》,载《比较》第4期。

楼继伟、刘尚希(2019),《新中国财税发展70年》,人民出版社。

路风(2016),《光变:一个企业及其工业史》,当代中国出版社。

路风(2019),《走向自主创新:寻找中国力量的源泉》,中国人民大学出版社。

路风(2020),《新火:走向自主创新2》,中国人民大学出版社。

陆铭(2016),《大国大城:当代中国的统一、发展与平衡》,上海人民出版社。

罗长远、张军(2009),《经济发展中的劳动收入占比:基于中国产业数据的实证研究》,载《中国社会科学》第4期。

罗德里克,丹尼(2009),《相同的经济学,不同的政策处方:全球化、制度建设和经济增长》,张军扩、侯永志等译,中信出版社。

罗德里克,丹尼(2011),《全球化的悖论》,廖丽华译,中国人民大学出版社。

罗德里克,丹尼(2018),《贸易的真相:如何构建理性的世界经济》,卓贤译,中信出版社。

马光荣、张凯强、吕冰洋(2019),《分税与地方财政支出结构》,载《金融研究》第8期。

麦克劳,托马斯(1999),《现代资本主义:三次工业革命中的成功者》,赵文书、肖锁章译,江苏人民出版社。

迈恩,阿蒂夫、阿米尔·苏非(2015),《房债:为什么会出现大衰退,如何避免重蹈覆辙》,何志强、邢增艺译,中信出版社。

米兰诺维奇,布兰科(2019),《全球不平等》,熊金武、刘宣佑译,中信出版社。

缪小林、王婷、高跃光(2017),《转移支付对城乡公共服务差距的影响——不同经济赶超省份的分组比较》,载《经济研究》第2期。

诺顿,巴里(2020),《中国经济:适应与增长(第二版)》,安佳译,上海人民出版社。

潘功胜(2012),《大行蝶变:中国大型商业银行复兴之路》,中国金融出版社。

佩蒂斯，迈克尔（2014），《大失衡：贸易、冲突和世界经济的危险前路》，王璟译，译林出版社。

皮凯蒂，托马斯（2014），《21世纪资本论》，巴曙松译，中信出版社。

任泽平、夏磊、熊柴（2017），《房地产周期》，人民出版社。

沙伊德尔，沃尔特（2019），《不平等社会：从石器时代到21世纪，人类如何应对不平等》，颜鹏飞等译，中信出版社。

邵朝对、苏丹妮、包群（2018），《中国式分权下撤县设区的增长绩效评估》，载《世界经济》第10期。

邵挺、田莉、陶然（2018），《中国城市二元土地制度与房地产调控长效机制：理论分析框架、政策效应评估与未来改革路径》，载《比较》第6期。

沈联涛（2015），《十年轮回：从亚洲到全球的金融危机（第三版）》，杨宇光、刘敬国译，上海远东出版社。

史晋川（等）（2002），《制度变迁与经济发展：温州模式研究》，浙江大学出版社。

史塔威尔，乔（2014），《亚洲大趋势：中国和新兴经济体的未来》，蒋宗强译，中信出版社。

斯蒂格利茨，约瑟夫（2013），《不平等的代价》，张子源译，机械工业出版社。

斯蒂格利茨，约瑟夫，布鲁斯·格林沃尔德（2017），《增长的方法：学习型社会与经济增长的新引擎》，陈宇欣译，中信出版社。

谭之博、周黎安、赵岳（2015），《省管县改革、财政分权与民生——基于"倍差法"的估计》，载《经济学（季刊）》第3期。

唐为（2019），《分权、外部性与边界效应》，载《经济研究》第3期。

唐为、王媛（2015），《行政区划调整与人口城市化：来自撤县设区的经验证据》，载《经济研究》第9期。

特纳，阿代尔（2016），《债务和魔鬼：货币、信贷和全球金融体系重建》，王胜邦、徐惊蛰、朱元倩译，中信出版社。

田毅、赵旭（2008），《他乡之税：一个乡镇的三十年，一个国家的"隐秘"财政史》，中信出版社。

万晓莉、严予若、方芳（2017），《房价变化、房屋资产与中国居民消费——基于总体和调研数据的证据》，载《经济学（季刊）》第2期。

王能全（2018），《石油的时代》，中信出版社。

王瑞民、陶然（2017），《中国财政转移支付的均等化效应：基于县级数据的评估》，载《世界经济》第12期。

王绍光（1997），《分权的底限》，中国计划出版社。

沃尔克，保罗、行天丰雄（2016），《时运变迁：世界货币、美元地位与人民币的未来》，于杰译，中信出版社。

沃尔特，卡尔、弗雷泽·豪伊（2013），《红色资本：中国的非凡崛起和脆弱的金融基础》，祝捷、刘骏译，东方出版中心。

吴军（2019），《浪潮之巅（第四版）》，人民邮电出版社。

吴敏、周黎安（2018），《晋升激励与城市建设：公共品可视性的视角》，载《经济研究》第12期。

吴毅（2018），《小镇喧嚣：一个乡镇政治运作的演绎与阐释》，生活·读书·新知三联书店。

巫永平（2017），《谁创造的经济奇迹？》，生活·读书·新知三联书店。

席鹏辉、梁若冰、谢贞发（2017），《税收分成调整、财政压力与工业污染》，载《世界经济》第10期。

席鹏辉、梁若冰、谢贞发、苏国灿（2017），《财政压力、产能过剩与供给侧改革》，载《经济研究》第9期。

许宪春、贾海、李皎、李俊波（2015），《房地产经济对中国国民经济增长的作用研究》，载《中国社会科学》第1期。

徐业坤、马光源（2019），《地方官员变更与企业产能过剩》，载《经济研究》第5期。

严鹏（2018），《简明中国工业史（1815—2015）》，电子工业出版社。

杨海生、陈少凌、罗党论、佘国满（2014），《政策不稳定性与经济增长：来自中国地方官员变更的经验证据》，载《管理世界》第9期。

姚洋、张牧扬（2013），《官员绩效与晋升锦标赛：来自城市数据的证据》，载《经济研究》第1期。

叶恩华，布鲁斯·马科恩（2016），《创新驱动中国：中国经济转型升级的新引擎》，陈召强、段莉译，中信出版社。

易纲（2019），《坚守币值稳定目标 实施稳健货币政策》，载《求是》第23期。

易纲（2020），《再论中国金融资产结构及政策含义》，载《经济研究》第3期。

尹恒、朱虹（2011），《县级财政生产性支出偏向研究》，载《中国社会科学》第1期。

余淼杰、梁中华（2014），《贸易自由化与中国劳动收入份额——基于制造业贸易企业数据的实证分析》，载《管理世界》第7期。

余永定（2010），《见证失衡：双顺差、人民币汇率和美元陷阱》，生活·读书·新知三联书店。

袁健聪、徐涛、王喆、敖翀、李超（2020），《新材料行业面板材料系列报告》，中信证券研报。

张川川、贾珅、杨汝岱（2016），《"鬼城"下的蜗居：收入不平等与房地产泡沫》，载《世界经济》第2期。

张春霖（2019），《从数据看全球金融危机以来中国国有企业规模的加速增长》，载《比较》第6期。

张嘉璈（2018），《通胀螺旋——中国货币经济全面崩溃的十年：1939—1949》，于杰译，中信出版社。

张军、樊海潮、许志伟、周龙飞（2020），《GDP增速的结构性下调：官员考核机制的视角》，载《经济研究》第5期。

张军（主编）（2019），《深圳奇迹》，东方出版社。

章奇、刘明兴（2016），《权力结构、政治激励和经济增长：基于浙江民营经济发展经验的政治经济学分析》，格致出版社、上海人民出版社。

张五常（2017），《中国的经济制度》，中信出版社。

张五常（2019），《经济解释（2019增订版）》，中信出版社。

张燕生（等）（2001），《政府与市场：中国经验》，中信出版社。

赵婷、陈钊（2019），《比较优势与中央、地方的产业政策》，载《世界经济》第10期。

郑思齐、孙伟增、吴璟、武赞（2014），《以地生财，以财养地——中国特色城市建设投融资模式研究》，载《经济研究》第8期。

中国人民银行金融稳定分析小组（2019），《中国金融稳定报告2019》，中国金融出版社。

中国人民银行调查统计司（2020），《中国城镇居民家庭资产负债调查报告》。

钟粤俊、陆铭、奚锡灿（2020），《集聚与服务业发展——基于人口空间分布的视角》，载《管理世界》第11期。

周飞舟（2012），《以利为利：财政关系与地方政府行为》，上海三联书店。

周黎安（2016），《行政发包的组织边界：兼论"官吏分途"与"层级分流"现象》，载《社会》第1期。

周黎安（2017），《转型中的地方政府：官员激励与治理（第二版）》，格致出版社、上海人民出版社。

周黎安（2018），《"官场+市场"与中国增长故事》，载《社会》第2期。

周其仁（2012），《货币的教训：汇率与货币系列评论》，北京大学出版社。

周其仁（2017），《城乡中国（修订版）》，中信出版社。

周雪光（2016），《从"官吏分途"与"层级分流"：帝国逻辑下的中国官僚人事制度》，载《社会》第1期。

周振鹤（2014），《中国地方行政制度史》，上海人民出版社。

朱宁（2016），《刚性泡沫：中国经济为何进退两难》，中信出版社。

朱玥（2019），《周期的力量，成长的锋芒：光伏产业15年复盘与展望》，兴业证券研报。

祖克曼，格里高利（2018），《史上最伟大的交易》，施轶译，中国人民大学出版社。

Acemoglu, Daron, Ufuk Akcigit, Douglas Hanley, and William Kerr (2016), "Transition to Clean Technology," *Journal of Political Economy* 124(1): 52–104.

Aghion, Philippe, Antonin Bergeaud, Matthieu Lequien, and Marc J. Melitz (2018), "The Impact of Exports on Innovation: Theory and Evidence,"

NBER Working Paper 24600.

Aghion, Philippe, Jing Cai, Mathias Dewatripont, Luosha Du, Ann Harrison, and Patrick Legros (2015), "Industrial Policy and Competition," *American Economic Journal: Macroeconomics* 7(4): 1–32.

Aghion, Philippe, and Jean Tirole (1997), "Formal and Real Authority in Organizations," *Journal of Political Economy* 105(1): 1–29.

Akerlof, George A. (2020), "Sins of Omission and the Practice of Economics," *Journal of Economic Literature* 58(2): 405–418.

Alchian, Armen A. (1950), "Uncertainty, Evolution, and Economic Theory," *Journal of Political Economy* 58(3): 211–221.

Alesina, Alberto, and Enrico Spolaore (2003), *The Size of Nations*, MIT Press.

Ang, Yuen Yuen (2020), *China's Gilded Age: the Paradox of Economic Boom and Vast Corruption*, Cambridge University Press.

Appelbaum, Eileen, and Rosemary Batt (2014), *Private Equity at Work: When Wall Street Manages Main Street*, Russell Sage Foundation.

Armstrong-Taylor, Paul (2016), *Debt and Distortion: Risks and Reforms in the Chinese Financial System*, Palgrave Macmillan.

Autor, David, David Dorn, and Gordon Hanson (2013), "The China Syndrome: Local Labor Market Effects of Import Competition in the United States," *American Economic Review* 103(6): 2121–2168.

Autor, David, David Dorn, Gordon Hanson and Kaveh Majlesi (2020), "Importing Political Polarization? The Electoral Consequences of Rising Trade Exposure," *American Economic Review* 110(10): 3139–3183.

Autor, David, David Dorn, Gordon H. Hanson, Gary Pisano, and Pian Shu (2020), "Foreign Competition and Domestic Innovation: Evidence from US Patents," *American Economic Review: Insights*, 2(3): 357–374.

Avdjiev, Stefan, Robert N. McCauley, and Hyun Song Shin (2016), "Breaking Free of the Triple Coincidence in International Finance," *Economic Policy* 31(87): 409–451.

Bai, Chong-En, Chang-Tai Hsieh, and Zheng Song (2016), "The Long Shadow of a Fiscal Expansion," *Brookings Papers on Economic Activity,* Fall: 129–165.

Bardhan, Pranab (2016), "State and Development: The Need for a Reappraisal of the Current Literature," *Journal of Economic Literature* 54(3): 862–892.

Bertrand, Marianne, and Adair Morse (2016), "Trickle-down Consumption," *Review of Economics and Statistics* 98(5): 863–879.

Besley, Timothy, and Torsten Persson (2011), *Pillars of Prosperity: the Political Economics of Development Clusters*, Princeton University Press.

Bloom, Nicholas (2014), "Fluctuations in Uncertainty," *Journal of Economic Perspectives* 28(2): 153–176.

Bloom, Nicholas, Kyle Handley, Andre Kurman, and Phillip Luck (2019), "The Impact of Chinese Trade on US Employment: The Good, The Bad, and The Debatable," *Working Paper.*

Brueckner, Jan K., Shihe Fu, Yizhen Gu, and Junfu Zhang (2017), "Measuring the Stringency of Land Use Regulation: the Case of China's Building Height Limits," *Review of Economics and Statistics* 99, no. 4: 663–677.

Cai, Hongbin, Yuyu Chen, and Qing Gong (2016), "Polluting Thy Neighbor: Unintended Consequences of China's Pollution Reduction Mandates," *Journal of Environmental Economics and Management* 76: 86–104.

Chamon, Marcos D., and Eswar S. Prasad (2010), "Why Are Saving Rates of Urban Households in China Rising?" *American Economic Journal:*

Macroeconomics 2(1): 93–130.

Chen, M. Keith (2013), "The Effect of Language on Economic Behavior: Evidence from Savings Rates, Health Behaviors, and Retirement Assets," *American Economic Review* 103(2): 690–731.

Chen, Peter, Loukas Karabarbounis, and Brent Neiman (2017), "The Global Rise of Corporate Saving," *Journal of Monetary Economics* 89: 1–19.

Chen, Shuo, Xinyu Fan, Zhitao Zhu (2020), "The Promotion Club," *Working Paper.*

Chen, Ting, Laura Xiaolei Liu, Wei Xiong, and Li-An Zhou (2018), "Real Estate Boom and Misallocation of Capital in China," *Working Paper.*

Cheng, Hong, Ruixue Jia, Dandan Li, and Hongbin Li (2019), "The Rise of Robots in China," *Journal of Economic Perspectives* 33, no. 2: 71–88.

Cherif, Reda, and Fuad Hasanov (2019), "The Return of the Policy that Shall Not Be Named: Principles of Industrial Policy," *IMF Working Paper.*

Chetty, Raj, David Grusky, Maximilian Hell, Nathaniel Hendren, Robert Manduca, and Jimmy Narang (2017), "The Fading American Dream: Trends in Absolute Income Mobility since 1940," *Science* 356(6336): 398–406.

Chetty, Raj, Nathaniel Hendren, Maggie R. Jones, and Sonya R. Porter (2020), "Race and Economic Opportunity in the United States: An Intergenerational Perspective," *Quarterly Journal of Economics* 135(2): 711–783.

Choukhmane, Taha, Nicholas Coeurdacier, and Keyu Jin (2019), "The One-child Policy and Household Savings," *Working Paper.*

Cohen, Stephen S., and J. Bradford DeLong (2016), *Concrete Economics: The Hamilton Approach to Economic Growth and Policy*, Harvard Business Review Press.

Cunningham, Edward, Tony Saich, and Jesse Turiel (2020), "Understanding

CCP Resilience: Surveying Chinese Public Opinion through Time," *Harvard Kennedy School Ash Center Policy Report.*

Di Tella, Rafael, and Dani Rodrik (2020), "Labour Market Shocks and the Demand for Trade Protection: Evidence from Online Surveys," *Economic Journal* 130(628): 1008−1030.

Eggertsson, Gauti B., and Paul Krugman (2012), "Debt, Deleveraging, and the Liquidity Trap: A Fisher-Minsky-Koo Approach," *Quarterly Journal of Economics* 127(3): 1469−1513.

Fan, Haichao, Yu Liu, Nancy Qian, and Jaya Wen (2020), "Computerizing VAT Invoices in China," *NBER Working Paper* 24414.

Fan, Jingting, and Ben Zou (2019), "Industrialization from Scratch: The 'Construction of Third Front' and Local Economic Development in China's Hinterland," *Working Paper.*

Fan, Yi, Junjian Yi, and Junsen Zhang (2021), "Rising Intergenerational Income Persistence in China," *American Economic Journal: Economic Policy* 13(1): 202−230.

Fang, Hanming, Quanlin Gu, Wei Xiong, and Li-An Zhou (2015), "Demystifying the Chinese Housing Boom," *NBER Macro Annual* (Vol. 30): 105−166.

Furman, Jason, and Lawrence Summers (2020), "A Reconsideration of Fiscal Policy in the Era of Low Interest Rates," *Brookings Working Paper.*

Gertler, Mark, and Simon Gilchrist (2018), "What Happened: Financial Factors in the Great Recession," *Journal of Economic Perspective* 32(3): 3−30.

Glaeser, Edward, and Joseph Gyourko (2018), "The Economic Implications of Housing Supply," *Journal of Economic Perspectives* 32(1): 3−30.

Glaeser, Edward, and Andrei Shleifer (2003), "The Rise of the Regulatory State," *Journal of Economic Literature*, 41(2): 401−425.

Glick, Reuven, and Kevin J. Lansing (2010), "Global Household Leverage, House Prices, and Consumption," *Federal Reserve Bank of San Francisco Economic Letter.*

Gomory, Ralph E., and William J. Baumol (2000), *Global Trade and Conflicting National Interests*, MIT Press.

Haldane, Andrew, Simon Brennan, and Vasileios Madouros (2010), "The Contribution of the Financial Sector: Miracle or Mirage?" *A Technical Report at the London School of Economics.*

Hart, Oliver (1995), *Firms, Contracts, and Financial Structure*, Clarendon Press.

Hart, Oliver, Andrei Shleifer, and Robert W. Vishny (1997), "The Proper Scope of Government: Theory and an Application to Prisons," *Quarterly Journal of Economics* 112(4): 1127–1161.

Haskel, Jonathan, and Stian Westlake (2018), *Capitalism Without Capital: the Rise of the Intangible Economy*, Princeton University Press.

Havranek, Tomas, and Zuzana Irsova (2011), "Estimating Vertical Spillovers from FDI: Why Results Vary and What the True Effect is," *Journal of International Economics* 85(2): 234–244.

He, Guojun, Shaoda Wang, and Bing Zhang (2020), "Leveraging Political Incentives for Environmental Regulation: Evidence from Chinese Manufacturing Firms," *Quarterly Journal of Economics.*

Hirschman, Albert O. (2013), "The Changing Tolerance for Income Inequality in the Course of Economic Development," *The Essential Hirschman*, Ed. by Jeremy Adelman: 74–101, Princeton University Press.

Huang, Zhangkai, Lixing Li, Guangrong Ma, and Lixin Colin Xu (2017), "Hayek, Local Information, and Commanding Heights: Decentralizing State-Owned Enterprises in China," *American Economic Review* 107(8): 2455–2478.

Jia, Ruixue, Masayuki Kudamatsu, and David Seim (2015), "Political Selection in China: the Complementary Roles of Connections and Performance," *Journal of the European Economic Association*, 13(4), 631–668.

Jin, Hehui, Yingyi Qian, and Barry R. Weingast (2005), "Regional decentralization and fiscal incentives: Federalism, Chinese style," *Journal of Public Economics* 89(9–10): 1719–1742.

Jordà, Òscar, Moritz Schularick, and Alan M. Taylor (2016), "The Great Mortgaging: Housing Finance, Crises and Business Cycles," *Economic Policy* 31(85): 107–152.

Imrohoroğlu, Ayşe, and Kai Zhao (2018), "The Chinese Saving Rate: Long-Term Care Risks, Family Insurance, and Demographics," *Journal of Monetary Economics* 96: 33–52.

Karabarbounis, Loukas, and Brent Neiman (2014), "The Global Decline of the Labor Share," *Quarterly Journal of Economics* 129(1): 61–103.

Karabarbounis, Loukas, and Brent Neiman (2019), "Accounting for Factorless Income," *NBER Macroeconomics Annual* 33(1): 167–228.

Klein, Matthew C., and Michael Pettis (2020), *Trade Wars are Class Wars: How Rising Inequality Distorts the Global Economy and Threatens International Peace*, Yale University Press.

Knoll, Katharina, Moritz Schularick, and Thomas Steger (2017), "No Price Like Home: Global House Prices, 1870–2012," *American Economic Review* 107(2): 331–353.

Kreps, David (2018), *The Motivation Toolkit: How to Align Your Employees' Interests with Your Own*, Findaway World, LLC.

Krugman, Paul (1987), "The Narrow Moving Band, the Dutch Disease, and the Competitive Consequences of Mrs. Thatcher: Notes on Trade in the Presence of Dynamic Scale Economies," *Journal of Development Economics* 27(1–2): 41–55.

Kuhn, Moritz, Moritz Schularick, and Ulrike I. Steins (2020), "Income and Wealth Inequality in America: 1949–2016," *Journal of Political Economy.*

Kung, James Kai-Sing, and Lin Yi-min (2007), "The Decline of Township-and-Village Enterprises in China's Economic Transition," *World Development* 35(4): 569–584.

Lane, Nathan (2019), "Manufacturing Revolutions: Industrial Policy and Industrialization in South Korea," *Working Paper.*

Levchenko, Andrei A (2007), "Institutional Quality and International Trade," *Review of Economic Studies* 74(3): 791–819.

Li, Pei, Yi Lu, and Jin Wang (2016), "Does Flattening Government Improve Economic Performance? Evidence from China," *Journal of Development Economics* 123: 18–37.

Li, Xing, Chong Liu, Xi Weng, and Li-An Zhou (2019), "Target Setting in Tournaments: Theory and Evidence from China," *Economic Journal* 129(10): 2888–2915.

Liu, Ernest (2019), "Industrial Policies in Production Networks," *Quarterly Journal of Economics* 134(4): 1883–1948.

Maskin, Eric, Yingyi Qian, and Chenggang Xu (2000), "Incentives, Information, and Organizational Form," *Review of Economic Studies* 67(2): 359–378.

Melitz, Marc J., and Daniel Trefler (2012), "Gains from Trade when Firms Matter," *Journal of Economic Perspectives* 26(2): 91–118.

Michalopoulos, Stelios (2012), "The Origins of Ethnolinguistic Diversity," *American Economic Review* 102(4): 1508–1539.

Mian, Atif R., Ludwig Straub, and Amir Sufi (2020a), "Indebted Demand," *NBER Working Paper* No. w26940.

Mian, Atif R., Ludwig Straub, and Amir Sufi (2020b), "The Saving Glut of the Rich and the Rise in Household Debt," *NBER Working Paper* No. w26941.

Milne, Alistair (2009), *The Fall of the House of Credit: What Went Wrong in Banking and What Can be Done to Repair the Damage?* Cambridge University Press.

Mulligan, Casey and Andrei Shleifer (2005), "The Extent of the Market and the Supply of Regulation," *Quarterly Journal of Economics* 120: 1445–1473.

Olmstead, Alan L., and Paul W. Rhode (2018), "Cotton, Slavery, and the New History of Capitalism," *Explorations in Economic History* 67: 1–17.

Orlik, Thomas (2020), *China: the Bubble that Never Pops,* Oxford University Press.

Philippon, Thomas, and Ariell Reshef (2012), "Wages and human capital in the US finance industry: 1909–2006," *Quarterly Journal of Economics* 127(4): 1551–1609.

Philippon, Thomas (2019), *The Great Reversal: How America Gave Up on Free Markets*, Harvard University Press.

Piketty, Thomas, Li Yang, and Gabriel Zucman (2019), "Capital Accumulation, Private Property, and Rising Inequality in China, 1978–2015," *American Economic Review* 109(7): 2469–2496.

Piketty, Thomas, and Gabriel Zucman (2014), "Capital is Back: Wealth-Income Ratios in Rich Countries 1700–2010," *Quarterly Journal of Economics* 129: 1255–1310.

Prendergast, Canice, and Robert Topel (1996), "Favoritism in Organizations," *Journal of Political Economy* 104(5): 958–978.

Qian, Yingyi (2017), *How Reform Worked in China: the Transition from Plan to Market*, the MIT Press

REN21 (2020), *Renewables 2020 Global Status Report,* Renewable Energy

Policy Network for the 21st Century.

Rodrik, Dani (1998), "Why Do More Open Economies Have Bigger Governments?" *Journal of Political Economy* 106(5): 997–1032.

Rodrik, Dani (2013), "Unconditional Convergence in Manufacturing," *Quarterly Journal of Economics* 128(1): 165–204.

Rodrik, Dani (2016), "Premature Deindustrialization," *Journal of Economic Growth* 21(1): 1–33.

Ryan-Collins, Josh, Toby Lioyd, and Laurie Macfarlane (2017), *Rethinking the Economics of Land and Housing*, Zed Books.

Saez, Emmanuel, and Gabriel Zucman (2019), *The Triumph of Injustice: How the Rich Dodge Taxes and How to Make Them Pay*, W.W. Norton & Company.

Shiller, Robert J. (2020), *Narrative Economics: How Stories Go Viral and Drive Major Economic Events*, Princeton University Press.

Shleifer, Andrei, and Robert Vishny (2011), "Fire Sales in Finance and Macroeconomics," *Journal of Economic Perspectives* 25(1): 29–48.

Sivaram, Varun (2018), *Taming the Sun: Innovation to Harness Solar Energy and Power the Planet*, MIT press.

Spader, Jonathan, Daniel McCue, and Christopher Herbert (2016), "Homeowner Households and the U.S. Homeownership Rate: Tenure Projections for 2015–2035," *Working Paper*.

Tooze, Adam (2018), *Crashed: How a Decade of Financial Crises Changed the World*, Penguin.

Wallis, John J. (2006), "The Concept of Systematic Corruption in American History," *Corruption and Reform: Lessons from America's Economic History*, University of Chicago Press: 23–62.

Wang, Gungwu (2019), *China Reconnects: Joining a Deep-rooted Past to a New World Order*, World Scientific.

Wang, Zhi, Shang-Jin Wei, Xinding Yu, Kunfu Zhu (2018), "Re-examining the Effects of Trading With China on Local Labor Markets: A Supply Chain Perspective," *NBER Working Paper 24886.*

Wang, Zhi, Qinghua Zhang, and Li-An Zhou (2020), "Career Incentives of City Leaders and Urban Spatial Expansion in China," *Review of Economics and Statistics* 102(5): 897–911.

World Inequality Lab (2017), *World Inequality Report 2018.*

Xu, Chenggang (2011), "The Fundamental Institutions of China's Reforms and Development," *Journal of Economic Literature,* 49(4): 1076–1151.

Yergin, Deniel (2020) *The New Map: Energy, Climate, and the Clash of Nations*, Penguin Press.

Young, Alwyn (1991), "Learning by Doing and the Dynamic Effects of International Trade," *Quarterly Journal of Economics* 106(2): 369–405.

Zhang, Longmei, Ray Brooks, Ding Ding, Haiyan Ding, Hui He, Jing Lu, and Rui Mano (2018), "China's High Savings: Drivers, Prospects, and Policies," *IMF Working Papers.*

Zhang, Bing, Xiaolan Chen, and Huanxiu Guo (2018), "Does Central Supervision Enhance Local Environmental Enforcement? Quasi-experimental Evidence from China," *Journal of Public Economics* 164: 70–90.

Zhang, Zhiwei, and Yi Xiong (2019), "Infrastructure Financing," *Working Paper.*

文
景
Horizon

社 科 新 知　文 艺 新 潮

置身事内：中国政府与经济发展

兰小欢　著

出 品 人：姚映然
责任编辑：贾忠贤　曹迪辉
营销编辑：雷静宜　赵　政
装帧设计：水玉银文化

出　　品：北京世纪文景文化传播有限责任公司
　　　　　（北京朝阳区东土城路8号林达大厦A座4A　100013）
出版发行：上海人民出版社
印　　刷：山东临沂新华印刷物流集团有限责任公司
制　　版：南京展望文化发展有限公司

开 本：700mm×1020mm　1/16
印 张：21.25　　字 数：234,600　　插页：2
2021年8月第1版　　2023年11月第34次印刷
定 价：65.00元
ISBN：978-7-208-17133-6 / F·2693

图书在版编目（CIP）数据
置身事内：中国政府与经济发展 / 兰小欢著. —
上海：上海人民出版社，2021
ISBN 978-7-208-17133-6

Ⅰ.①置… Ⅱ.①兰… Ⅲ.①行政管理部门—关系—
经济发展—研究—中国　Ⅳ.①D630.1②F124
中国版本图书馆 CIP 数据核字 (2021) 第 095010 号

本书如有印装错误，请致电本社更换　010-52187586